走前人没有走过的路
换个角度看中国

[德] Wolfram Elsner
[德] 沃尔弗拉姆·埃尔斯纳 著
张丹红 译

人民日报出版社
北京

目 录

写在中文版出版之际 　　　　　　　　　　001
序　摒弃意识形态偏见，客观看待中国　　004
导言　我与中国和中国人　　　　　　　　006

上篇　理解中国，抑或坚持意识形态之战？　　067
　第一章　旅行中的发现　　　　　　　　　　068
　第二章　西方的复杂心态：羡慕嫉妒恨　　　073
　第三章　了解中国也意味着了解我们自己　　088

中篇　从发展中国家到领先国家，社会与经济成就的
　　　　结构及过程　　　　　　　　　　　　　105
　第四章　"天哪，计划经济！"是的，但是与我
　　　　　们想象的不同，计划不是选战的喧嚣；
　　　　　"十三五"规划（2016—2020年），激
　　　　　动人心的蓝图涉及各个领域，调动全社
　　　　　会的力量　　　　　　　　　　　　　106
　第五章　"天哪，经济和金钱！"是的，但是这
　　　　　些领域与我们熟悉的情况大不相同：经
　　　　　济、金钱、金融、技术以及稳定增长背
　　　　　后的深层结构，灵活的工业政策、企业

家精神、贷款发放、调控和去调控，国
家与市场 112

第六章 "天哪，国家财产！"财产、企业、共享
经济：中国多样的财产和企业形式 154

第七章 "不是穷鬼就是亿万富翁！"收入、分
配和向基层的再分配：脱贫、涨薪和降
税，以及对富翁收入的加压 161

第八章 "都是劳动奴隶！"变革中的劳动与社
会：劳动法与工人维权，社会保险与医
疗保险，妇女解放与人口政策，农民工
与"户口"，社会动员与地方参与 174

第九章 "可怜的村庄和鬼城！"区域均衡与赶
超，新型区域合作，注重生活质量的超
大城市，环绕高层建筑的森林，"300座
绿色城市网络" 189

第十章 "最大的环境污染者！"环境与气候保
护：从西方的垃圾站变成生态榜样国
家，全面的生态革命，广泛的植树造
林，蚂蚁森林软件…… 197

第十一章 "专制的新发明！"日常行为和行为
提示：哲学、宗教、消费行为与反
腐——"诚信中国" 229

第十二章 "少数民族的拘留营和警察国家！"中
国的民族政策与少数民族政策，台
湾、西藏、新疆…… 249

第十三章 "新帝国主义!"另一种方式的全球化:南南合作、联合国、巴黎协定、上合组织、"一带一路"、对外投资、中国成为新的移民接收国   267

下篇 "要害是体制,笨蛋!"   319

第十四章 很多积木,很多图案:"马赛克"与充满活力的"体系"   320

第十五章 "都是共产主义!"这究竟是个怎样的"体制"?"共产主义""社会主义市场经济""涡轮资本主义""专制",还是别的什么?——拨开"概念"的迷雾   321

第十六章 "不熟悉,不了解,不需要!"21世纪的新型社会主义,对你我都很重要:与我们想象的、熟悉的都不一样,与传说中的也不一样   339

第十七章 说长道短论中国:问题和前景   346

译后记   359

写在中文版出版之际

沃尔弗拉姆·埃尔斯纳

我满怀喜悦、自豪与感激之情，写下《走前人没有走过的路——换个角度看中国》中文版序言。本书原是为西方读者所写，只因他们对中国的了解较之中国人对德国、欧盟和整个西方的了解要少。在此意义上，本书计划今年底出版英文版，这对于争取更多西方读者也极富意义。塞尔维亚语版已经出版。

但是，我的中国同行和朋友早就表示，如此一本对中国经济、生活诸领域的现状及未来进行深入研究、内容丰富的书，对中国的读者也可能极有裨益。他们说，"外部视角"所能提供的观察质量完全不同。

我相信，现在的中文译本是一个好版本。德国的读者和书评家对本书的突出评价是：事实丰富，证据确凿，同时赏心悦目，因为它不是传统的学术著作，而是例证生动，外加个人经历，文字上使用简单易懂的日常语言，但又有眉眼传意似的"会心暗示"。

当然，摆在面前的这本书，也不能说事事皆新，但所引事例有示范作用，道理可以推而广之。中国发展迅速，新的话题层出不穷，外国人的写作和分析很难同步。

这本书的写作过程并不漫长。我于2014年才首访中国，因此称不上"老中国通"——不像我认识的许多德国人那样。他们之中，很多人在中国工作过，很多人定居中国，也有很多人迁居中国。我还认识一批大学生，他们在中国上过大学甚至工作过。西方一些年轻人也开始学习中文。因此本书一些地方的"会心暗示"多是我的自嘲：想当初，2010年我邀请的第一位中国同行到我任教的大学作报告时，我的表现是多么愚蠢——我提的问题简直和对中国一无所知的西方普通人毫无二致。这些逸事和亲身经历，我都写进了书里。而今天，我和这位同行还在密切合作，共同出版关于复杂经济学的国际刊物。

2010年以后，我陆续收到中国大学毕业生的学习申请，9年时间里已培养4位中国助手、博士，其中两位目前在中国当教授，一位在上海的城市管理部门担任高级经济专家。我时常邀请中国同行来我所在的大学任教。我经常对德国人讲，与中国人可以保持亲密友好的合作。我们在学术上一直合作，并共同发表文章。我本人也很乐意时常到中国讲学，甚至担任了地处长春的吉林大学的客座教授——这令我感到自豪。

我要特别感谢人民日报出版社社长刘华新对本书出版的大力支持和帮助，还要感谢张丹红女士的翻译工作。中国社科院教授、我教过的博士生张延龙不仅支持出版，还做了全书的专业审校工作。中国社科院的同行朱维维女士一贯支持我的工作，曾将我写的三本关于中国的图书的部分文章摘发在该院学术刊物上。上海理工大学的王婀娜女士、中国网的王冉女士对我的这些书也十分关心，通过访谈和约请我写稿的方式在媒体上发表报道，增加了这些书的知名度。这样算来，可能有数百万中国读者通过社交媒体了解了我的书，以至于一位同行最近对我说："你都快成社交媒体的名人了！"这当然令人高兴。

这期间，我成为世界汉学研究会（WACS）和世界政治经济学学会（WAPE）的会员，似乎顺理成章。

我写的另外两本有关中国的书，一本以中国与世界之变为主题，涉及新冠疫情前后；另一本与中华民族的悠久历史和当前的复兴大业有关，同时论及西方霸权体系的衰落及其应对中国复兴时的荒谬透顶、惊慌失措和盛气凌人。这两本书也已与中国的出版社签约，有望不久出版。中国一些机构的同行正在进行翻译。我正在写第四本书，书名都想好了——《中国：在国际战争威胁下的社会经济进步》，计划2025年在德国出版，也希望能译成中文。

最后，对所有为本书出版作出努力的人们表示诚挚的感谢，并祝愿读者们展读此书有所收获、有所思考。

2024 年 6 月
于德国不来梅

序　　摒弃意识形态偏见，客观看待中国

福尔克·海尔迈尔[1]

早就该有这样一本书了，一本有助于我们客观看待中国事务的书。在今天，无论政界还是媒体，对中国的看法都缺乏客观性。从这一角度来说，面前的这本书是对正在流行的各种中国故事的挑战。在我看来，在中国问题上反叛主流价值观很有必要，因为孤芳自赏的伪善态度已经导致我们一叶障目，无法看清全球经济巨变带来的活力。

希望本书能够帮助我们反省西方的时代精神和所谓的道德优势。我们的价值观体现于一套以自我为中心的政治体系中，我们的视角与新兴国家的决策者及其人民的视角大相径庭，这是非常危险的。

我们对待财经领域权力重心转移的态度尤其如此。1990年共产主义阵营瓦解、全球化开始加剧的时候，新兴国家在全球国内生产总值中占比约为20%；今天，这一比率上升到63%。由于这些国家的经济增速至少两倍于西方国家，因此，达到70%只是时间问题。新兴国家占世界人口的88%，掌握着全球约70%的外汇储备，世界经济发展的速度由它们来决定。而在这些国家中，中国已不再是世界工厂，而是5G等核

---

[1] 福尔克·海尔迈尔曾任不来梅州银行首席经济师多年，现任SOLVECON投资有限公司首席分析师、2019年成立的德国"一带一路"联邦协会主席团成员。

心技术的领先者。

在这一背景下，新兴国家还会听任只占世界国内生产总值37%且占比仍在下降、世界人口12%、外汇储备约30%的西方国家的摆布吗？

欧洲应当牢记汉萨同盟[1]的历史经验，当时有句话是"以贸易促变化"。平等相待曾是汉萨同盟各城市和平共处的核心特征，是持续性发展不可或缺的前提。而贸易是积极的和平政策，因为它在各相关方之间构筑桥梁，要求大家以互利合作为准绳。贸易也要求各方加强文化交流和相互学习。

此外，我们也应该看到，其他国家还没有做好接受西方时代精神范畴内的辩论和体制的准备，阿富汗、伊拉克、利比亚、叙利亚……这样的例子比比皆是。西方体制不能通过轰炸或政变强行输出。这就要求我们学会真正的文化宽容，这种宽容不应只停留在口头上。

这本书展现了中国的不同侧面，并提供了观察中国的客观视角。考虑到中国和其他新兴国家将来对出口大国德国、对欧元区和欧盟的意义，这一客观视角至关重要。很明显，愚昧的忠诚已经阻碍了我们前行的脚步，征途漫漫，中国和其他新兴国家不会为我们驻足停留。

感谢沃尔弗拉姆·埃尔斯纳的付出，希望各位读者喜欢这本书。

2020 年 3 月于不来梅

---

[1] 汉萨同盟是中世纪以德意志北部城市为主的商业、政治联盟。13 世纪形成，14 世纪达至鼎盛，加盟城市最多时达到 160 个。——译注

导言　　我与中国和中国人

我为何对中国兴趣寥寥、欲看又止

大约15年前，我完全不看好中国的未来："中国人想驾驭资本主义这只老虎？！这只老虎放荡不羁，它会驾驭你，让你骑虎难下。"原东德曾经出现民权运动，幻想推行"经过社会改良的资本主义"，但最终让那些民权斗士付出了高昂的代价：在高消费和花花世界的背后，等待他们的是生存的不安全感、受歧视、高高在上的西德人对他们的内心殖民，这一切让他们最终失去了自我认同感。

那时候，我对中国的许多方面都不甚了解，比如，它的主张和丰富经验，其历史形成的巨大潜力，中国人走出欧洲殖民主义强加的"屈辱世纪"以及走出饥饿、贫穷和落后的决心，这个国家、人民及其制度的力量和动员能力，等等。像许多中欧人过去和今天一样，我满腹狐疑，更确切地说，我抱着同样的无知与不解冷眼旁观着这个令人称奇的国家。

事实上，我对中国一直是敬而远之的。虽然那些年里，不断有家人、朋友建议我去中国旅游。他们看到照片，听到从中国回来的朋友的描述，心驰神往。应该去看看长城什么的，但还要看看那些"奇怪"的中国人吗？这个想法常常刚一冒头就又被我打消了："去那儿干吗？那里的文化太陌生，语言太复杂……"

实际上，让我犹豫不决的或许是对失望的恐惧，担心在中国看到的不是一个典型欧洲知识分子理想中的纯粹而干净的社会主义样板，而是一个远没有成形、仍然在"长征"路上行进且不知终点在何处的国家；或者说得乏味一点，就是一种对可能失去固有成见的恐惧。

我并非愚昧之人，也不像很多人那样从欧洲中心论出发，趾高气扬地兜售自己的普世价值观，将世界划分为善、恶两大阵营，认为欧洲以外的国家要么需要我们"拯救"，要么必须受到我们的"惩罚"。早在20世纪60年代末，我那位了不起的中学历史教师便将这样的傲慢和无知从我们的头脑中清除了。作为1968年学生运动的一分子，我至今保留了批评与自我批评的能力。我永远不想再回归过去的自己，也不想靠近绿党或投入其他高高在上的左派政党的怀抱；我庆幸自己既不想创建新的政党，也没有在现有政党中谋求一官半职的打算，更不想对全世界指手画脚或"维护"我们在其他国家的"（能源）利益"。

有关中国的历史，我当时略知一二。我知道，这个有着数千年文明、在科技领域遥遥领先于欧洲（要知道，欧洲始终处于欧亚大陆的最末端）、从未奴役过其他民族的国家，恰恰从16世纪开始渐渐落后于欧洲，并最终成为欧洲殖民主义和帝国主义的牺牲品。中国被击败，被分割，被洗劫，被侮辱；成千上万的中国人被迫吸食鸦片，甚至任人宰割。在那个"屈辱的世纪"之后，中国沦为世界上最贫穷的发展中国家之一。[1] 面对这块地球上最大的肥肉（知识、智慧、产品、技术、资源以及劳动力和

---

[1] 有关中国历史的书籍汗牛充栋，其中一部分析中国2500年经济和技术史的书非常优秀且有现实意义，即《中国长期经济发展：公元前500年迄今的经济与治理》（作者：Zhao Hongjun，2018年出版）。

市场），美国也想同英国、法国、德国、意大利和沙俄一样分一杯羹。日本带着更大的种族主义的动机侵占和剥削中国，并将这个东亚的潜在竞争对手变成了自己的妓院（多数入侵军队都会这样干），其对中国蹂躏之残忍，比英国和德国更甚。

对于1934年至1935年的长征、毛泽东、1958年至1961年的"大跃进"运动以及随之发生的大饥荒，我也略有所知。而对于1966年至1976年发生的"文化大革命"，我和几乎所有的中欧知识分子一样，不明真相，因此也曾经拍手叫好。

1968年："红宝书"和"文化大革命"

20世纪60年代末70年代初，我们这些大学生在学习之余，几乎人手一册"红宝书"（正式名称为《毛泽东主席语录》，1967年以德文出版）。还有人读盗版市场上到处都买得到的《毛泽东全集》，希望通过阅读这些长篇著作获得毛派大学生宣称的深邃思想。但是，这本"红宝书"中收集的毛泽东的名言警句带给我的收益不大，因为很多语录看不到上下文。而我作为一个中欧知识分子，能从"红宝书"中学到什么对职业、人生、世界观或者政治有益的东西呢？语录的受众原本是文盲占大多数、在赤贫中挣扎的中国农民，是针对他们的生活处境而作，其中涉及的情境和比喻，我们欧洲人完全不懂。在那些饱受压迫、食不果腹而被迫投身革命，在20世纪三四十年代别无出路、只能积极参加人民解放军[1]的中国农民眼里，这些话可能极具说服力，但对我来说，就显得平淡无奇。相较

---

[1] 原作如此。——译注

而言,毛泽东的一些长篇文章读起来更能给人以启发。遗憾的是,当时大学里的很多毛派学生不仅毫不宽容,而且格外好斗,因此我到最后就不再与他们为伍,转而关注自己的学业和本国的问题(我们的问题也不少啊)。

70年代初,我预感到中国的"文革"无论在形式上还是在效果上都不会坚持太久(40年后我访问中国时发现,很多中国家庭的"文革"创伤依然没有愈合)。那些毛派学生越是鼓吹"继续革命",我就越是质疑"文革"的意义,并对中国越是担忧。于是,我干脆"脑不想,心不烦",把对中国的兴趣束之高阁,而这一放就是好多年。

1976年:毛泽东逝世和"文革"结束

毛泽东的逝世让我又想起了中国。刚刚恢复一些平静的中国将再度陷入混乱吗?美国这个志在统治全世界的帝国[1]在迫使已经虚弱但仍是一块肥肉的中国臣服的路上会走多远?让中国四分五裂,甚至分解成成千上万个种族地区、宗教原教旨主义地区和军阀统治区吗?此前,美国对不那么诱人的肥肉都毫不留情,或让它们俯首称臣,或对它们进行毫无人性的狂轰滥炸。比如越南,众所周知,美国就曾打算把它"炸回到石器时

---

[1] "帝国"的概念引自畅销书《帝国——新的世界秩序》(Negri, Hardt 出版社,2002年出版)。该书背景是1989年苏联解体到2008年国际金融危机以来美国一统天下的单极时期。"帝国"指的是意欲主宰世界的国家。美国带着这一野心加入了二战,并从苏联解体到最近几年依靠北约这一军事机构和世界银行、国际货币基金组织等国际机构,意图行使帝国权力。参阅《大棋局》(作者:布热津斯基,纽约Basic Books出版社,1997年出版)。

代",不知道美国在投入了大量的凝固汽油弹之后,还能再怎么摧毁越南?人们至今对那场战争记忆犹新,殷鉴不远,闻者足戒,就像人们不会忘记大卫与歌利亚之战,一个弱小国家付出了巨大代价之后,最终战胜了超级大国。只是遭受了战争重创之后,国家主权和领土完整往往在相当长的一段时间内无从谈起,拉丁美洲就是一面镜子。美国那时乐此不疲,在世界各地亲自出马,进行直接军事干预。

不过,在1976年,美国采取了观望态度。毛泽东主政时,中国就因为一些决策失误而导致内政削弱(如"大跃进"及大饥荒、"文革"及经济再次滑坡),后来它与华盛顿结成了战略同盟(目的之一是针对苏联)。毛泽东去世后,华盛顿有理由期冀中国发生亲西方[1]的转变,为渴望投资项目和更多廉价生产基地的美国剩余资本敞开大门。

我当时自以为理解了毛泽东试图通过"文革"打击国家社会主义体制中官僚主义危险倾向的良好初衷,特别是联想到欧洲大陆上苏维埃模式的社会主义试验,我觉得一场文化革命值得考虑。

苏维埃模式的社会主义曾带来令人难以置信的生产力的发

---

[1] 我们在书中将不给"西方"这个发达资本主义国家每天都在使用的概念打引号,尽管它既不清晰,也无益处。从全球来看,东西南北是非常相对的概念。对中国来说,美国是"东方",俄罗斯是"西方",或者说是"西方的东方";从我们的角度看,俄罗斯则是"东方"的"西方"。区域经济研究文献喜欢使用诸如"北方和南方"这样的比喻,目的是突出某地区的经济特征。而"西方"或"东方阵营"这样的比喻被有意地冠以意识形态的色彩,用来推行象征政策、制造认同感、形成集体思维或影响人们的日常态度。其具体内涵还有待研究。2020年2月的慕尼黑安全会议做出了西方正在"衰落"、"解体"甚至"走向灭亡"的判断。

展、社会进步、国家自我防卫能力的提升,也获得过大量的国际援助,并且顶住了欧洲列强几乎不曾间断的军事侵略,顶住了纳粹政权对苏联发动的有史以来最残酷的毁灭性战争,还有二战后被外界强加的始料未及的军备竞赛。但是苏维埃模式的社会主义又始终是脆弱的,这不仅是因为它从1917年到1945年要不断面对来自英国和纳粹德国的侵袭,也不仅因为以美国为首的西方阵营拥有更强大的资源和财力做后盾,同样由于其内部的不稳定因素。苏联本来应该经历一个资本主义阶段来发展生产力,但却半途而废。因此,列宁采取了以下办法来弥补这个阶段:推行"新经济政策",试图借助资本主义的市场机制、依靠中小企业在社会主义框架下实现生产力的飞跃,但列宁离世过早,而苏联又很快受到纳粹德国及其后来发动的可怕的歼灭战的威胁,法西斯德国的战争机器以种族主义为动力,不仅实力上远胜于苏联,而且侵略性十足,这使得苏联不可能以自身的力量为主来完善苏维埃社会主义模式。欧洲的第一次社会主义试验就这样停留在令人尴尬的境地:经济上缺乏激励个体的手段,体制上没有实现战略性资本盈余的能力,从而不能像西方的金融资本主义那样给自己创造足够的权力和运行空间。在通过货币盈余和资本盈余影响世界以及保障自身财政独立和获取全球资源的竞赛中,苏联的国家社会主义绝无可能取胜。而仅仅几十年之后,中国的社会主义模式却取得了与苏联完全不同的结果。然而,在1976年,没有一个人能预见到这一点,就连中国自己也没有。

1976年之后:"四人帮"、邓小平、稳定、改革开放

毛泽东逝世、"文革"结束后,中国共产党内展开了一场

事关中国未来发展方向的激烈辩论。目的当然是如何彻底给"文革"画上句号,实现稳定和快速的经济增长。我的眼睛半开半闭地观望着这一切。我不知道自己当时为什么对毛泽东的遗孀江青及其团伙"四人帮"抱有某种好感。也许是因为西方主流媒体已经把分食中国这块肥肉的希望寄托在以邓小平为首的务实派身上,并视改革为结束远离初衷、毫不可控的"文革"带来的混乱局面的唯一选择。我对这两种选择都不感冒。"文革"看上去已经蜕变成一场毫无意义的反文化运动,西方主流媒体不愿再为此鼓噪。在媒体眼里,务实派会带来稳定和对西方资本的开放,这意味着廉价生产基地和西方剩余产品的销售市场。

在那段极其艰难的时期,有几个"稳定因素"。首先是长期担任总理职务的周恩来,可惜他也在1976年去世了。其次是同样富有经验的政治家邓小平,他在1977年之后成为理论上和实际上的国家领导者。邓小平的复出和中共务实政策的施行确实给中国带来了平稳发展。按照西方简化的说法,中国自1978年开始实行对外开放,引进市场经济。而中国自己也高度简化地推出"改革开放"和"社会主义市场经济"的说法。由于这些汉字浅显易懂,很快得到广泛传播。

以我当时的看法,中国正快速滑向美国的保护伞之下,并将开始一个新的对外依附、自我摧残的世纪,而不是一个举国腾飞的世纪。有过数千年的辉煌历史,难道中国要再来一个"受屈辱的世纪"?实在令人不可思议。我再次把中国置于脑后。我自认为已经认清了中国的发展方向,于是又回到"中国关我什么事"的状态。

4年之后,也就是1982年,大众汽车公司开始在中国生产桑塔纳,从而成为世界上首批进入中国市场的汽车康采恩之一和第一家在中国开设工厂的德国汽车公司。德国媒体激动不已:"我们将在中国生产数百万辆汽车。给每个中国人一辆高尔夫(或者说现在先叫'桑塔纳')!"在我的想象中,再制造几亿台内燃发动机将极速加剧全球生态危机,而危机暴发又将是中国人的过错。这使我在震惊之余,又多了一条对中国漠不关心的理由,我又将注意力集中于自己的工作以及与批评性经济学家的国际学术交流上。那时需要分析、研究和预警的事情日趋繁杂,最重要的话题是越来越无约束的"新自由主义化"和"金融化"资本主义取代传统福利国家的趋势。我们努力对即将到来的经济、社会和政治分裂以及较大规模的金融崩盘进行科学研究、警示和启蒙工作。而中国在短期内不可能带给我们一个更好的世界——对此,我深信不疑。

其实,我对中国的发展依然一无所知。我再一次低估了中国和中国人民,低估了他们在近百年民族解放斗争中积累的丰富经验,他们谋求发展、维护国家主权以及结束屈辱历史、重新在世界舞台上争得与自己实力相当地位的意志,我同样低估了中国的社会体系及其全面的创新能力。事实上,中国人已经有了长远的思考,而不只是满足于生产3亿台内燃发动机。而我却对这一切茫然无知。

1989 年的中国

几年之后,北京故宫前的天安门广场引发举世关注。
改革开放不仅吸引了西方资本和西方产品大量涌入,西方媒体、政府机构、各党派各政府操纵的各种基金会、国家及军方介入的非政府组织、情报机构等[1]也蜂拥而至，因此，中国与西方之间暗流涌动，发生了剧烈的体制冲突。这一点，中方可能没有预料到，却丝毫不令西方吃惊。当时，中国经济飞速增长，社会结构发生重大变革，随之引发的各种矛盾与裂痕也快速升级，这让美国看到了将中国从国家体制到政治意识形态上彻底拉到资本主义轨道的良机。平心而论，又有哪个社会能够承受所有生活领域的急剧变化、新生财富的重新分配或者连续十多年10—15个百分点的经济增长呢？社会不公引发的各种不满、不同的动机以及从更激进的社会主义到全盘西化不同主张的激烈交锋，最终汇聚到了天安门广场。西方媒体叫嚣道：中国正在陷入一场危机，可能不得不放弃社会主义并被纳入美国主导的"全球化"、"国际社会"或"价值共同体"的系统中，不得不从金融到科技再到军事领域，臣服于这一超强体系。此时，戈尔巴乔夫和叶利钦正把苏联作为"鱼肉"送上美国的"刀俎"，因此世界历史正面临前所未有的转折点。

但是，西方媒体越是渲染自己"政治正确"，越是众口铄金、歇斯底里地鼓噪中国镇压"人民起义"，甚至使用"屠杀"一词，我越是感到不屑一顾，越是觉得应该利用自己的知识与经验谨慎思考和判断：为什么中国选择了与正在衰落的东

---

[1] 很久以后，我们才了解到美国中情局、国家民主基金会以及由它们资助的非政府组织（最多时活跃在中国的大约有7000家外国非政府组织）试图对中国施加影响。可参阅罗伯特·菲茨图姆（Robert Fitzthum）的《理解中国——中国崛起为经济大国与美国的遏制政策》《下一个敌人》（2018年出版）等文献。

欧社会主义国家截然不同的做法？它是怎么做到的？是出于强势还是弱势？中国人（向华盛顿）发出了什么样的信号？美国现在有可能对中国进行军事干预吗？或者中国的做法正好抵御了这样的危险？为了找到答案，我不能再对中国视而不见了。不过，我当时距离对中国的全面了解或者说对"中国道路"做出一个解释仍然相去甚远。

如何在意识形态占主导地位的主流媒体之外得到关于中国的信息呢？与今天相比，做到这一点要难得多。[1] 当时，整齐划一的媒体垄断无处不在；批评性的、深入调查的媒体不复存在，不像今天互联网上一有热点就能找到客观报道，只有几个不起眼的纸媒能够帮我一点忙。

很快我就明白了，邓小平的"实用主义"，也就是对国际资本开放市场，激起了美国及其伙伴的贪欲，让它们异想天开。几年之后，我们从"橙色革命"或"颜色革命"的全球化脚本中更加看清了这种贪欲的目的所在，而这些"革命"往往借助国家资助的非政府组织进行仅次于"战争"的插手干预。同样清晰的是，中国式实用主义的背后并非简单的实用主义，民族独立、领土完整不可侵犯以及自主发展的指南针并没有丢失。加上中国当时毕竟是少数拥有核武器的国家之一，美国用来对付其他国家的炮舰政策不能轻易地用于中国身上。

---

[1] 美国前国务卿亨利·基辛格2011年出版了《论中国》（德文版名为《论中国：介于传统与挑战之间》）一书，极具反思性，展示了其"长者智慧"，其中第419页开始的几页篇幅里，详细描述了天安门事件发生后中美之间只能维持"半官方"外交关系的情况，从中读者多少可以感受到当时形势的"爆炸性"。不过，如果他能详细披露为了了解中国情况而访华的内情，那一定会有更多"爆料"。

在莫斯科，美国先扶植了被其称为"善荏"和"悲剧英雄"的戈尔巴乔夫，之后又扶植了叶利钦。而叶利钦只顾中饱自己及其同伙的私囊，并且不惜将苏联的财富进行大拍卖。西方甚至一度允许这个"会跳舞的俄国熊"坐到"七国集团"的桌边（该集团因此更名为"八国集团"），但马上又嘲笑他是酒鬼。不久，俄罗斯签署了允许美国掠夺其资源并将单个地区从俄罗斯剥离出去的协议，即"产品分成协议"（Production Sharing Agreements, PSA）。将世界上第二块大肥肉侵吞和碎片化的步骤已初告成功。

苏联这块肥肉被吃掉了，现在，美国终于可以将中国这块更大的肥肉变成最后的资源库、最大的劳动力后备军和销售市场，并纳入其全球性的新自由主义统治体系。中国可以给正在衰落的金融资本主义注入最后的强心针，让华尔街的派对再持续二三十年。但是，随着天安门的清场，这个梦想破灭了……

有迹象表明，也是在1989年，美国试图在中国西部的若干自治区，特别是在新疆，将冲突暴力化。这些自治区远离中国内地，民族文化上也有差别，并且对全球化宗教（伊斯兰）原教旨主义和极端化倾向缺乏免疫力。到了21世纪前十年，这种企图更加明显（*后面详述*）。此前，华盛顿在阿富汗对塔利班这个宗教极端主义组织进行了培育、组织和军训，以对抗其世俗和进步的全国政府并取得了成功，现在又想在中国如法炮制。在中亚的苏联加盟共和国，美国也获得了决定性影响力。事实上，早在基辛格任职和做顾问的时代（直到21世纪头十年）以及布热津斯基任顾问的时代（可追溯至20世纪90年代的老布什任期），将"大中东"扩大至中亚和中国西部的地缘军事战略就已经成形。

来自盎格鲁-撒克逊的古老认知说：控制了欧亚大陆的核心国家，也就掌握了"统治世界的钥匙"。[1]（本书中篇第十二章将探讨新疆维吾尔自治区近期事件的地缘战略背景）

作为对国际政治抱持批评性思维的观察者，我们当时已经对伊斯兰原教旨主义所扮演的角色有所了解，可以说它就是美国全盘战略中的怪物：这股从蒸馏罐里释放出来的能量是用来摧毁一切世俗、进步和主权国家发展的，阿富汗、伊拉克和利比亚就是最好的例子。1989年天安门事件之后，新疆也传来骚乱的消息。

当西方"价值共同体"还在义愤填膺之时，我突然意识到天安门释放出了一个信号："到此为止！"不管共产党内部在国家发展战略方向上存在多少理论和实践分歧，比如资本主义与社会主义之间到底容得下多少市场，不管自由化、开放、引入资本主义的部分元素带来了多么巨大的经济和社会矛盾，有一点是可以肯定的：中国共产党显然从阿富汗战争、苏联及东欧社会主义国家的失败以及世界上其他先例中吸取了教训，不顾"国际社会的意见"紧急刹车，从而阻止了"橙色革命"的发生。这样，中国就创造了将起源于欧洲和苏联的社会主义尝试继续进行下去的先决条件。

现在，也就是2019年，全世界都看到，这一条件影响深远。20世纪头十年以来，事实不断证明，这一条件是中国在

---

[1] 参阅Halford J. Mackinder《统治世界的钥匙：核心国家理论》，美因河畔的法兰克福Westend出版社，2019年出版。这本书的手稿写于1904年，也是西方地缘政治的宣言书，2019年版为再版，并由Willy Wimmer补充了现实案例。

自主发展道路上取得成功并且比较成功地抵御外来影响的前提。中国维护了国家主权和领土完整，这样才书写了经济、技术和社会领域的一个个成功故事，从而有了一本又一本专著描述中国如何跻身世界前列、如何从一个中低收入的穷国变成在经济和国民生活各领域起带头作用并绽放活力的国家，它的影响撬动了全世界，甚至在植树造林方面也为改善全人类气候环境作出了贡献。没有这一切，30年后的今天，我就写不了，也没必要撰写这样一本关于中国的书。即使写，可能也只能写类似利比亚那样的人间噩梦。

今天如何回顾这场政治风波？罗尔夫·贝特霍尔德当过多年的原东德驻华大使，也亲身经历了这场风波，是当之无愧的中国问题专家。风波发生30年后，他发表了他的观点。他认为，"1989年，美国试图将中国作为第一个社会主义国家引上资本主义轨道，但这一尝试以失败告终，仅作为学生运动载入中国历史"[1]。这一观点显然既不符合德国主流媒体的"政治正确"，也与德国左翼自由知识界的欧洲中心主义、价值绝对主义毫不相干，却是与事件本身拉开历史距离并且经过深入思考之后得出的极有说服力的判断。

在此期间，围绕天安门的迷雾被逐渐拨开。今天，我们不必再因为天安门而进行种种猜测。基于利益、权力和战略的考虑，陈旧的说法依然挥之不去，并将永存于我们的媒体。但是2019年，亦即风波过去整整30年后，一系列国家秘密档案的公开使我们终于可以对当时发生的一切进行详尽的分析，其中

---

[1] 罗尔夫·贝特霍尔德在2018年5月所做的一次报告中发表了这个观点，《新莱茵报》有相关报道，见www.nrhz.de。也可参见贝特霍尔德本人出版的《中国的道路——60年人民共和国》。

一个调查报告发表于 2019 年 2 月。[1] 当然，在 30 周年当天，我们的主流媒体仍然重复着已经说过无数次的陈词滥调。

调查报告认为，西方围绕此次风波制定的战略和后来歇斯底里的发作，取得的唯一"成就"是让天安门屠杀这个概念在西方各国人民的脑海里成为抹杀不掉的记忆，报告因此得出结论：那场媒体运动最重要、最狡猾和最成功的地方是将西方国家民众当作信息传递的受众时使用了社会心理学手段。值得一提的是，当时的几位学生领袖马上就被美国、英国和中国台湾接收了。

整整 30 年前，我的只是出于直觉的判断没有错：中国向美国和全世界发出了坚决走民族发展道路的信号，尽管中国因其世界工厂的地位而在经济和金融上对西方产生了依赖。考虑到当时中国的这一处境，动用军队可能是一次冒险，是在刀刃上起舞，也可能失败。所以，1989 年，我对中国能否兑现这一信号的具体内容仍然心存疑虑。

德国：绿色"毛派分子"轻松进入各种政府机构

随后的 10 年相对平静，也是我再次对中国失去兴趣的 10 年。在德国，20 世纪 70 年代的一些"毛派分子"相继于 80 年代重返体制，后来成为令人刮目相看的政治家，有的人出乎意料地不再反对战争，转而变本加厉地反对中国，成为德意志联邦共和国议会和党派体系的组成部分。他们不得

---

[1] P. Frey：《虚假的大屠杀：西方情报部门如何在天安门广场尝试政权更迭》，见 www.rubikon.news；另外一项调查报告为《天安门广场的实验》，见 peds-ansichten.de。

不埋葬继续革命（不是在我们这里，而是在中国）的梦想并对此感到失望，于是，他们当中的很多人对已经褪去革命浪漫主义色彩的、一步一个脚印走正常发展道路的中国开始怀有深深的抵触情绪（这一点从心理学上可以理解）。我意识到，他们再也不会理性地看待中国。事实上，直到现在他们也没有做到。未来的某一天，他们会不会为一场针对中国的打着"人权"和"西方价值"旗号的军事干预拍手称快呢？就像1999年，他们对德国、欧盟、美国和北约军事摧毁南斯拉夫、打击世代结仇的塞尔维亚人的行动欢呼雀跃那样。无论如何，历史没有顾及这些昔日"毛派分子"的中国纠结，我也没有纠结于他们的纠结。1989年之后的10年就这样流逝了……

2001年：中国被承认为"市场经济"，加入世贸组织……克林顿希望让谷歌和脸书接管中国

20世纪90年代，西方出于战术考虑，与中国和平共处。从中国的角度看，双方之间的基本交易是这样的："我们继续让素质良好的劳动力为你们的公司和消费者组织廉价的生产，你们让我们自己决定国家的发展和经济的技术升级。"2001年中国加入世界贸易组织标志着这一交易模式达到顶峰。不过，北京当时不得不接受一个附加条件：中国是否获得市场经济地位，日后再议。中国当然表示接受"市场经济"，并承诺遵守国际贸易中的"市场经济"准则。中国确实做到了。我由此再一次得出（依旧是肤浅的）结论："他们全盘放弃了自主的社会主义的发展。中国将走下坡路，对天安门事件的处理虽然胜

利了,但还要付出巨大代价,现在美帝最终还是赢了。"现在,美国可以通过他们掌控的世贸组织来决定中国的发展,正如他们通过世贸组织,通过对国际游戏规则的决定权、世界银行和国际货币基金组织的资金来主导众多国家的命运一样,中国也必须为维护美元的全球霸主地位做出贡献。倚仗美元的地位,美国让所有国家通过购买和持有美国国债平衡其贸易逆差,并为美国日益增长的财政赤字和巨额军事开支买单。[1]

美国的另一个如意算盘是让微软、苹果、谷歌、脸书和亚马逊这样的互联网垄断企业成为中国的信息主导,将在中国输入电脑的每一个字和中国人输入手机的每一句话都存储下来,进行商业评价,并百分之百地传递给美国国家安全局(NSA)。他们还将借助特定算法控制中国的公众意见。

早在1999年,美国便与中国签署双边贸易协定。2000年3月,美国总统克林顿在一次讲话中表示出必胜的信心:

> 我们知道,互联网在多大程度上改变了美国这个本已开放的社会。试想,它将给中国带来多么大的变化……当然,中国试图控制互联网。我祝他们好运……这就好比把果冻钉到墙上。[2]

---

[1] 著名经济学家和金融分析家迈克尔·哈德森(Michael Hudson)是少数准确预测2008年金融危机的人士之一,他对作者此处描述的内部关联曾做过细致分析。
[2] 源自时代在线的文章《对一个古老帝国的侮辱》(作者:Franka LU,2019年2月18日)。文章援引自《纽约时报》2018年12月的两个音频节目,讨论西方在2000年之后如何误判中国,标题为《西方在中国问题上做错了什么》,见nytimes.com。

听众们开怀大笑，同样显示出必胜的信心。

一位名叫汗茨曼（Jon Huntsman）的共和党总统候选人在2011年的预选中陶醉于美国独霸世界，并借助互联网"搞垮"中国的狭隘幻想中：

> 我们应当与我们在中国的盟友和拥护者取得联系……中国拥有5亿网民、8000万博客作者。他们将带来转变，并把中国搞垮。这样，我们就会重新获得优势，并重新让我们的经济肌肉强健起来。[1]

这样看来，今天美国和欧盟政治精英对中国难以遏制的沮丧和愤怒就不足为奇了。因为事实与他们的梦想完全背道而驰。由于世界上没有一个人能够对"市场经济"做出客观和操作上的定义，因此2021年中国与西方对中国加入世贸组织的期待大相径庭，而"市场经济"这个模糊概念只是掩盖了双方的分歧。

中国的经济确实转向了市场经济，而且是真正意义上的市场经济：不为市场而市场，不把市场当作"金牛犊"[2]，不是一个松绑的、脱缰的、在短期内将权力集中于少数寡头手中的市场，不是新自由主义者让富者愈富、强者愈强的工具；中国把市场变成一个提高效率、不断拿出成绩、必须服务于国家发展

---

[1] 源自 Christian Y. Schmidt《兔龙年》（2013）一书中的文章《终于又要开战了》。

[2] "金牛犊"，源于《圣经》故事：当摩西上西奈山领受十诫时，他离开以色列人40昼夜，以色列人担心他不再回来，要求亚伦为他们用金子铸一牛犊神像，铸成后，以色列人围绕金牛犊起舞膜拜，但引得上帝大怒。现在西方常说"围绕金牛犊跳舞"，意指过分相信金钱的力量。

并被纳入国家发展轨道的机制。这其实符合自由主义经典经济学鼻祖亚当·斯密对"市场"的原始理解。在他看来,"市场"与"经济"是人类发展的工具,而非目的。不过新自由主义在过去 30 年里对国民经济、基础设施,对社会与人们的精神肆意践踏,今天,"市场"的原意已荡然无存。

市场活力如何在中国发挥作用?中国如何调动人们的创业热情,如何利用市场经济,同时不使自身成为资本主义市场经济体系?简而言之,中国如何在国家与市场之间建立一个全新的关系?这一问题,我们将在后面章节中详细论述。

不过,2000 年和 2001 年,我还是不相信中国,而是相信了现已走入历史的克林顿和汗茨曼之流的话……中国再一次也是最后一次让我无动于衷。

2008 年:"资本主义能够承受中国的崛起吗?"

尽管如此,世界仍在持续变化,完全不以我的意志为转移。关于中国的信息不再是点点滴滴,而是犹如潮涌,让人无法回避。2008 年,我发现了一部探讨"中国崛起"的与众不同的著作。作者提出了一个令人大感意外的问题:"资本主义能够承受中国的崛起吗?"后来我才意识到,这是一个多么合理的问题,而且涵盖了如此多的层面。几位著名经济学家在封面上赞扬这本书。作者名叫李民骐[1],是美国盐湖城犹他大学经济学系的学者。20 年前,我在美国几所大学做访问学者,曾在犹他大学逗留过几周。李民骐当时头戴一顶"中国政治

---

[1] 李民骐:《中国的兴起和资本主义世界经济的没落》(2008)。

犯"的"帽子"（1990—1992年）。又是一个要和中国算旧账的人？一般来说，做过政治犯的人很少能再对自己的国家做出客观评价。不过，这本书在我看来言之有理，条分缕析，细致深入，没有政治口号。

至于中国将如何改变处于糟糕状况的全球经济问题，作者没有给出答案。新自由主义经济的现状是日益加剧的贫穷、饥饿人数一再增高、分配严重不均以及气候灾难。对此，作者描述了其他的可能性：中国或者成为更好的资本主义，或者以最极端的资本主义形式将世界的生态、社会和金融资源利用到极限。这倒是一种很有意思同时令人恐惧的可能性！这让我又记起20世纪80年代的3亿辆桑塔纳汽车。但是，作者至少让我明白，中国已经成为世界舞台的新主角。基于这个认识，我像那些主宰世界的精英和媒体一样，不能再对中国漠不关心了。

后来我才知道，当时已经有几位历史学家对中国数千年的文化和历史重新进行了梳理，认为中国受欧洲殖民统治和破坏沦为穷国的一百年只是一个历史的例外，而中国崛起成为世界头号国家将变成新的历史正常现象。[1]

那时候，我的脑海里仍然闪动着中国作为世界廉价品工厂乖乖地生产着西方需要的塑料垃圾的形象，伴随着早期工业时代环境严重污染和社会关系破坏殆尽的画面。西方媒体依旧日复一日地讲着廉价生产、贫穷落后和环境污染的中国故事，好像"自由"的西方与此毫不相干。我当时和大多数人

---

[1] André Gunder Frank：《重回东方：亚洲时代的中国经济》（1998年出版）。

在10年前一样,无论如何也想不到,仅仅10年之后,中国就变成了一个经济、技术、生态、发展政策以及社会领域的领先国家。[1]

就是从那时起,我开始深入地研究中国,并不断向他人提问:崛起、世界大国、廉价生产、环境污染……这一切怎么可能发生在同一个国家身上呢?中国正在经历怎样的变化?这一切将把中国带向何方?中国的发展还能持续多久?我满怀期待地与我的同事展开讨论,然而,年轻人端给我的是一盆盆冷水,他们对中国的态度主要出自西方现成的套路:"纯粹的资本主义"、"涡轮资本主义"[2]、"帝国主义"、"独裁政权"……这些声音既来自左翼阵营,也来自保守阵营。

2008年以后:世界经济的火车头

2008年暴发的金融危机让经济学家们目瞪口呆,迫使他们将全部精力投入其后果和下一场危机何时到来的研究上。引发那场危机的是一个过于庞大、投机取巧、完全失控的金融领域:因为新自由主义者放松管制,它越来越膨胀,不再服务于实体经济,而是对实体经济巧取豪夺;它构建罪恶的衍生品的金字塔(美其名曰"金融创新"),将其兜售给或愚昧无知、或充满绝望、或贪得无厌、或还有些闲钱的人们。一个体系确保

---

[1] 在此推荐一个有良好口碑的德语网页:"生态中国",http://genzsch.wordpress.com。我们在本书中也将详细论述这个也许是最令人吃惊的领域——生态。当然也将谈及就业、收入、社会保障体系、再分配等。
[2] "涡轮资本主义":德国人喜欢使用的一个概念,指肆无忌惮追逐利润最大化的资本主义。——译注

永续增长——这根本就是不合逻辑、不可实现的幻想。除了在全球范围内掠夺工薪阶层的收入、公共财产、农业收成或大片的农耕地，这个体系还通过滚雪球般的虚拟资本和衍生品，通过债务和贷款金字塔、以新债还旧债等手段进行了毫无节制的自我膨胀，造成了这个体系自身的不稳定，进而造成了整个国民经济、主权国家和全世界的不稳定，最终结果是一个微不足道的经济下滑（2007年开始于房地产业）就直接导致将近80年来最严重的世界经济危机。

30年里，新自由主义的政党和政府不遗余力地鼓吹并实施去国家化，强调私有化，减少管控和福利，将国家的行动能力降到最低限度（警察、军队、司法和财富管理除外），他们将这样的机制宣扬为地球上的天堂。在这个天堂里，少了社会福利的位置（他们宣称，我们也不需要这样的善举）。可是突然之间，国家却要从财政预算中拿出上千亿美元或欧元拯救那些陷入投机泥淖的银行。在接下来的几年里，金融行业最大的游说组织——中央银行开闸放水，向那个投机行业注入天文数字，而为此担保的却是普通百姓。

德国政府也为自己的"旗舰产业"——汽车工业制订了一套刺激需求的计划。它拿出国内生产总值的1.5%—2%作为购买新车的补贴，当然无一例外都是老式的内燃机技术（当时无人对内燃机和低价的柴油技术提出质疑），这个内燃机工业欺骗案直到后来才被曝光。实际上，尾气排放造假技术一直都在使用，因为德国两任"汽车总理"——施罗德和默克尔——均未能在布鲁塞尔阻止所有降低排放值的规定，而德国国内的相关机构对本国汽车工业未能达标缺乏认识。那时，"德国汽车工业和政府的最大乐趣就是共同阻止布鲁塞尔出台更为严苛的排放上限"。[1]

2009年，德国动用"汽车报废奖金"[2]这一"新"的（其实并不新鲜，只是几十年里没有动用）财政手段，试图维持现状。事实证明，它的确有效遏止了德国经济的大滑坡。不过，这项财政举措只是取得了最低限度的成功，并且与几十年来所有党派、政府、媒体及新自由主义的卫道士和学术界代表所倡导的那一套大相径庭。一夜之间，政府又捡起了凯恩斯主义这个从20世纪70年代新自由主义盛行以来便不再受人待见的理论。

金融领域依旧岿然不动，体制上没有任何变化，规模甚至大于从前，并且无处不在：大到实体经济、社会、政治、国家乃至整个世界经济，小到营养、健康和环境的所有环节。回顾过去的10年，是充满脆弱性、错误投资、增长减速、富人愈富、社会衰退、基础设施建设乏力等现象的10年；是国家日益无能无为、社会分裂加剧、百姓越来越买不起住房以及生态灾难频频发生的10年；是因上述种种原因导致民族主义、地区主义、仇外情绪、种族主义和去全球化等政治风险上升的10年——一句话，是"失去的10年"。

反观中国——在2008年则彻底登上了经济和财政的国际舞台！那时中国在世界上的分量还远不及今天，但中国投入了大手笔：它拿出当时已是世界第二大的国内生产总值的8%用

---

[1] H.-J. Jakobs，商报晨间简讯，2019年4月15日。
[2] 这是德国政府在金融和经济危机期间刺激消费的举措。据此，购买新车者可以得到政府2500欧元资助。短短几个月内，50亿欧元总额的奖金即使用完毕。这项措施大大刺激了2009年的汽车消费，但因单方面照顾一家行业，在经济界颇有争议。——译注

于巨大的财政支持计划。投资领域当然包括新技术，但也包括后来影响日甚、外国人访华时感受强烈的生态领域。2008年恰逢北京举办奥运会，为此，当年中国就植树数十亿棵，给百万人口的大城市都披上新绿，在很多地方建设了国家公园，并在全国各地推广生态技术。

中国的刺激经济计划是全世界多年来规模最大的投资计划，带来的投资、收入和需求效应与默克尔的汽车报废奖金完全不可同日而语，因为对德国来说，中国的投资计划相当于多年来得到的规模最大的出口促进计划。中国成了全球经济增长的火车头，也成了德国经济增长的最大发动机，对德国产生的积极影响远比德国政府自己的所作所为更广泛、更持久。2008年以后，中国不仅无处不在，而且激发了人们更多的想象和希望。

2009年：《那边的来信》

我妻子想到了一个如何满足我对中国好奇心的主意。我当时还没有下定去中国看看的决心。

"你听说过《那边的来信》这本书吗？"妻子问。"没听说过。"妻子说的是克里斯蒂安·Y.施密特，一位移民到中国的德国记者和讽刺家，娶了一位中国太太，近几年来定期为《泰坦尼克》《日报》和其他期刊的讽刺专栏撰写文章。但是，一连几个月，我对那本小册子不屑一顾——这怎么可能是我接近中国的开始！但后来我还是读了，而且兴趣盎然，它成了我接近中国的渠道之一。

施密特用幽默的笔触描述中国人怪异（在我们当时看来）

的生活习惯，并辛辣地讽刺国际媒体对中国的偏见[1]，有时在字里行间，有时直戳痛点。那些文字严谨认真，言之有据，像一面镜子折射出我们对中国的陈旧认知、我们的媒体关于中国的非专业的甚至是胡编滥造的故事以及意识形态挂帅的可怕报道方式。在《那边的来信》之前，施密特就已出版了一本类似的文集，此后又出了几本。[2] 在书里，他不怕以批评的态度对待西方人一贯歇斯底里讨论的话题，如关于西藏和达赖喇嘛的问题。施密特以事实为依据的论述经常把西方正统的语言和思维规范翻个底朝天。

在这面来自中国的"照妖镜"前，《明镜》周刊不出所料地现出原形，变成了地地道道的"抨击中国的杂志"，因为它缺乏准确的信息，调查时懒惰而片面，但评论起来却底气十足，阐述观点时唯我独尊，一根筋地坚持所谓新自由主义、"政治正确"，傲慢且伪理性，一切从欧洲中心主义、价值绝对主义出发……总之一句话，就是："我们好！他们坏！"在《明镜》周刊里，西方世界才是完美无缺的世界，西方体制的挑战者理所当然地只能是罪大恶极的独裁政权。在这样的框架下，理性的细腻无从谈起。施密特犀利地批评《明镜》周刊对中国的扭曲报道时，该刊记者"克拉斯·雷罗球斯[3]的商业模式"还没有被曝光。施密特以 2008 年有关奥运会的报道为例，以讽刺的手笔揭穿《明镜》的误报和诬蔑式文风，比一般人直

---

[1] C.Y. Schmidt：《那边的来信——中国速成班》，2010 年出版。
[2] C.Y. Schmidt：《独行在 13 亿人中，从上海到加德满都》，2009 年出版；《虎牛年》，2011 年出版；《兔龙年》，2013 年出版。
[3] 克拉斯·雷罗球斯是原《明镜》周刊记者。2018 年，他编造故事的丑闻曝光后，被该杂志社开除。——译注

接地从政治角度分析《明镜》更加入木三分。他还揭露西方其他固有的套路，比如好莱坞影星和世界级流行歌星当中不乏所谓"西藏拯救者"。他的视角是中国的日常生活，是大街上的普通人，是中国人的幽默和了解中国的德国人对主流媒体的讥讽。

作者同时向我们展示了令我们想象不到的他眼中的中国：自由、矛盾、乐于辩论、轻松和快速变化。这些画面很自然地使德国那些站在出口世界冠军奖台上居高临下看中国的教条不攻自破。其实，这个单纯依赖出口的商业模式几年之后就难以为继了。2019年底，德国经济便不得不面对严酷的现实。

在施密特的笔下，中国是个色彩斑斓、崇尚辩论、倔强反叛、充满矛盾并能够包容矛盾的自由的东方国度。晚上，在城市的广场上，成百上千人翩翩起舞，完全出于自愿，放松而有乐趣，有时是气功或是太极的风格。与世界上大多数国家的人相比，中国人更爱笑，这怎么可能？中国人有理由笑吗？

在书中的某一处，施密特不禁严肃地自问：假如西方对中国的要求、愿望和异想天开的梦想都兑现了，那么中国会是什么样呢？他描述的画面令人不寒而栗。最后他承认："这个中国可能会让默克尔满意，但我则要寻找一个新的故乡了。"

我在书中了解到的中国远远不是一块可以触摸到的马赛克或是一个条分缕析的清晰信号，但它确实唤起了我进一步了解中国的欲望，即所谓的"胃口"，它是对理性的补充。只有理性认知和"胃口"兼备，求知的动力才会持久。在对中国长达40年敬而远之后，我终于要寻求突破了。

2010年：我结识的第一个中国人

之后的发展看似突然，但内心的土壤已然成熟：中国在世界上已经成为一个不容忽视的因素。我在国际学术网络里有很多关系，不过这些关系主要来自西方世界（西欧、美国、澳大利亚、南非等）。与东亚有长久合作关系的同事向我提起了一个中国同行，他叫陈平，是少数曾对2008年的金融危机作出精准预测的国际著名经济学家之一，其研究领域为复杂经济学[1]。他是诺贝尔化学奖得主伊利亚·普里高津的关门弟子，曾经在得克萨斯的奥斯汀大学分析复杂体系的"自组织"能力。这位研究复杂演化经济体系的同事在奥斯汀大学和中国的复旦大学、北京大学之间来回穿梭。在我们的学术网络里，他是一位非新自由主义的、具有批评精神的经济学者，在中国也很有名。他不像很多在美国接受了新自由主义思想又返回中国的学者那样，肩负着接管中国大学经济系、邀请美国诺贝尔奖得主访问中国、设立美国资助的研究所、最终将中国研究机构改造成美国模式的使命。这样的学者当时是中国各个大学经济系的主力，现在也可能还是主力。不过，陈平也不是共产党员和马克思主义者。这可能吗？我听说他正在欧洲讲学，于是邀

---

[1] 复杂经济学学者认为经济是一个由不同网络及权力结构组成的体系。在这一体系里，不同的、没有把握和寻求解决方案的参与者不断面对各种问题结构，而在这些问题结构里发生着或多或少彼此协调的行动。复杂经济体系处于不断变化的状态，有时出人意料，经常危机四伏，伴随不可预见的活力和持续的并非总是积极的发展。这一理论与新自由主义的信念形成鲜明对比。在新自由主义世界里，市场经济是供给与需求相互作用下生成完美的价格，并保持最佳均衡的简单的体系。

请他来我执教的大学做报告。

报告之后，我们交谈了几次。对一个有教养、得体而友善的中国人来说，我的问题可能显得愚蠢而唐突："您不是跟随主流的新自由主义者，您也不是马克思主义者，那么您在中国有多大的行动空间呢？比如，您在多大程度上能够批评您的政府？"也许我的问题让他回忆起昔日的中国人曾将欧洲殖民者称为野蛮人。他的回答显得放松而自然，既外交又坦诚："我可以毫无问题地批评我的政府，经常是在大讲堂里，为此我有时得到掌声。""第二天早上您会面对政府的听证委员会，是这样吗？""是的，第二天我接到政府代表的邀请，请我就复杂经济体系和金融动力学以及相应的经济政策措施为政府提供咨询。"这一回答使我完全信服。后来我又邀请了他，并一再问他类似的问题。今天我们仍然保持着合作关系，一起发表学术文章。我生平认识的第一个中国人如此耐心地解答我那些略显粗鲁的问题，他的平静和自信继续冲击着我内心的堤坝。

更多中国人随之而来

在此期间，我的名字不知怎么传到了中国。很多中国大学生愿意在硕士毕业之后出国，并且得到了政府资助。美国和英国当时是首选，德国次之。这些希望我做博导的中国学生看来对我的研究课题、发表的文章和在国际上的关系颇为了解。他们首先通过了国家留学基金管理委员会的4年国外博士生录取资格考试，接下来是几个星期的远程测试：邮件问答，写一篇简短的学术文章，共同确定博士论文的题目，视频面试。之后我迎来了第一位中国博士生。在没有增加预算的情况下，我们扩大了工作团队。我前后一共带了三位中国博士生。

我在每个人身上都花了一年时间才改掉他们见到我就起立并把手放在裤线上的习惯。既然用英语交流，就干脆接受盎格鲁－撒克逊式的沟通习俗，和教授打招呼不带头衔，而且直呼其名。今天，他们对这些国际标准运用自如，成为知名学者和德国或中国大学的青年教授。

在获得职业自立之后，他们那种典型的中国式的思维习惯便显露出来："我们可以共同撰写这样或那样的学术文章吗？""我们能够在哪些领域开展合作？""您愿意到中国去讲学吗？"合作与交流的协议很快达成，中国大学的系主任很愿意为签署协议来一趟德国。德国仍然是中国人喜爱的出差目的国，这不仅是因为工业4.0或双轨制教育。中国在为教师和学生提供出国交流机会方面毫不吝啬。

6年前，我们还在中国为博士生创建了一个夏季学院，让他们进行为期一周的强化学习。我们与中方协商，每次都组建一个由大约4名西方国家教授组成的国际化团队。这个团队是多元化的，代表不同的重要学术流派和研究方向，中方也派来教授，一般由当地的经济学院（美国学术理论主导）和马克思主义学院（大多是有国际视野、掌握各种学术分析方法的专家）推举。我们反过来看，如果一所德国大学邀请中国的马克思主义政治经济学家来为博士生授课，是不是不可思议？如此看来，我们还远没有那么自由。

习近平任国家主席这些年来，中国学术政策的一个公开目标是，打破大学经济系中马克思主义政治经济学和新自由主义经济学水火不容的状况，这样既可以提高马克思主义学院的质量，又可以消除美国简单化的主流模式在中国大学经济系和商学院主导一切的危险。这些受美国影响的学者向中国提出的教条式政策建议在理论上很强，但实际咨询的时候往往显得片面，没有实际价值。上面提到的陈平曾经很早就向我解释了中国经济政策咨询的方式：所有的理论和思想流派都可以提出建议，但起决定作用的是建议的可行性和有效性，在中国政府面前，马克思主义的经济学家并不占据先天优势。这令我感到吃惊，使我想起了我的几个非正统德国经济学同事，他们无论如何都没有接近政府的任何可能……

多年来，我们这些西方教授在中国感受到的是出人意料的开放和探讨各种理论观点的意愿。在德国，我们为组织这样的夏季学院已经努力多年。但它们基本是在大学之外、在没有大学经济系资助的前提下举办的。我们在中国还感受到一种强烈的学习与合作的愿望，还有兑现新项目时的高速，这是我从各个方面一再听到的当今中国学者的共同特征。

如此这般，我昔日的中国学生在我和中国之间架起了一座桥梁。在德国的中国人逐渐多起来，他们当中有在德国学习工作的，有从事学术研究的，还有旅游者。德国人对中国旅游团还处于适应阶段，或者说还不太欢迎中国游客。

但在学术领域就完全不同了。我任教的大学所在城市于8年前成立了孔子学院，经常举办很有意思的活动，并为我们和中国互派教授牵线搭桥。我们城市的几所大学经常接待来自中国工业界和政府机构的代表及学者，这所城市的企业与中国伙伴也保持密切交流。不论是我所在的地区，还是我个人的工作领域，一切都在发生新的快速变化。

"来五座柏林国际机场和一辆磁悬浮列车!"

最初与中国人交流的时候,常常令我感到吃惊,而且完全没有心理预设,现在我已经不再慌张。比如,初次来德的中国客人利用第一个空闲周末去柏林或慕尼黑之后总是一脸严肃而充满狐疑地问我:"你们的火车为什么经常晚点?""为什么订火车票时只有票没有座位,需要座位时还要额外付钱?""为什么你们的站台上总是慌慌张张、一片混乱?""为什么你们火车站的设施这么脏?"……要知道,在他们心目中,德国可一直是具有工匠精神、组织出色的理想国度啊!

现在,这类问题已经不再让我百思不得其解,也不再让我最后陷入某种程度的沮丧了。我知道,中国的火车站像机场一样秩序井然。考虑到中国高铁的时速为350千米(最近甚至达到了450千米),这样的管理也是恰当的。而德国,无论是火车、车轨、还是车站,都还是蒸汽机车时代的设计。所以,今天再与中国同事讨论德国火车不准点这个问题时,我往往代之以风趣的回答:"你们的火车准点,因为它们时速更高,这很合乎逻辑啊。"

这样我就可以避免再次去思考被新自由主义者破坏殆尽的德国基础设施以及那些悲惨的国有企业和半私有化的企业,这些企业已经被新自由主义者通过分红、付息、发奖金和发顾问费这些财政出血的手段而掏空。我不用因为国家的无能和政治家们的无为而自寻烦恼,这些人只会把财政收支平衡,即所谓"黑零"当作"金牛犊"一样顶礼膜拜,已经到了无视国民经济循环体系最基本常识的地步,还将"黑零"美化为"债务刹车机制"并写入宪法（其实不过是掩耳盗铃）。[1] 我不用再一次因国家的失职和由此造成的大面积投资失误而绝望，也不必为私人"投资商"通过私有化大肆侵吞昔日公共企业的财产而忧心忡忡——在这些人心中，只有利润，只想中饱私囊。

但我还是想起了我们的首都机场——柏林勃兰登堡机场。它建了10年，至今还不能完工[2]，而中国的基建项目不知比它复杂多少倍，耐用多少年。当我和中国朋友的交流进入打趣阶段时，中国朋友会说："需要我们为你们修建五座柏林机场吗？"我就说："求你们再加上一辆磁悬浮列车。虽然我们发明了磁悬浮，可是我们忘记怎么造了。"[3] 这当然是同事之间的调侃。我们彼此都很清楚，我们谈论的中德之间的区别不是偶然的，也不是用三言两语、直线式的刻板套话就能解释清楚的，所谓中国是"独裁体制"，所谓"专制与自由之争"等套话只能欺骗那些低智商者。双方都明白，两国的根本差别是体制差别，面对复杂的事务，正是这种差别导致了集体行动力，也可以说是国家行动力的本质差别，在德国这边就是没有行动力。

还有人用另外一些简单刻板的话来解释，但其实什么都说不明白，因为他们不过是想利用人们懒于思考或心理

---

[1] 默克尔政府2009年将"债务刹车机制"写入基本法即德国宪法之中。所谓"债务刹车机制"，即德国联邦政府负债不得超过当年国内生产总值的0.35%，俗称"黑零"。——译注

[2] 柏林勃兰登堡机场，2006年9月动工建设，但一拖再拖，直到2020年10月，即本书作者完成书稿数月后，T1航站楼才投入使用。——译注

[3] 德国磁悬浮列车在全世界最早投入商业试运营，但因发生重大事故而停止运营。不过，在中国上海浦东机场有一段引进德国技术的磁悬浮铁路运营正常。——译注

上求得舒适的弱点，利用大家"我们听够了"的心理，或者利用德国人根深蒂固的"我们好，他们坏"的条件反射。但是，只要我们还是发明家、技工、技术人员、工程师、企业家，还是行动家、求知者，就不免对这些说辞产生怀疑，进而产生一种不舒服、不知足的感觉。于是，我决心告别偏见、自我蒙蔽和无知，彻底打开内心的闸门，去了解、认识中国！

从中国返回德国航班上的对话

几年来，我由于工作原因时常前往中国。在酒店电梯或大堂里，我时常与其他前往中国出差的同胞交流，打听他们与中国的合作情况。在返程的航班上，我了解到的东西就更多了，因为相邻而坐的几小时里，总是会有半小时聊天时间。我不断地提问，想知道他们的最新体验和与中国合作的故事。结果大同小异——他们大多对中国伙伴的开放、好学和灵活感慨不已，对中国人的合作意愿、寻求双赢局面的决心，对中国变化速度之快和合作双方找到解决方案之轻松印象深刻。谈话中，我们的技术员或工程师会陷入沉思，或对自己公司内的等级森严感到气愤，中小企业的企业家则干脆对"自己的政府"表示不满。技术员会说："现在我要回德国给那帮人解释新的方案，之后就静候几个月，等着上面开绿灯。"这时候我就问我的德国同胞，其实也是在问自己："中国的深层体制到底有什么不同呢？不同体制对中国人的工作态度、行动、期望值和工作动力到底有什么影响呢？……"

这样我们又回到了"体制"问题。中国人没有我们德国人对未来的各种恐惧，他们有的是社会安全感，还有对职业升迁、收入和生活水平的提高、得到认可的期待；当眼下的工作发生变化时，他们拥有技不压身、换个岗位照样发光的自信，或索性改变赛道，拓宽职业选择。这一切听起来似乎与"独裁"或"现代奴隶制"毫不沾边。

当然，中国的增长也不会永无止境，因为在有限的地球上不可能实现无限增长，但是中国人拥有社会安全和开放体制（如同昔日瑞典的灵活安全性模式），加上起码的集体主义、国家认同、社会融入感和公共管理，因此他们在创新能力、生活富足程度和生活质量方面的增长都可能长期持续，并且不受经济增长的数量、广度和资源消耗程度的影响。这个兴起的世界头号大国是否有此前景，读者诸君看完本书，自会作出评判。

在德铁列车上的对话

终于抵达德国，发现转机航班被取消，登机口一改再改，又不得不直面德铁日复一日的混乱[1]。我知道自己回家了——回到了那个基础设施陈旧、因各种机构瘦身而投资乏力，却一心讨好股东并因收支平衡而沾沾自喜的国家。不管哪个政党出任财长，都以紧缩开支为荣。

面对如此强烈的反差，德国的技术员、工程师、其他行业人士和中小企业的老板不会很快忘记他们的中国之行。当再一

---

[1] 关于德铁的技术、经济和社会灾难，可参阅 Arno Luik《空中架线失灵——德铁有计划的失败》，德国 Westend 出版社（美因河畔的法兰克福）2019 年出版。

次面对德国电视一台和二台、Arte 电视台、凤凰台、RTL 电视台[1]、《明镜》周刊、《焦点》周刊、《时代周报》、《南德意志报》等媒体"政治正确"的说教、散布中国必然是专制国家言论的时候，许多人都会想起自己在中国的亲身经历。反差最强烈的或许就是德铁。列车不时晚点，人们赶不上转乘的列车。有时倒是赶上了，只是因为转乘的那趟列车同样晚点 40 分钟（而德铁的 APP 是不知道的）。一等座的三节车厢今天少了两节，而且车厢的排序和预告的正好相反。有时没有了餐车。有时好几个车门失灵。有时列车底部传来令人不安的声音。有时列车停在站台等待换班的司机，因为他乘坐的另一辆列车恰恰晚点了。"请大家谅解"可能是德铁广播里重复最多的一句话，而恰恰是这一句话令乘客骚动不安。想要在火车里享受畅通、没有盲区的网络吗？这可是尖端技术，在德铁是稀罕物……

每当这时，乘客们就会共同吐槽。我发现，这些年去过中国的人越来越多，至少对中国机场式管理的火车站心怀眷恋的不止我一人。在中国，乘客在列车进站前几分钟秩序井然地走向站台，根据地上的标记寻找自己的车厢。由于每个人的票上都标明预订的座位，上车时没有拥挤现象。假如哪趟列车迟到 10 分钟，第二天就会在媒体上曝光，并被公开调查。

德国乘客交流这类体会时不免会问："为什么我们做不到？"车厢内交织着愤怒与无可奈何的气氛。从国家的未来和基建维护两个角度看，像德铁这样的企业都算核心企业，但这

---

[1] Arte 电视台，是德法合资的一家电视台；RTL 电视台，是德国一家私营电视台。——译注

种状况颠覆了人们的职业观与效率观,让人们感到紧缩政策、股值至上、富人愈富的分配制度和投资失误带来的灾难性后果,这也是人们对整个国家的感觉。大家恍然大悟,正是导致生产效率低下的私有化,正是对企业经济学的误解给个人的职业发展和社会的进步造成了多大的危害,也意识到,这一切可能与体制有关,因为个人的职业前途好坏与否,很容易让人想到复杂的体制。

如何通过体制变化实现运转良好、高效、创新、进步的资本主义呢?接下来,我将详细论述德国和中国的经济社会诸领域的问题,说明体制对其他方面的决定性作用。有句话说得好——"要害是体制,笨蛋!"[1]

是赞成涡轮资本主义,还是与专制为伍?

德国技术员、工程师和中小型企业的老板对与中国的合作津津乐道,难道他们是"涡轮资本主义者",因为看到东方的中国出现了毫无节制的野蛮资本主义而欣喜若狂吗?据我个人的观察,答案是否定的。那么,他们是狂热的反民主主义者,因为看到中国通过纯粹的命令模式取得了高效率,恨不能马上在德国推而广之吗?在那些交谈中,我对此也没有丝毫察觉。很多人基于亲身经历,认为中国选择了另外一条道路。从历史上看,独裁和专制国家从未有过持续而全面的崛起,因为它们总是会通过对外侵略来缓和其国内矛盾,在

---

[1] "要害是经济,笨蛋!"是1992年比尔·克林顿的竞选顾问推出的名言。作者在此化用这一名言。——译注

战争中迟早要耗尽国力。但中国向全世界提出的方案却是和平共处、放弃暴力、平等合作。与德国海军在中国海域附近参加军事演习不同的是，德国黑尔戈兰岛[1]海域附近从未看到过中国海军的身影。这里面一定有更多的原因，我会努力寻找答案。

令我吃惊的是，在飞机和火车上与我谈话的伙伴中，也几乎没有主张"打压中国这个竞争对手"的经济民族主义者。这些实干家在道德层面看重的是根本不同的东西，是著名经济学家托斯丹·B.凡勃伦所说的"工艺的本能"[2]。经过数千年进化，我们人类大脑中的本能是合作，是享受共同努力的过程和成果。虽说"过程即目的"，但这远远不够，过程与目的同等重要。我们不只为结果而自豪，也看重实现这一结果的途径，认为全社会的交流、协调与合作才是成功之道。中国的体制全然不同，但运转良好，我们现在对这个体制兴味盎然，是不是也是出于上述原因呢？

2019年底："是的，但是香港……"

本来，一些人已经开始有兴趣了解中国并有一定的收获，开始以开放的态度对待中国。但是，2019年香港事件暴发，他们很快重新回到巴甫洛夫的条件反射般的思维惯性，重新开始贬低中国，对中国说三道四，甚至谴责中国。他们在西方电视上看到反中"自由和民主斗士"蒙面戴盔、投掷石头和燃烧

---

[1] 德国岛屿，位于该国北海。——译注
[2] 托斯丹·凡勃伦：《工艺的本能》，1918年出版。

弹、喷射胡椒水、使用弹弓和弓箭、把步道石块变成投掷武器的画面时，再一次听信媒体传播的故事，并且欣喜若狂。他们只是不知道，媒体极少报道示威者经常追打大陆人和政治异见者的场面。[1]

到底发生了什么事情？媒体报道对我们的情感和头脑产生了什么影响？为什么西方媒体突然之间公然热衷于精心组织的团体暴力和破坏狂欢？这事要是发生在德国，一天都不会容忍他们，政府早就出动联邦国防军了。

我这本书既然是写中国，就决然绕不开2019年及此后几年的香港。后面还会详细论及，但可以先下的结论是：香港现在和将来都不可能演变成"天安门2.0"，不管西方政府和媒体对此有多么期待，多么不遗余力。[2] 为什么不可能？我将在本书后面的章节中详细论述。

但是，当那些声称为香港和大陆的民主和自由而战的年轻斗士举着香港殖民时代旗帜和美国国旗以及"特朗普，解放我们"这样的标语牌上街时，至少一些善于观察和思考的人士感到诧异。想依靠脱欧的英国首相约翰逊和商人风格的美国总统特朗普来实现民主和人权？在很多西方观察家眼里，这多少显得很古怪。好像在昔日英国血腥的殖民统治时期，香港那些靠自己劳动而生存的普通百姓享受过真正的民主和自由似的。

对很多普通香港人来说，一周工作7天、一天12小时现

---

[1] 《黑色恐怖：大陆人在香港受到袭击》，原载《经济学人》，2019年11月9日发表，见 www.economist.com。

[2] Shane Quinn：《美国破坏中国稳定的70年：美国资助新疆维吾尔族叛乱》，原载《环球观察》，2019年12月23日发表，见 www.globalresearch.ca。

在还是家常便饭。那些高呼"自由"却不知自己哪里不自由的年轻银行职员和经理也是如此。

25 年来，美国企业的智库——美国传统基金会——年复一年地将香港评为世界上"最自由的经济体"，这不是没有原因的。[1] 香港的劳动法是世界上最与雇员为敌的劳动法之一，根据这一法律，普通劳动者实际上仍然处于 20 世纪初期的殖民时代；而在联合国国际劳工组织眼里，中国大陆的劳动法是世界上最进步的劳动法之一（参见本书中篇第八章）。香港雇员的收入往往只够在一套几平方米的公寓里生活，劳动合同法中没有任何雇员的权利，为此，国际劳工组织已屡次要求香港兑现国际通用的集体劳资谈判的规定，但香港就是不干。[2] 2013 年，控制香港的寡头之一、身为亿万富翁的港口企业家李嘉诚，还曾经发起一场针对港口工人的斗争，目的是废除港口工会，而港口工人的工资长达 15 年没有增长，集装箱龙门吊司机在工作期间也不得因上厕所而停止操作。

那些示威游行的大中学生和年轻银行职员尽管受过良好教育，也可能还有一份收入丰厚的工作，但在目前情况下，他们可能永远没有买房和成家的财力。他们和很多香港人一样，对自己的收入状况和社会处境以及香港的整体经济和社会前景感到极度失望。[3] 香港在全中国国内生产总值中的占比从 20 年前的 18% 下降到如今的不足 3%。[4] 同时，大陆人日益富裕后

---

[1] W. Rügemer：《香港：新的体制冲突》，见 www.nachdenkseiten.de。
[2] R. Geffken：《以公司老板的利益》，见 www.neues-deutschland.de。
[3] 安德烈·弗尔切克：《部分香港人感到沮丧，因为他们的城市正在输给中国大陆》，见 einarschlereth.blog.spot.com。
[4] Peter Koenig：《香港：西方的绝对疯狂》，原载《环球观察》，2019 年 12 月 3 日发表，见 www.globalresearch.ca。

也到香港旅游,其中包括毗邻香港的新都市深圳或金融中心上海的年轻银行职员,他们的未来似乎光明得多……

现在,香港的吸引力正在下降,甚至对它的老主顾——西方的寡头们和逃税者——也是如此。于是,人们不难理解,一些观察家这样讽刺西方从财政到物质上支持暴力抗议的行为:"华盛顿和伦敦正在破坏香港作为洗钱天堂为西方服务的能力。"[1] 一位务实的银行家写道:"香港,你还能坚持多久?……香港的冲突很可能将随着经济继续滑坡而结束。"[2]

很长一段时间里,香港因其"世界最自由经济体"的地位和紧邻中国大陆的地理位置而成为超级富豪和经济、金融犯罪分子的天堂,这也包括1978年至2012年前后因贪污致富而逃匿香港的大陆人。21世纪头10年开始,中国政府对行贿受贿、金融犯罪和偷税漏税行为展开了坚决的打击。

理所当然地,以上这些势力和其他有影响的势力都在支持抗议运动,因为游行的目的是维持现状、确保这些所谓精英分子梦寐以求的特权地位。据称,单是美国国家民主基金会2014年以来就为示威行动提供了大约3000万美元的资助。[3] 脸书、推特、即时电报(Instagram)、谷歌等公司封杀了数千名香港市民的账号,因为这些人的言论与西方发动暴力和让暴力升级的战略不一致(这些公司在古巴、委内瑞拉、玻利维亚也这样干,在德国也时不时这样干)。香港的媒体大亨黎智英

---

[1] Peter Koenig:《香港:西方的绝对疯狂》,原载《环球观察》,2019年12月3日发表,见 www.globalresearch.ca。
[2] Solvecon Forex 报告,2019年12月16日发表,第7页。
[3] Shane Quinn:《美国破坏中国稳定的70年:美国资助新疆维吾尔族叛乱》,原载《环球观察》,见 www.globalresearch.ca。

通过他掌控的庸俗报纸煽动暴力、怂恿破坏活动，而对不同政见者则进行排斥。运动短暂的高潮点是美国国会 2019 年 11 月颁布的"香港人权与民主法案"，其针对中国大陆的经济与金融制裁明显带有特朗普时代寻求绝对世界霸权的特征，即经济与金融制裁、技术封锁等。中国第一次以牙还牙：美国军舰不得再停靠香港，包括美国国家民主基金会、民主党和共和党的党派机构、美国国际事务民主协会、国际共和研究所、自由之家和人权观察在内的为示威者提供资助的外国组织的资金转移受到监控。[1]

不放过任何一个外交失误机会的德国外长海科·马斯与香港大学生黄之锋就国际政治问题交换了看法。[2] 他难道不知道黄之锋面对摄像头和麦克风所说的"首先占领香港，然后占领中国大陆"的要求只有在暴发一场世界大战的情况下才可能实现吗？西方一些主张给冲突降温的人士也认为，这样的外交与国际法、与解决冲突的努力毫不沾边。[3]

人们不能忽略以下几个简单的事实：香港于 1997 年由英国殖民者归还给中国；香港完全融入祖国的过渡期为 50 年，也就是说到 2047 年；在过渡期里，香港享有中国特别行政区、类似自治区的地位，拥有自己的、仍然带有殖民时代烙印的宪法；中国为了减少冲突，对香港实行"一国两制"政策，这一

---

[1] Stephan Lendman：《中国报复敌意的美国立法机构》，2019 年 12 月 3 日发表，见 www.globalresearch.ca。
[2] Matthias Gebauer、Severin Weiland：《马斯支持黄之锋，联盟党支持马斯》，原载《明镜在线》，2019 年 9 月 12 日发表，见 www.spiegel.de。
[3] Pascal Abb：《香港抗议：香港当局多方面的治理失败》，发表于奥地利和平与冲突解决研究中心刊物 ASPR Policy Brief 2019 年第 2 期，见 www.friedensburg.at。

政策也适用于台湾和澳门，将给这三个地区足够的适应期、融入期。

因此，中国首先主要负责香港的外部边界，以维护国家领土的完整，同时也为香港提供食品、能源等保障。2019年8月，中国禁止两艘美国军舰驶入香港港口就是这一政策的体现（设想一下：两艘中国军舰试图进入纽约港口，而在华盛顿，大学生向美国国会投掷燃烧瓶、占领乔治·华盛顿大学并在此纵火，还高举中国国旗并呼吁习近平解放美国……）。

很显然，香港成了正在衰落的西方对抗其新的主要对手——取得重大经济成就的中华人民共和国——的重要战场，[1] 而当初在乌克兰进行的、以街头暴力和恐吓不同政见者为主要特征的"橙色革命"的脚本在这里再度派上用场。正如前文所述，只要仔细看西方媒体的图片就能发现，示威者的核心团队就是那些装备精良、蒙面戴盔（明显比普通自行车头盔高出一档）、足以打一场内战的职业打手，他们用专业工具敲碎人行道上的大理石板，以方便作为他们进攻的武器。

出人意料的是，中国政府表现镇静，极少干涉香港内部事务。中国确实可以平静地等待，在剩下的27年时间里，还会发生很多变化。深圳、广州和上海将会把香港甩在后面，而香港作为国际金融大都市的光环将日趋黯淡。[2] 无论如何，示威者正在加速香港的资金外流和香港经济的衰落。同时，中国正在将香港对面的深圳打造成一个金融中心。与社会和政治上仍属早期资本主义的香港相比，深圳现在已经

---

[1] 参阅 Rügemer 的文章。
[2] 参阅安德烈·弗尔切克（André Vltchek）的文章。

是21世纪富裕社会主义的一个引人注目的窗口。作为金融中心，上海和深圳的资本总额已经超过香港。[1]这一切将具有长久的效应，对那些年轻的示威者来说也不例外。他们从深圳的例子中可以看到，没有殖民时代的特权精英模式，照样可以成为成功的银行职员。不过，他们当中的一些人大概不会亲身经历这一变化了，而只能或早或晚地去华尔街或伦敦金融城，以避难者的身份讨一份名声不好的生活，喝着可口可乐一周工作70小时，参加派对，最后还可能心肌梗死过早发作。

众所周知，香港暴力事件的外部导火索是香港与内地的一个引渡条例。这类引渡协议存在于世界上大多数国家之间，只要它们之间不是一种格外敌对的关系，这是双边关系中最正常不过的事。香港还曾把重大刑事犯引渡到土耳其、沙特阿拉伯。罪犯不应该因换个地方就逍遥法外，前提是其行为在双方看来都是违法的。事发原因是，一名台湾男子将一名香港女性杀害后逃到了台湾，香港修改条例的本意是使中国大陆与澳门、香港和台湾地区之间的相互引渡成为可能。中国大陆的动机除了打击暴力犯罪，还要阻止金融犯罪、偷漏税，特别是贪污罪行以及随之而来的资本外流。[2]

在这一背景下，我们稍后还将结合时事问题（西藏问题、新疆问题）探讨被联合国高度赞扬的中国少数民族、民族自治和人口政策。

---

[1] 参阅Rügemer的文章。
[2] 背景参见R. Geffken有关引渡协定的文章《以公司老板的利益》，见www.neues-deutschland.de。

"是的,但是维吾尔族人……"

2020年,联合国再一次赞扬了中国对包括维吾尔族在内的少数民族的政策和宗教自由政策。联合国代表定期去新疆实地考察,特别是那里的"营地",并承认其为培训中心。与联合国代表一起应邀访问新疆的还有其他国家的为数众多的政治家,特别是那些受到伊斯兰极端主义困扰的国家,例如最近印度尼西亚就派出了一个由穆斯林领袖组成的代表团考察这些"营地"[1],这与不经调查便大放厥词的德国(甚至美国)政治家形成鲜明对比。

有关维吾尔族的假消息是如何出笼的呢?现在,在网上可以查得清清楚楚。[2] 一位名叫盖伊·麦克杜加尔的女士未经联合国授权便将维吾尔族人的故事以联合国的名义公开,我们后来知道她是美国政府的工作人员。联合国人权高级专员曾经通过其办公室发表声明说,没有一个正式的联合国机构(因所谓的维吾尔族人拘留营)对中国发出指责,麦克杜加尔的说法也没有提交该办公室。不过,3年来,西方媒体没有对此声明予以报道,它们对联合国的这个正式表态视而不见,讳莫如深,

---

[1] 参阅安德烈·弗尔切克(曾多次访问新疆)的文章《关于维吾尔人:美国因何胆敢在穆斯林权利问题上教训中国?》,原载《环球观察》,2019年12月11日发表,见 www.globalresearch.ca。

[2] 网上可以查到不少新的研究成果,如《不,联合国没有报告说中国为维吾尔族穆斯林大规模设立拘留营》(作者:Ben Norton, Ajit Singh,2018年8月23日发表,见 www.globalresearch.ca);《美国针对中国运动的背后:新疆的事实》(作者:Sara Flounders, 2019年12月18日发表,见 www.workers.org)。

或进行新闻检查不予放行。

联合国对维吾尔族处境的描述与西方（主要指西欧、北美国家和澳大利亚、新西兰和日本）的报道截然不同。自从2017年针对中国的运动暴发以来，22个指控中国的国家（其中没有一个穆斯林国家）面对的是54个维护中国的国家（其中有十几个穆斯林国家）。[1]

通过对几大洲的访问和对多家大媒体的研读，我们越来越得到一个印象，那就是这场针对维吾尔族和中国的污名化运动只在22个国家如火如荼地展开；而在越来越多的非西方国家，这些对中国凭空捏造的指责几乎没有什么市场。尽管越来越多的西方人对本国媒体持批评态度，但是包括地方层面和各议会党派在内的政界依然可能沉溺于反华宣传和"新冷战"，并乐于为此接受"炮弹"。

不管怎样，联合国在其官员、国际组织和记者对新疆考察之后发表了一份文件，其中有这样一句话："新疆之行的成员看到和听到的完全不同于西方媒体的报道。"[2]

在后面的章节中，我将回顾维吾尔族伊斯兰恐怖分子多年来在新疆和中国其他地区制造的难以数计的暴力流血事件（参见中篇第十二章）。这些暴力事件在2017年之后不复出现，中世纪式原教旨主义者制造的血腥恐怖被制止，新疆得到了更多的技能培训、基础设施建设和经济发展。[3]

2001年以来，不少维吾尔族伊斯兰"圣战者"被关进了

---

[1] 参阅Flounders的文章。
[2] 同上。
[3] 同上。

美国在全球设立的几十个秘密监狱。[1] 维基解密将他们的遭遇向全世界曝光，朱利安·阿桑奇为此受到英国监狱的精神折磨，对此，联合国已予以公开证实。

从上述事实不难得出一个结论：有关恐怖主义和反恐战争的全部历史应该重新书写。事实上，已有多部专著和无数博客文章公之于世，即使粗略勾勒其内容也将大大超出本书的篇幅。

维吾尔族人在中国一直享受特殊待遇，比如，他们和其他少数民族一样不受计划生育政策的限制。在新疆维吾尔自治区，他们可以实行一定程度上的自我管理；伊斯兰教和伊斯兰文化不仅受到中国宪法保护，而且与西方相比，中国对待伊斯兰教和伊斯兰文化明显更为宽松。我还将在本书中篇第十一章探讨中国的生活哲学、宗教问题和跨文化包容性。

著名古都西安如今是中国现代化和生态化程度最高的城市之一，它也是汉族与维吾尔族和平共处的最好例证。在这个世界知名的旅游胜地（最知名的古迹是秦始皇陵兵马俑），人们可以看到保存完好的穆斯林建筑和清真寺。了解中国的西方人士认为，历史上的突厥人和汉人如此和睦相处，在西方任何一个国家都是不可想象的。反观美国，却拥有世界上最大的监狱产业，囚犯在人口中占比最高，并且在世界各地设有数百座严密看守的监狱和刑讯中心，甚至禁止部分穆斯林入境。

早在中华人民共和国成立伊始，维吾尔族分裂分子的分离倾向就有所显露，最初是种族性的突厥主义，后来与伊斯兰原教旨主义和伊斯兰圣战者携手合作。20 世纪 80 年代以后，有人在新疆煽动针对中国的宗教和种族主义偏见，维吾尔族极

---

[1] 参阅 Flounders 的文章。

端分子不仅在新疆对汉人进行恐怖袭击、制造流血事件,也在北京制造暴力事件,还把恐怖主义的战线延伸到中亚地区、阿富汗,直至叙利亚和印尼(在印尼,就有维吾尔族伊斯兰圣战者参与了当地伊斯兰恐怖袭击)。在叙利亚北部和库尔德居民中,混杂有不少维吾尔族伊斯兰教徒,他们在土耳其的组织下参与了种族屠杀。伊斯兰圣战在叙利亚失利之后,富有实战经验的维吾尔族圣战者返回新疆,继续从事分裂新疆的破坏活动,其目的之一是破坏"一带一路"建设,因为丝绸之路经济带就是从新疆首府乌鲁木齐向外延伸的。[1]

但是,当伊斯兰恐怖主义者在敏感地区造成重大人员和财产损失时,西方媒体对上述事实刻意视而不见,更谈不上谴责,反而对其表示同情,这种奇葩的态度没有明说,做得非常隐晦,但非常引人注目。

2009年7月,乌鲁木齐发生了震惊世界的种族屠杀事件,这一事件造成134名汉族人丧生。[2]

最近3年来,中国政府有效地控制了自西(中亚地区)而来的恐怖主义,维护了西部边界,同时通过加强职业培训、基础设施建设和促进经济发展,制止了新疆的恐怖主义。但是这些成就,在西方媒体看来不仅不值得动脑筋反思、深入采访,反而成为它们发动一场规模空前的敌视中国运动的借口。[3]

---

[1] 参阅安德烈·弗尔切克的文章《谁给了美国指控中国违法的权利?》,见 www.luftpost-kl.de。
[2] 参阅《不能和平共处》,见 www.german-foreign-policy.com。
[3] 参阅 Jörg Kronauer 的文章《新疆的恐怖》,该文几乎完整记录了维吾尔族伊斯兰恐怖主义者从叙利亚到中亚、从新疆到北京再到东南亚国家实施的血腥袭击,这些袭击有数百次之多,造成数千人死亡。见《青年世界报》,2019年12月5日发表。

事实一再证明，西方奉行的总逻辑是，经济上、体制上迅速崛起的中国形成了挑战，因此必须永远对它保持敌意。[1]

假如中国像美国那样在全球范围内用无人机对神权政治国家不宣而战，会有什么样的后果？可能第三次世界大战早就爆发了。不过，一个一心想让全体人民走向美好未来的国家不大可能投掷炸弹，就算本国某个少数民族的一些人还沉湎于一种中世纪似的迷信，它也不会这样做。它只会把重心放在发展、基建和教育上。

但是美国的伊斯兰恐怖主义分子是什么结局呢？等待他们的不是培训中心，而是像关塔那摩和阿布格里卜[2]那样的数不清的监狱。[3]美国在关塔那摩监狱也对维吾尔族恐怖分子施行过刑讯。所有国家都有权反抗伊斯兰恐怖主义，而且似乎一切手段都是合乎道义的，但唯独中国不可以进行自卫。

中国让年轻的维吾尔族"圣战者"重新学习做人，给他们提供教育和培训的机会，帮助他们融入社会和创造新的未来，西方媒体好像不喜欢这样的做法。它们更喜欢把美国用无人机杀死"伊斯兰国"的士兵作为头条新闻进行报道，对这些暴力和战争场面情有独钟。既没有去过中国，也绝不接受中国发出的参观新疆邀请的记者们写起文章来肆无忌惮。一条可疑的信息源给出关键词，国际媒体马上转载得不亦乐乎，全然不去调查研究。于

---

[1] 参阅本书作者的文章《衰落的美国对新的世界第一大国发动新一轮虚假新闻战》，见 www.westendverlag.de。
[2] 关塔那摩监狱是美国在古巴关塔那摩湾海军基地设立的监狱。阿布格里卜监狱是美国在伊拉克设立的监狱。两个监狱都发生过虐囚丑闻。——译注
[3] 参阅《中国要求引渡关塔那摩囚犯》，2014年1月2日发表，见www.spiegel.de。

是，假新闻经过炒作，几天之内就变成了不可撼动的事实。

在"维吾尔族人／新疆"问题上，我们必须用事实来对抗谎言。我们应该努力做到看似不可能做到的事情：保持或恢复清醒头脑，维护或重建实事求是的文化。16—17世纪时，欧洲第一批宗教改革家和启蒙者曾被宗教和世俗统治者处以火刑。今天大概不至于这样吧。我们不妨再冒一次风险。

2020年初："是的，但是新型冠状病毒……"

在2020年出版一本关于中国的书，能不提新冠疫情吗？让我感到吃惊的是，我在写完本书前向很多人问及此事，他们都回答说："当然可以不提。新冠病毒被高估了，它将很快被忘记。"或者说："如果我对中国感兴趣，我想了解的是其他有关中国的99.9%的信息，而非新冠疫情。"不过我个人的回答仍然是："不能。"我们可以冷静而理性地看待这场疫情，将暴发于中国的事实视为偶然（因为"这件事也可能发生在美国"）。很多保持头脑和心灵独立的人也确实这样做了，他们拒绝附和媒体上对中国歇斯底里、暗藏幸灾乐祸心理的报道[1]，

---

[1] 在多次批评媒体之后，有必要就西方民众，特别是德国人对媒体的信任度说几句。德国独立媒体人施泰因加特于2020年1月27日在他的"晨间简讯"节目中表示，德国人对媒体的信任度与哥伦比亚人在同一个水平上。这绝不是对德国媒体的恭维。据此，1/3的德国人认为主流媒体传播的信息是不值得信任的。在媒体专家诺贝特·波尔茨看来，根源是德国意识形态挂帅的媒体操作，这使得信息传播和意见塑造的传统界限被完全打破。《新苏黎世报》认为，德国媒体已经人为制造了一个与真实世界不同的"平行世界"。意识形态挂帅的媒体操作在对中国的报道中尤为明显，因为主流媒体视中国为"体制性敌人"。我认为，这种媒体操作不仅对人们相互理解、和平共处、团结合作进而创造经济上的（转下页）

也拒绝听从网络上不断升级的反对中国人的种族主义煽动[1]。但我们不能忽视的事实是，疫情确实首先在中国发生了（不管是什么原因），中国将在2020年承受巨大的经济损失（也不能不看到，病毒也同样出现在西方工业国家，并且可能使这里因为特朗普打贸易战而酝酿已久的金融和经济危机真正暴发）[2]。这场瘟疫足以让一个国家陷入混乱，不是因为其蔓延之广，而是因为这种病毒刚刚出现，表现出一些新的特征。

假如瘟疫暴发在一个不像中国那样有强大组织和行动能力以及社会心理稳定的国家，那么这个国家很可能乱作一团，不知所措，发生暴乱，甚至全面崩溃。有意思的是，与病毒同时出现的是奈飞（Netflix）和美国有线电视新闻网（CNN）播出的"纪录片"，还有盖茨基金会与美国和英国生物研究所联合演绎的瘟疫传播的各种可能性，其中就包括整个国家的瓦解。由于经过科学论证，这些可能性被广而告之，看起来完全可能变为现实。[3]

（接上页）富足毫无益处，而且由于这种做法只注重短期效应，因而从长远来对我们理解和认识世界也是有害的。所以，我要坚决揭露这种狭隘的自由化和客观性。

[1] 参阅 Lucas Leiroz de Almeida 的文章《新冠病毒正在成为西方煽动恐华症和辱骂中国的借口》，2020年2月10日发表，见 www.globalresearch.ca。

[2] 参见德国《商报》2020年2月4日的金融新闻简报。当时报道了中国国家发展改革委员会一位副主任和一些西方银行的经济学家的观点。不过我认为，人们过分关注了股票贬值这一表面现象，而未能注意到起决定性作用的是实体经济中供应链的断裂。不出所料，美国将疫情作为推行"脱钩"战略的绝佳借口，与全球经济一体化对着干，还想拉着欧洲这样干，实际上是与欧洲对着干。中国则通过"一带一路"倡议丰富了价值链，以减少美国、德国以及欧盟的负面影响。

[3] 参阅 Larry Romanoff 的文章《中国新冠病毒：已经宣布为国际关注的突发公共卫生事件，事实究竟如何？》，2020年1月31日发表，见 www.globalresearch.ca。

那么，为什么混乱、恐慌、暴动甚至国家崩溃没有发生在中国，而且也不会发生在中国呢？我先在这里做简单阐述，读完本书后，读者可能会理解我的一些"不可思议的论点"。

媒体控制着人们的信息来源，左右着人们对形势的认知。假如瘟疫暴发于另一个国家，那么媒体可能不会如此慷慨激昂地进行报道。但它偏偏发生在中国，这对一些西方媒体来说，是一个特别的"刺激"，因为受瘟疫打击的国家恰好是华盛顿和柏林一些编辑部眼里的"主要敌人"（美国政治家这样看），或者至少是"主要竞争对手"（这两个定性仅依政治上的强硬态度而互换），是那个必须竭尽全力压制（甚至打倒）的国家。[1]

假如瘟疫暴发于其他国家，西方政府、驻外使领馆、航空公司、企业和非政府组织可能根本不会采取经济及组织上的隔离措施（关闭边界、禁止旅行、撤侨、停止航班和生产等），即使采取，也只会停留在医学上更理智、质量与数量都更低的水平上。

当疫情开始扩散到全球之后，我们看到发达国家之间的反应变得温和了许多，不像刚一开始那样迫使世界卫生组织尽快宣布全球进入紧急状态，而且在没有对病毒做进一步了解的情况下，利用病毒对中国进行全面隔离。当自己也受到牵连的时候，西方政府的态度看起来收敛了一些。

到底什么是理性的？什么是歇斯底里的？什么是受了意

---

[1] 这是一个贯穿本书的话题。另外一些论著将此作为主题，如《对手：中国崛起为世界大国和西方的抵抗》（作者：Jörg Kronauer，2019年Konkret出版社出版）。一篇纸媒文章一语中的："敌意与敌对：针对中国的媒体运动只是因为人民共和国已经成为竞争世界市场份额的强劲对手。"（作者：Renate Dillmann，2020年2月4日发表，见www.jungewelt.de）

识形态的驱使或根本是彻头彻尾的敌意呢？难道新冠病毒终于给某些国家带来了打压中国的千载难逢的良机吗？我们也许在几个月或者几年之后，当信息的迷雾飘散之后才能回答这类问题，也或许我们永远找不到答案。

2017年美国流感大流行，导致4500万人感染、6.1万人死亡，那时候的世卫组织没有宣布世界进入危机状态，也没有哪个国家取消前往美国的航班；没有停工，边界也没有关闭，特别是没有发生针对美国人的种族歧视运动[1]。

每年，全世界感染普通流感（B型流感病毒）的人数约为500万，死亡65万，对世卫组织来说也是"国际紧急事件"，但就是上不了媒体的头条，也没有哪个国家拿出最高级别的"应急计划"。从病毒学和细菌生物学的角度看，人类一直在灾难的边缘徘徊。在2019年至2020年相交的冬天，当中国死于新型冠状病毒的人数达到约3000时，[2] 美国已有8400人死于流感，住院人数达到14万。[3] 不过所有这些数据和认知似乎都不能减轻中国的"罪责"。

新冠病毒的感染率比普通流感低，而且只有一部分感染者有症状（有传染性，在重症时需要住院），但住院病人的死亡率（大约3%）却是流感的好几倍（大约0.15%）。

人类对B型流感病毒更加了解，并且有了疫苗（当然总

---

[1] 参阅 Michel Chossudovsky 的文章《新冠疫情：经济中断，辱骂中国以及对美籍华人的仇视运动》，2020年2月4日发表，见 www.globalresearch.ca。

[2] 2020年2月17日数据。

[3] 参阅 Tom Clifford："全世界每年感染500万人，死亡6.5万人，季节性感冒病毒堪称"严重关注事件，"但只有新冠病毒上了头条"，2020年1月27日发表，见 www.globalresearch.ca。

是不能及时更新换代,并且存货不够)。这种病毒的变异能力远低于新冠病毒,其基因排序也不像新冠病毒那样容易适应不同宿主(后者是人畜皆宜)。[1]

尽管我们掌握的情况有自相矛盾之处,尽管我们已经有快速检测的方法,而且世卫组织开始时并没有看到疫情发展为全球大流行病的风险,但后来仍然宣布新冠疫情为国际关注的突发公共卫生事件,随之而来的是西方国家纷纷采取限制旅行、停止航班、关闭边界等措施。这就使得一些观察家得出结论:与中国脱钩的国际举措与其说是出于医学和流行病学的考量,不如说是出于政治经济战的考量。[2]

部分西方媒体,包括西方媒体的"领头羊",试图从这场疫情以及中国国内自我检讨的辩论中捞取资本。如果相信他们的报道,那么中国的危机处理可以说是全盘错误。这些媒体拼命地将有关讨论往体制之争甚至种族之争的方向引导,而这样的引导正中那些头脑简单者的下怀,使互联网上对中国人的仇视变本加厉。全球发行量最大的所谓"有品质的报纸"之一——德国《图片报》——赫然使用这样的大标题:《我们能相信中国人吗?》[3],而路人皆知,该报只重"图片",不重思考。[4]一些伊斯兰头目甚至在公开祷告中希望病毒毁灭

---

[1] 参阅 Nike Heinen 对病毒学家 Christian Drosten 的采访:"这种病毒完全不同,令人吃惊",2020 年 2 月 2 日发表,见 www.zeit.de。
[2] Peter Koenig:《中国——西方的污蔑攻势还是西方的生物战争?》,2020 年 1 月 30 日发表,见 www.globalresearch.ca。
[3] 文章发表于 2020 年 2 月 4 日,见 www.bild.de。
[4] 德国《图片报》有一句宣传语:"Bild Dir Deire Meinung."意为"用图片塑造你的思想"。本书作者在此对《图片报》的报道予以讽刺。——译注

中国。[1]

关于中国内部的讨论和结论，我还将作更多的介绍。谈到"体制问题"，我们首先需要拨开信息的迷雾。遇到这类问题时，比较靠谱的做法是，要以联合国及其下属组织提供的信息为依据。具体到这场疫情，就是世卫组织，它从疫情暴发第一天起就与中国的各级机构保持最密切的联系，从医生层面到地方政府，直到其总干事与中国国家主席的会晤。

世卫组织是比较独立和中立的，它与中国各级官员会面时一再高度赞扬中国的抗疫努力，表示在公共卫生方面世界上没有第二个国家有像中国这样出色的计划、能力和措施。[2] 只举几个简单的事实就能让西方媒体的幸灾乐祸、傲慢自大和吹毛求疵显得可笑至极：中国在疫情暴发几天之后就完成了这种新型病毒的基因测序，并在一个谁都可以查阅的专门的网页上向全世界公布，及时而透明。其他国家得以在此基础上很快发明诊断办法（确诊人数激增就是这个原因），对世卫组织来说，这是一个积极的信号。

中国以此证明了自己在医学和生命科学领域取得的长足进步。世卫组织认为，中国这次的表现与2002年至2003年期间非典病毒暴发时的状况不可同日而语。该组织卫生紧急项目负责人迈克尔·瑞安说，这是有史以来对病毒基因组成调查最快的一次，并马上分享于国际社会。即使是受到西方谩骂的武汉市政府也尽早将全部信息公之于世，促使世界范围内的医生

---

[1] 《圣战者教士：祈祷吧，让新冠病毒毁灭中国》，2020年2月4日，见 deutsche-wirtschafts-nachrichten.de。
[2] Padraig McGrath：《世卫组织对中国应对新冠病毒暴发印象深刻》，2020年1月30日发表，见 www.globalresearch.ca。

和研究机构很快研究出诊断方法。与此同时，中国面向国际的相关网页随时更新信息。瑞安对此评价说：

中国采取了正确的措施，作出了强有力的反应。我最近多次访华，得到的印象是，中国政府将人民的健康放在第一位，把这一点作为至高无上的责任。政府多次举行紧急会议，上至国家主席，每个人都尽职尽责，我的印象中还没有哪个国家做到过这一点。

在一次记者会上，世卫组织总干事谭德塞提到自己访华期间每天与中国国家卫健委主任会谈，后来还与国家主席习近平会晤。谭德塞说："习近平对疫情的知识了解得非常详尽，并且亲自参与制定各项措施，这让我深受鼓舞，深受感动。我本人认为，这是一种罕见的领导方式。"

我们比较一下过去两场疫情中破解病毒基因组排序需要的时间。2014年非洲暴发埃博拉疫情，美国疫病控制和预防中心（CDC）（尽管是世界一流研究机构），花了两个月的时间；2009年美国暴发甲型H1N1流感导致5500万人感染、5.5万人死亡，CDC花了6个多星期。中国这一次只用了短短几天。

中国政府和社会各界为武汉封城采取的措施和取得的成绩是史无前例的。数百万救助人员和志愿者为上千万分散隔离在家的人员提供食品。与西方媒体宣传的中国当局让弱者自生自灭截然相反的是，居民互助，邻里相帮，并通过微信很好地组织起来。社交媒体也发挥了有效作用，帮助中国人得以及时发现并报告新的疫情症状。中国政府重新启用"人民战争"和"长征"这些具有重要历史意义的名词，来进行全民总动员。

当然，只有在国家最高领导人身体力行的前提下，这样的历史比喻才可能奏效。

世卫组织赞扬中国在健康领域采取的"历史性管控措施"取得了"明显成效"，"避免了在世界范围内出现难以数计的病例"，并要求所有国家都学习借鉴中国模式。[1] 世卫组织认为，中国采取的所有措施都"及时而有效"。该组织访华专家组组长布鲁斯·艾尔沃德称中国社会和政府在疫情面前表现出"真正的团结"。国际抗病毒学会主席约翰·内茨认为，中国的有效举措"为国际社会赢得了很多时间"。中国也一再表示愿意将其抗疫经验与世界各国分享。

众所周知，疫情暴发初期，中国在科技、行政、社会和心理方面的抗疫努力面临一系列因素的严峻挑战，比如因为症状与流感近似，人们根本不可能想到这是一种新的疫情。同时，新型病毒的发现正赶上长达数周的春节和寒假，这是中国人旅行的高峰期，数十亿中国人回乡探亲。而由于病人在无症状时也会传染病毒，疫情迅速蔓延至全中国。只是由于中国迅速采取严格而有效的隔离措施，才避免了最糟糕的状况出现，也使得美国人所推演的大恐慌一类的局面任何时候都没有出现。

世卫组织最担忧的并不是中国，而是病毒在社会组织和公共行动能力远低于中国的一些国家扩散。非洲就有可能暴发美国人预言的社会恐慌、抗议和国家的全面崩溃。

我在前面已经提到，从病毒生物学和细菌生物学的角度看，人类早就像是在刀刃上跳舞，因为几十年来，病毒越来越

---

[1] 参阅《世卫组织表示，中国的预防和控制措施避免了难以数计的病例出现》，见 www.nachdenkseiten.de。

狡猾，它的基因变异能力和适应能力发展得越来越快，而我们的医学认知、分析和应对手段总是难以跟上，例如血清研制就很滞后。可以说，发生在中国的病毒也随时可能在其他任何地方以这样和那样的形式发生。因此，这时候要是幸灾乐祸、歇斯底里，难道不显得难为情甚至令人气愤吗？

在这一背景下，就有观察家认为，频繁和集中地对中国进行攻击，绝不是巧合。这些攻击包括贸易战、技术战到现在的病毒战，包括西方采取与中国脱钩这种医学上不大站得住脚的措施，包括掀起恐华症、诋毁中国文化和在部分西方国家围攻华人，而这些攻击又常常因媒体的愚蠢报道和诽谤诬蔑而火上浇油。

我并不想在这里对上述事情做出评判，也不想进行无端猜测，更不想散布疫情阴谋论。但是假如几个月或者几年之后的某一天，我们对现在发生的事情得出全新的认识，我们也不应该感到吃惊。

中国由于迅速采取了坚决有效的应对措施，不久一定会控制住疫情，并研制出血清，尽管一开始没有控制住旅游高峰。只要搞清楚病毒以及感染人群的一些关键参数，流行病学者就一定可以依据研究模型作出精准的预测。

像以往的疫情一样，我们将首先看到感染人数和死亡人数增长率的下降，之后是这两个绝对数字越来越小，直到零。世卫组织总干事谭德塞认为，中国疫情已经在2020年2月底达到了高峰。

无论如何，中国会出色地应对经济、技术和疫情等多重挑战，在贸易和技术战、军备竞赛、反军事包围和抗疫等多条战线上赢得胜利。经济上的后果大概能在一两年内克服。而西方资本主义世界的金融和经济危机本来就已潜伏多时,现在又与中国在全球价值链上出现故障,两者叠加,很可能演变成更大规模和更长时间的危机。

尽管中国将调动一切人力以及社会和国家的力量尽快摆脱疫情,但这一事件将对中国产生长期的和结构性的影响。不管最终是证实华南海鲜市场是病毒之源还是有其他原因导致疫情暴发,中国都将利用这一危机迈出新的现代化步伐。这将涉及如何对待动物、传统市场、饮食习惯和与此相关的行为方式。[1] 作为对疫情的回应措施之一,中国至少已经全面禁止野生动物的交易和消费[2],并因此成为野生动物保护者眼中最先进的国家。今天的中国正在热议饮食习惯的现代化,开展提高健康饮食意识,特别是禁食野生动物的宣传运动,关于这一点,我后面还将详细提到。

在今后几年里,中国一定会对公共健康、社会组织方式、与现代社会及现代病毒学和流行病学背道而驰的养殖和食用动物传统习惯展开热烈讨论并实行相应的改革,中国将变得更加现代、更具危机意识。

这就是我那些"不可思议的论点"。我为什么提出这样的论点,您在读完本书之后将会找到答案。那张居然敢自称为

---

[1] 我在后面还将详细讨论中国人的日常行为方式,不过现在就应该彻底清除西方人最愚蠢的偏见之一,即中国人都爱吃野生动物。每个访华的游客都会发现这是一个假新闻,因为现在的中国人,除了极少数生活在偏远农村地区的还保留旧习俗外,已经不再像互联网上谣传的那样吃狗肉、猫肉甚至蝙蝠肉了。如果问中国人是否还有吃狗肉这个臭名昭著的坏习惯,对方会报以友好的嘲笑。

[2] 参阅 May Hokan《新冠病毒:中国禁止野生动物交易》,2010 年 1 月 28 日发表,见 blog.wwf.de。

"报纸"的《图片报》竟然提出"我们能相信中国人吗"这个从各个角度看都愚蠢至极的问题,对此,我将在书中做出有理有据的回答:"能!一定能!"

在长时间接受西方媒体的灌输之后,我们的脑海里总会下意识地闪出一个话题:"是否最终还是体制问题呢?"我将尝试以不落俗套的视角进行探讨。

如何了解中国……

我们仔细观察中国的体制及这个体制取得的具体成就和成就背后的深层结构,具体而言,可从微观和宏观两个角度入手。首先从微观经济的基础开始,观察个体及其社会网络,看人们的工作环境、创新和创业行为、价值观和日常表现、为了工作而迁徙的情况,看单个的地区和超大城市;再从宏观经济的体制角度,考察中国的经济、金融、社会、环境、国际投资以及经济增长和社会稳定情况,分析国家如何将个体纳入整体的发展目标、如何确定国家发展框架条件、如何帮助个体找到发展方向,以及如何在全世界推进"一带一路"等。

只有当一个复杂体系的大部分、各方面基本不会相互冲突,而是相互补充的时候,整个体制才能保持长期稳定和成功,创新和稳定才能彼此结合,发展的进程才能把控。中国在经历一个引人注目的急起直追的过程之后才能在历史上罕见的较短时间内重新成为经济、技术、生态和社会等领域的世界第一。

我们将在本书后面章节仔细分析成为21世纪世界头号强国的先决条件。在这些特定条件下,人类在本世纪末是否仍然能够生活在一个比较人道的世界？而这正是现在每逢星期五都上街游行的那些青年学生的梦想。[1]

"中国，新的世界第一。"在媒体一直对中国说三道四的情况下，我们还能这样脱口而出吗？我们谈论的远不止是一些简单的数据，比如，中国将在世界经济总量中占比接近20%（美国下降到15%）。德国小品演员、歌词作者和博客作家弗罗里安·恩斯特·基尔纳尔（Florian Ernst Kirner）不久前发表了一篇只有两页纸篇幅却切中肯綮的短文。当其他人还在数着航空母舰的数量、认为美国是世界第一的时候，基尔纳尔说：没错，美国过去是世界第一，但是现在，单极的、霸权的世界已经结束，尽管很多人仍然没有明白这一点。我在本书中把克林顿那句著名的竞选口号"要害是经济，笨蛋！"做了演绎，变成"要害是体制，笨蛋！"基尔纳尔可谓与我异曲同工——他引用了A. G. 弗兰克（A. G. Frank）的文字游戏"重回东方"（Re-Orient）[2]，并将弗兰克关于21世纪是亚洲世纪特别是中国世纪的观点用一句话来概括："要害是亚洲，笨蛋！"[3]

世人可能难以料到，美国前国务卿基辛格是最先认识到这一点的人士之一（其中一个原因是，他能够接触到最好和最权威的信息源）。但是，他并没有想出一个阻止中国崛起的好办法，否则，他一定会毫不犹豫地去做。要知道，他和很多人

---

[1] 气候大罢课始于2018年8月，发起人是瑞典女孩格蕾塔·通贝里。该运动也被称为"星期五为未来"运动。中学生为此于每周五罢课，呼吁政治家推行保护气候的政策。——译注

[2] A. G. 弗兰克1998年写成的这部书在2016年才被翻译成德语，书名改为《重回东方：亚洲时代的全球化故事》（维也纳，Promedia 出版社）。

[3] 基尔纳尔的文章《要害是亚洲，笨蛋！》发表于2018年5月29日，见www.free21.org。

一样，使用起超级大国的手段来可是得心应手，据说他还为特朗普出过主意，让美国与俄罗斯联手对付更危险的敌人即中国，并最终同时削弱中国和俄罗斯。[1] 不过，在他 2011 年出版的有关中国的著作[2] 中，基辛格表现出一位高龄老人温和与智慧的一面，在他看来，美国已经无法维护单极世界中的帝国地位，而将成为老二。而我们在书中引用的其他研究结果则显示，2030 年，美国甚至将降至世界第三。

是该认真了解中国、重新审视中国了。西方不能再忽视中国、错判中国，更不能以好斗、不务实、傲慢自大、拘泥于意识形态的态度来看待中国。在中国面前怜悯施舍或高人一等都不可取，因为这不符合我们的自身利益！所以，对待中国，我们真的应该深思熟虑了！

---

[1] David Ruch：《特朗普俄罗斯策略的背后是基辛格吗？》，2018 年 7 月 26 日发表，见 www.t-online.de。

[2] 亨利·基辛格曾任美国国务卿，20 世纪 70 年代开始 100 多次访华，为中美建交和中美关系发展作出突出贡献。2011 年发表关于中国的专著《论中国》，德文版《论中国：介于传统与挑战之间》于同年由贝塔斯曼兰登书屋出版社在慕尼黑出版，也是本书作者写作时的重要参考书之一。——译注

理解中国,
抑或坚持意识形态之战?

上 篇

第一章　　旅行中的发现

北京的空气大为改观

让我们从一个并非恶意的程式化印象开始:"中国,早期工业化的环境污染,北京每年冬天的雾霾就是证明……"

时移事迁,几年过去,中国首都空气污染严重的时代已经成为历史!我们稍后将详细谈论这个工业化环境污染者令人惊奇的崛起。它曾经为发达的资本主义国家生产廉价产品,使那些国家的工资保持在低位水平、环境保持清洁;而今,昔日的环境污染者成为生态保护的引领者。中国大力推进的环保政策和中国人的积极参与令世人刮目相看。

大家很快就明白,北京的冬天年复一年必然出现雾霾的现象不能再继续下去了,中国人也不能再容忍那样的云遮雾罩。2012 年,中国的党、政府和全国人大郑重宣布,将结束不计代价、以出口为导向、过度依赖为发达资本主义国家充当"世界工厂"而拉动经济的发展模式。要用新的可能性、新的意识、新的目标来改变中国的面貌,北京冬天的雾霾显然与此格格不入。2014 年,中国打响了"大气污染防治战"。[1]

---

[1] 参阅 Sara Flounders《通过规划来拯救地球:中国选择可再生能源》,发表于 2019 年 4 月 24 日,见 www.workers.org。

为此，他们没用 30 年，甚至连 10 年都不到。仅仅 5 年左右的时间，北京的空气质量便得到了明显改善。[1] 以前，飞机降落北京后，乘客立马会感到咽喉不舒服；现在，即使在北京待上一段时间，也不会有任何不适之感。我曾谨慎地询问几位在北京工作和生活多年的外国同事，他们毫不犹豫地明确回答说："是的，中国在这方面取得的成绩非同寻常。"我向中国同事提出了同样的问题，他们的回答更干脆："是的，我们成功了。"

中国式告别煤炭：5 年而非 30 年

我们用几组数据来说明 2015 年以来中国持续推动传统工业结构转型的情景。[2] 仅在 2017 年，中国就关闭了 1000 座共计 1.5 亿吨产能的煤矿，此后的 3 至 5 年计划再减少产能 5 亿吨。除此之外，中国在 2016 年还减少了 6500 万吨的钢产能。煤炭和钢铁业因此裁员 200 万至 400 万人，但中国在其他领域创造了同等数量的工作岗位。如此规模和速度的结构转型，在德国难以想象。

在"大气污染防治战"的头 4 年里，仅仅北京就关闭了几十座煤炭发电站，全国则关闭了 150 座。北京市用天然气和太阳能（光伏）取代煤炭进行发电，只有大约 2200 万人口的北京生产的太阳能比整个德国（人口 8300 万）还要多。除此之

---

[1] 参阅 Jörg Kronauer 2019 年 8 月 7 日在《青年世界报》发表的文章《美国和中国的气候政策》，文中提到伦敦经济学院的一份研究报告论及此事。

[2] F. Schmid：《全球资本主义背景下的中国》，原载社会生态经济研究所第 109 号报告《全球资本主义的危机及其前途》，2017 年出版，第 43 页。

外，中国还关闭了数百个设备陈旧、污染严重的工业企业，取消了污染环境的钢铁产能。在大城市，机动车增长受到限制，几乎只有电动（至少是混合驱动）车才能拿到牌照。2019年，中国电动大巴的数量为40万辆，相当于全球总量的90%。昔日的工业园区像鬼城一样被暂时弃置，等待涅槃重生。

大力缓解交通压力："京津冀"协同发展

北京人口众多，关闭部分工厂为它实施新的大型城市规划项目创造了条件，可以在空间上实行"去中心化"，从而减轻交通压力。在为首都减负和"去中心化"的过程中，河北（简称"冀"，人口7500万）作为环绕北京的省份可以发挥重要作用——它将与北京（简称"京"）和港口城市天津（简称"津"，人口约1700万）联成一体，真正扮演好"京畿重地"的角色。这就是举世瞩目的京津冀协同发展项目。[1] 项目启动后，一些国家部委、政府机构和相应的居民小区很快就迁出北京，新建的高铁线路取代了公路，北京城区和周边的交通拥堵状况随之得到大大缓解。

农村地区的加速发展

在传统工业偃旗息鼓的地方，新的基础设施如雨后春笋，首要目的是帮助中国西部省份实现经济接轨。几年来，西部的

---

[1] Mark Preen：《北京—天津—河北的一体化计划》，2018年4月26日发表，见 www.china-briefing.com。

经济增速已超过城市化程度更高的东部地区，2020年消除了绝对贫困。富有创业精神和进取心的农民、合作社和村集体使西部乡村和城镇基本上不愁发展，他们用上了电信网络、高速互联网、各类电动车，开办了工业企业，这些都有助于西部地区尽快迎头赶上。不少村民利用淘宝网自主销售有当地特色的农产品，成了"淘宝商人"，不少村庄成了"淘宝村"。淘宝是2003年由阿里巴巴创立的网上零售平台。[1] 随着农村地区的发展，昔日约2.8亿农民工中，有大约1亿人返回自己的村庄，因为他们在家乡的新型产业如农产品网上交易平台找到了收入来源。

超大城市的生态管理

如何管理好数百万人口的城市并将其纳入持续发展的轨道，西方几乎没有现成经验，因此也无法想象。新自由主义和金融资本主义给西方大都市的社会发展带来巨大困难，因而导致的社会和生态噩梦的例子不胜枚举。在数百万人口的城市里，居民基本的需求得不到满足，基本的社会和生态问题得不到解决，一切都无法运转，即使像巴黎、伦敦这样的国际中心，或是美国的大城市和中小城市，其周边地带俨然已是一片荒芜。

世界最大的城市在中国。西方游客原以为中国的超大城市要么是像"第一世界"那样无法管理，要么就是像其他"第三世界"国家那样一片混乱，然而，他们惊讶地发现，中国短短

---

[1] 淘宝网是全球访问量最大的十个网站之一。中国农民有着数千年的经商传统。中华人民共和国成立后，对大宗农产品的调配由国家管控，但是农民、合作社和村集体都可以自主销售本地特产，长久以来，这种做法既搞活了农村经济，也使不少农民迅速致富。

几十年新建的大城市令人耳目一新，老城市也组织有序，社会治理完善，不仅干净整洁，而且绿树成荫。[1]

上述事例无一不在证明，中国推进生态化结构转型的进程是多么激动人心，这里面包括新的就业岗位、交通和其他生活条件。这是否就是我们德国人广泛讨论、期盼良久的"绿色资本主义"？还是一种全新的绿色社会主义？此问题容后讨论，但有一点可以肯定，中国的变化令人目不暇接：过去在中国有效的路径，今天走不通；今天走得通的道路，明天未必有效。

对于数百万家庭的供暖由煤气改为天然气，西方媒体却大不以为然。德国电视台播放的一个有关北京能源转型的报道仅仅聚焦于转型过程中发生的问题。比如，报道中说，在几十个老旧小区、几千座房子里，天然气管道竟铺设在灰泥墙上，很不美观，另外一些小区则把主管道匆匆铺设在地面上，也有碍观瞻；还有的居民嫌一开始时管道压力不足，重新启用煤炉子取暖。接受采访的中国人在西方电视台的摄像机前发起牢骚来，看来并没有什么顾忌，这不免又令西方访客感到吃惊：中国人讲话很自由，而且绝不吃哑巴亏。也因此，德国电视台并没费什么力气就找到了愿意公开批评天然气管道压力不足的居民来接受采访。

幸好居民们在小区、城区和市政府方面还有其他许多可以提出批评意见的渠道，他们也不必等到下一次选举时才把脑中的主意转化成怨气而漫无边际地表达出来。我在后面还将详细谈到中国的社会动员和公民参与地方治理的问题。

---

[1] 参阅并非亲华的经济杂志《焦点》在网上刊出的文章：《层出不穷的最高级：我在上海体会什么是未来之城》（作者：Melchior Poppe，2018年12月17日发表，见www.focus.de）。

第二章　　西方的复杂心态：羡慕嫉妒恨

对西方来说，中国重新成为世界第一是对体制的挑战，这体现在诸多层面上。从历史角度看，这是继苏联之后第二个真正的挑战。[1] 因此，西方对中国发展的新成绩和新活力的反应五味杂陈：有条件反射般的敌意，有好奇和了解的欲望，也有合作的兴趣。

一方面，部分西方人怀有与中国和平共处、和平竞争与合作的意愿，愿意以一种开放、轻松、自信、建设性的态度认可中国，而不是嫉妒中国，因此也愿意理解、学习中国，甚至模仿中国有用的经验、知识，在面对人类未来的大问题时借鉴中国的解决办法，当然也会在必要时对中国提出就事论事的建设性批评。

另一方面，有一些人对挑战西方的中国越来越敌视，并处处威胁要与中国作对。他们内心深处既承认中国的发展，又嫉妒中国，还想暗中模仿中国，但多数情况下又有一种恐惧心理，公开表现出不惜与中国发生冲突，于是在谈到中国时充满了恫吓、恐惧和诬蔑，越来越出言不逊，说什么"中国让世界颤抖"，中国人操控好莱坞的剧本，让谷歌、华尔街和美国航天业臣服，用5G掌控我们的信息，并企图通过其国际行动征

---

[1] 参阅 Jörg Kronauer《对手：中国崛起为世界大国和西方的抵抗》，2019年出版。

服全世界，还说中国竟然阻止美国（还有德国）军舰驶向中国海岸！[1]德国媒体甚至把今天的中国与野蛮的纳粹相提并论,[2]不停地斥责中国是专制国家、警察国家，还兴建拘留营。柏林的一些人看到特朗普在国际上的混乱战略并没有让美国乱作一团，而只是将一些越来越极端的势力放了出来，于是更加来劲，以为又可以和美国一起，准备向远东征战了。[3]他们越来越大声地呼吁，要像对俄罗斯一样对中国进行制裁，柏林的一些人和华盛顿的强硬派一样，竟然也认为，一场与中国之间的热战是板上钉钉的事情。[4]凡此种种，让我们觉得，著名经济学家托斯丹·B.凡勃伦1914年在书中所描述的那种情况又快出现了，即"弱智的习俗战胜了真实的生活和文化"。[5]

所幸在这两种反应之间当然还存在第三种反应，即一些出版物因为出版方式、媒体形式和针对受众的不同，也会为特定的职业群体提供一些客观信息和评论，不过这其中的马路报纸，公法和私营电台、电视台[6]的报道重点似乎越来越在向第二种反应转变。

---

[1] 参阅 Franka LU《对一个古老帝国的侮辱》，2019年2月18日发表，见 www.zeit.de。试想，如果文章中写上"美国竟然阻止中国海军进入墨西哥湾……"这样的话，中国人该如何看？

[2] 参阅《不可能和平共处》，2019年11月28日发表，见 www.german-foreign-policy.com。

[3] Jörg Kronauer：《针对中国的战线》，原载《青年世界报》，2019年11月21日发表。

[4] 参阅《不可能和平共处》，见上。

[5] 托斯丹·凡勃伦：《工艺的本能》，1914年出版，第25页。

[6] 马路报纸：指一些在街头销售量较大的报纸，如《图片报》。公法电台、电视台：指德国以立法形式确定的国家性质的电台、电视台，如德国电视一台、电视二台等。私营电台、电视台：指私营公司或个人出资运营的电台、电视台，如RT电视台等。——译注

有关中国的报道和图书爆炸式出现

事实上，目前德国每周都有一份大型报纸或杂志发表长篇甚至整版的关于中国的文章，几乎每个月都会有一本新的有关中国的图书上市。过去3年，用德语出版的有关中国的新书肯定有二三十种。如果把过去3年的纸质和网络出版物、面向大众和面向学术界的出版物及德国的和国际的出版物加在一起，真可以说是汗牛充栋了。我在这里略举数例，说明这些出版物试图传播的信息、作者的写作倾向和动机各有不同——有的愿意理解中国，有的试图挑起新的意识形态战争。

与中国进行国际生存斗争的叙事。知名记者特奥·索默尔（Theo Sommer）曾任《时代周报》总编辑（1973—1992年）及该报发行人（1992—2000年），于2019年出版《中国优先：世界正在进入中国世纪》（*China first.Die Welt auf dem Weg ins chinesische Jahrhundert*，C. H. Beck 出版社）。这本书就属于我前面所说的第一种反应类型，即比较理性地看待中国。

从副书名即可看出，索默尔同意历史学界有关"21世纪是亚洲世纪特别是中国世纪"的预言（见前述A. G. 弗兰克1998年提出的论点）。他承认中国将在经济、技术和发展政策方面成为新的世界第一。[1] 德语中有一句谚语"中国今天倒了一袋米"，意思是说"关我什么事"，索默尔将这句话做了令人注目的演绎："假如今天中国倒了一袋米，地球将为之颤动。"

---

[1] 参阅 H.Ankenbrand 的文章《雄心联结群山》，2018年2月4日发表于《法兰克福汇报》。

这样的比喻是能够帮助读者理解中国，还是只会更多地激起德国人对历史上所谓的"黄祸"（甚至有人称为"红祸"）的恐惧、异议和偏见，我们暂且不论。

同时，索默尔的书也反映了西方人熟知的、占支配地位的心理，即"我们好，他们坏"。单是"中国优先"这个书名，就把那个荒诞的美国总统的错误的世界观和执政理念转移到了中国身上，让人联想到美国总统病急乱投医、企图分裂世界又不利于美国发展的民族主义和自私狭隘。这样的影射只能说明，在作者眼里，中国也像华盛顿那个房地产大亨[1]一样以自我为中心，反复无常，充满攻击性和破坏性。

索默尔由此为"德国优先、欧盟优先"的战略敞开了大门。按这个逻辑，在国际冲突中动用任何手段都是正当的，最终会变成危险的游戏。作者还套用一些有关中国的陈词滥调，比如"奥威尔笔下的监控国家"[2]、"红色资本家"、"中国把我们买光"，"习近平：让中国再次伟大"（试图把习近平等同于特朗普这样的极端利己主义者），或者"中国买多少才够？"，作者的原意也许是敦促欧洲实行新的外交政策，但实际上却不利于人们以积极、不带偏见、寻求理解的态度看待中国，而只有这样的态度才可能是建设性的、合作的态度。

不过，这种态度显然也不是德国舆论场所要追求的目标。作者们关心的不是"了解中国"，更不是"理解中国"，而是在中国成为世界老大的情况下"我们"如何调整队形、重组社会，目的不过是在一场凭空想象的、为将来争夺"阳光下的

---

[1] 这里暗指美国总统特朗普。——译注
[2] 奥威尔指乔治·奥威尔（1903—1950年），英国小说家、记者和社会评论家。——译注

地盘"[1]的决战中,维护德国的保守社会结构和"出口世界冠军"[2]的特权。

我们不会忘记第一次世界大战前夕德国的思维逻辑:1897年,冯·毕洛(von Bülow,此后曾任德意志帝国首相)在国会辩论时就是用"阳光下的地盘"来论述德国殖民政策的目标的,从此,这句话就成了德国企图后来居上、谋求世界霸权的比喻和口号,并对第一次世界大战的暴发起了决定性作用。

索默尔应该不至于愚蠢和轻率到煽动人们对中国口诛笔伐的地步,但是他显然也没有勇气去想出一个长期有效与中国打交道的方法,想出一个国际间和平共处、合作共赢以及与中国和平竞争的方案。

中国企图主宰世界的叙事。与上面的叙事相比,这类叙事更加带有敌意,更加令人害怕,中国作为"世界强国"俨然成了"我们"的威胁。当然,回顾一下过去500年欧洲是怎么主宰世界的,这种恐惧和敌意的防范心理也不难理解。在殖民主义和帝国主义时代,世界不过是我们抢劫和破坏的对象,是"我们"的资源的来源国,是为我们干活的劣等民族,后来最多成为购买西方产品的普罗大众,再到最近的几十年,更成为我们出口垃圾的地方。帝国主义夺去了上千万人的生命,摧毁了一个又一个国家,使世界变得更不平等,并将世界推到了生态崩溃的边缘。我们这样看西方历史,也就臆想中国一定会成为欧洲各个盎格鲁-撒克逊老牌帝国不折不扣的接班人。其

---

[1] "阳光下的地盘",是德意志帝国首相冯·毕洛提出的殖民政策口号。冯·毕洛,即伯恩哈特·冯·毕洛(1849—1929年),1900—1909年任德意志帝国首相。——译注
[2] 德国曾长期是世界第一出口大国。——译注

实迄今为止,只有一个国家在无休止地谋求不加限制的世界霸权,而众所周知,这个国家并不是中国。[1]

为《日报》[2]等多家报纸供稿的华裔记者和图书作者菲利克斯·李(Felix Lee)也是这样一种叙事态度。在他的笔下,中国无处不在地"偷窥"并"威胁"着我们,从产品、技术到太空等领域。[3]当然,这样的叙事还有很多变种。例如,弗兰克·泽林(Frank Sieren)著有《未来?中国!》一书[4],那里也有"我们的生存受到威胁"的思想,虽然在书的结尾有所收敛,呼吁平等合作并为此专门写了一章,即"展望未来:全球平等的世纪"。不过在此章节之前,作者主要是人云亦云,例如,"北京正在一步步地削弱欧洲",中国国家主席"折磨"中国的"公民社会"、"蚕食中国的邻国"。至于说中国是"技术大国",这还算是灌输恐华心理时最客气的用词。这样的叙事,目的是想让"我们"在与中国这个新的敌人进行的生死存亡的战斗中团结一心。似乎没有这个共同的敌人,有关中国的新书就不会有销量。

在进行这样的口诛笔伐时,作者们是完全不屑于进行自我批评的。就连平素对新自由主义和全球化持批评态度、具有启

---

[1] 参阅安德烈·弗尔切克《谁给了美国指控中国违法的权利?》,见 www.luftpost-kl.de。

[2] 《日报》是德国柏林的一家报纸,创刊于1978年。——译注

[3] F. Lee:《中国领导层的大国幻想。无论是太空、街道还是虚拟空间,中国高科技产品到处都在偷窥我们》,2019年1月14日发表于《日报》。类似的例子可以举出几十个,如 H. Steltzner:《中国通向统治世界之路》,2018年1月7日发表于《法兰克福汇报》。

[4] F. Sieren:《未来?中国!新的超级大国如何改变我们的生活、政治和经济》,慕尼黑,2018年出版。

蒙色彩的博客作者约阿希姆·杨克（Joachim Jahnke）在谈到中国的时候也屡屡换成了"我们对他们"的口气，称中国是一个"新的、富有攻击性的国家"。[1]

西方媒体在不顾事实、放纵想象时，压根就没想传播中国自己的声音，也压根不相信中国是心口如一的。至于中国倡议联合国的大多数成员国共建"人类命运共同体"，我们只能从网络上的小众媒体上获知，比如《给和平一个机会》[2]这样的文章。

斯特凡·硕尔（Stephan Scheuer）的作品《总体规划：走向世界霸权的中国》[3]倒是不那么执着于中国统治世界的想象，因而也比较接近于"先了解再评判"的思维。虽然中国政府在书中仍被描绘成类似"老大哥"的角色，但书中的大部分章节都写得比较客观，只有最后一章，即《欧洲尚无回应》还频繁以"我们"为出发点，但语气也缓和不少。

在对经济、交流与合作关系现状的曲解方面，还有以下几种更为具体的陈词滥调：

老生常谈的虚假故事——"中国偷窃我们的技术"。德国人特别喜欢沉浸在过去的世界观里，包括"德国制造"、德国工匠精神、全球市场冠军、出口世界冠军等。在自我陶醉的时候，我们丝毫不考虑这些美名是否依旧符合客观事实。但是众所周知，所有西方工业国家都是靠政府强力推行保护主义、向他人学习和模仿（亦即"盗窃"）强大起来的。在中世纪，马

---

[1] 参阅《习近平治下的新的、越来越富有攻击性的中国以及德国的天真》，见 www.jjanke.net。类似的文章还有 C. Giesen 和 K. Strittmatter 于 2018 年 7 月 9 日发表在《南德意报》上的《北京是如何折磨德国基金会的》。

[2] Peter Koenig:《中国对未来的设想："给和平一个机会"》，2019 年 11 月 8 日发表，见 www.globalresearch.ca。

[3] S. Scheuer:《总体规划——走向世界霸权的中国》，弗莱堡（2018 年）。

可·波罗通过古老的丝绸之路将中国的重要发明带到了欧洲，而且不要忘了，早期殖民时代的英国有计划地把中国的技术和科学洗劫一空，而当时中国在各个技术和科学领域都大大领先于世界（后面还将详述）。

我在导言中提到，那些去过中国的德国技术员、工程师和中小型企业的老板对局势有较为现实的认识。有关"德国制造"的国际价值正在下降的调查结果也一度对我们造成了很大的心理冲击。要知道，出口世界冠军的模式不仅在德国国内无法维持，而且从世界经济的角度看也不可能持续，相反，维持这个模式有很大的风险性，而且不利于经济结构的稳定。

在世界历史的长河中，一个大洲或一个国家的崛起都是从模仿和学习先进国家开始的，英国、美国如此，普鲁士和德国亦然，日本、韩国和其他国家也不例外。

而且，发展中国家的崛起必须借助强大的国家行动能力来全面持久地协调各方利益，否则就不可能实现。[1]

不少著作写道，中国的科技发明比欧洲自己的发明要早几百年甚至上千年，而且一大部分欧洲的发明是直接从中国偷过来的。[2] 据估计，当今世界大约 60% 的知识来自中国。[3]

中国在科技领域早于欧洲的发明包括：印刷机，纸张印

---

[1] 参阅 Vincent J. Geoso 和 Alexander W. Salter 共同撰写的《国家能力与经济发展》，发表于《经济行为与组织学报》，2020 年。

[2] 英国自然科学家、剑桥大学教授李约瑟关于这方面的文献已出了 26 集，而他的学生还在继续撰写。对此，Robert K. G. Temple 出版了《中国的天赋：3000 年科学、发现与发明》进行简介，Simon & Schuster 出版社 1986 年出版。

[3] Larry Romanoff:《中国发明史：现状与未来》，原载《环球观察》，2019 年 10 月 24 日发表。

刷术，蒸汽机，牛顿的运动法则，先进的数学，数字控制，对太阳黑子、彗星及整个天文学的认知，浑天仪，煤矿开采、煤气钻孔、煤炭和煤气的利用，机械钟，地动仪，热气球，降落伞，载人风筝，机器的链式传动装置，桨轮船，对螺旋桨和旋翼的运用，水泵，纺车和纺织技术，认识磁力并造出指南针，火药、大炮、烟火、多级火箭，防震堤和防震桥的建筑原理，运河和灌溉渠以及运河船闸。在医学领域，中国人发明了无菌实验室，认识了免疫学、疫苗、血液循环、生物的生理节奏、内分泌学和激素。中国的工程师能够建造巨型船只，了解建造船中水密舱的原理，精通高精度制图术，发明了麦卡托投影法，掌握了导航、逆风行船和制帆的技术。此外，他们还发明了炼铁和炼钢技术、高炉、播种机、扬谷机、犁……

马可·波罗在中国是家喻户晓的欧洲大盗，他把中国的技术和知识偷回去，才为欧洲的崛起奠定了基础。欧洲利用中国的帆船和导航技术才能真正驶向大海。而19世纪中国被征服后，欧洲人又偷走了中国最后一批技术和科学知识。[1]

未来谁"偷窃"谁，这可能会是一个极具爆炸性的问题。欧洲已经引领全球技术进步200年，假如我们在不久的将来失去这个引领，而回到历史上延绵千年的落后常态，因而不得不再次"偷窃"中国的技术的话；又假如我们的大公司在中国的科研投资继续超过本国[2]，而中国又愿意这样做，那我们完全

---

[1] Larry Romanoff:《中国发明史：现状与未来》，原载《环球观察》，2019年10月24日发表。

[2] 我们可以看一看"博世中国公司"的例子，这个公司已经成为科研核心和整个博世学习的样板。参阅 Melchior Poppe 的文章《为什么中国人最晚在20年后不会再买轿车》，2019年12月19日发表，见 www.focus.de。

不应该出于短视和傲慢关上长期合作的大门。

以己度人的阴暗心理——"中国是下一场世界金融危机的中心"。"中国危险了！"多年来，我们时不时把它作为貌似分析有据的预言来兜售，称中国将是下一次世界金融危机的中心，因为它债台高筑，房地产泡沫和其他投资泡沫巨大，给"一带一路"参与国贷款过多，原因繁多，不一而足。

实际情况显然是，中国可能是世界上唯一一个拥有预防下一场金融危机的全部手段的国家。中国中央政府的负债率刚好达到国内生产总值的50%，这比几乎所有西方工业国都低。10年来一直有传言说房地产泡沫即将破裂，但从未成为事实，因为给房地产投资商的贷款总能被制止或正在被制止。中国国有企业的债务是人民币，债主全是国有银行，而中国家庭的负债有大面积的私人房产作为财产抵押。这样一来，泡沫不会大到破裂，因为企业或家庭负债在必要时可以变为长期贷款或延期偿还。中国人的储蓄率占工资收入的45%，这是一个很高的比例，而所有负债主要用于投资，而不是像美国那样用于消费。因此，尽管美国与中国打经济战、技术战，中国经济仍然能扛住压力、持续发展。

相反，下一场金融危机甚至实体经济危机更可能来自美国，因为美国的公共债务和私人债务已达数十万亿美元的超大规模，因为华尔街各个投资领域都存在投机泡沫、总额也达数十万亿美元，还因为这么巨大的虚拟资本平均下来不可能收回像样的利润，特别是当各大银行即使从社会心理角度出发也无法维持其开闸放水和实际负利率的货币政策时，就更不可能。我们后面还会谈到，那些口口声声说中国将是下一个危机策源地的人并无事实依据。

恶语相向与假话连篇——"中国舞动权杖""欧洲在叩头""间谍""强迫他国称臣""警察国家"。[1]既然要紧跟反华的浪潮,就要充分利用那些猜疑之词、半真半假甚至完全虚构的信息,充分表达"我们"对"那帮人"的畏惧心理或公开的敌意,因此不妨把口水战打到极致,例如,有一个博客作者公然说"整个地球都在受中国权杖的指挥"[2],《法兰克福汇报》则直接使用古代中国(而不是欧洲)的王室用语,说欧洲在今日中国的"皇帝"面前叩头。[3]

其实《法兰克福汇报》这篇文章的作者想吐槽的是:我们"欧洲人",也就是欧盟,几乎完全丧失了公共行动能力,也丧失了具有战略远见的、步调一致的行动能力。但是,作者不反思西方40年来实行的新自由主义、金融化,以及财富分配越来越向富人倾斜等原因,不分析我们的创新体制、生产体制和投资体制的退化,反而玩起"不是我们,而是他们的错"这种文字游戏,指责中国推行新自由主义式的资本主义,让金融控制一切,像脱缰的野马,还实行变态的财富再分配机制,并使这种资本主义进入几乎不可逆转的整体衰落进程。

有时候德国媒体也批评"自己人",指责戴姆勒、西门子和大众的高管在中国搞投机主义,这时媒体的编辑们开始居高

---

[1] 德国媒体曾在阿富汗、伊拉克、利比亚、叙利亚等国为发动战争推波助澜,现在又如法炮制,如《南德意志报》2019年11月26日更是肆无忌惮,或者说脱去了最后一块遮羞布,发表《媒体大众汽车公司在中国这个警察国家到底失去了什么?》,见 sueddeutsche.de。

[2] 《全球置于中国的权杖之下?》,2019年1月29日发表,见 www.gerojenner.com。

[3] F. Böge:《欧洲在中国面前叩头》,2018年3月12日发表,见 www.faz.net。

临下地进行道德说教。这纯属是站着说话不腰疼，因为德国的贸易顺差和国内生产总值与他们不相干。当金融资本主义已经在自己的家乡失去活力，怎么能指责高管把希望寄托在中国身上呢？毕竟德国雇员的部分工资是靠公司在中国的赢利来支付的。

那些从来不需要自食其力、只知道通过媒体出风头的绿党政治家们"打破禁忌"，呼吁大众公司放弃在新疆维吾尔自治区的首府乌鲁木齐建厂，因为德国企业在一个"警察国家"投资是无论如何都说不过去的。[1] 电视报道中随意选择一些周围带栅栏的建筑，理所当然地称之为"涉嫌的拘留营"。什么叫"涉嫌"？西方媒体早已放弃了依据事实报道的原则，甚至将这一原则反过来使用：我这么一报道，你中国就必须赶紧拿出证据来表明并不是每3个维吾尔族人中就有1人被关进了"拘留营"，还得证明没有对潜入新疆的伊斯兰恐怖分子使用暴力。

假如《法兰克福汇报》上述文章作者这种强化意识形态的呼吁（"欧洲必须重新赢得吸引力"）真的变成欧盟的战略，那么我们将为如此充满敌意、反合作精神、"你死我活"的叫嚣付出经济上的沉重代价。

伏尔泰曾经说过一句名言："所有的人都会变得聪明，有人在前，有人在后。"假如德国主流媒体继续这样的报道思路，我们将在"孩子掉进井里之后"[2] 才会变得聪明。

一向口无遮拦的《经济周刊》早就走上了对抗中国的路

---

[1]《人权：绿党要求对大众在乌鲁木齐设厂进行澄清》，原载《南德意志报》，2019年11月29日发表。

[2] 德国谚语：为时已晚的意思。——译注

线。在编辑部的眼里，古老的欧罗巴盎格鲁－撒克逊世界仍然是一片乐土，当今世界像第一次冷战时一样善恶分明：中国正在迫使我们就范，中国是间谍，是压迫。[1]

《法兰克福汇报》和《经济周刊》还热衷于使冲突升级，从煽动意识形态之争到诬称中国进行意识形态的新闻审查，现在是不是巴不得挑起热战？比如，它们宣传德国在包括中国在内的近100个国家开设了160家歌德学院，那自然都是为了进行"善意"的文化外交，而说到中国从2013年以来为了传播中国文化和促进教育合作建了几十家孔子学院，那就成了"宣传"，或干脆是从事"间谍活动"。

它们这么做，下一步无非是想从整体上毒化和毁掉国际关系和跨文化联系。它们知道，只要从国际上孤立中国（其实包括我们自己？）和与中国脱钩（华盛顿的这个新战略已经把世界明显地分成两大阵营），就会为下一场热战创造前提条件。[2]

---

[1] Lea Deuber、Simon Book：《北京如何通过送礼塑造自己的国际形象》，2018年3月25日发表，见 www.wiwo.de。

[2] 美国及其盟友的"脱钩"政策已经具备了经济战的全部特征：破坏现在的产业链和价值链，将不听话的国家（中国、俄罗斯等）排除在美国主导的国际金融体系（包括世界银行和国际货币基金组织）之外，限制中国人在西方的旅行自由，扼杀与中国等国家的学术交流，向其他国家施压、不让它们进口中国的技术，建立专门的美国机构强迫第三国企业不得使用中国技术，等等。参见 Wolfgang Müller《美国的经济战与欧洲的矛盾心理：西方如何遏制中国崛起》（isw研究所第119号报告，慕尼黑2019年12月出版，第18页及以后诸页）。中国不得不作出回应：未来3年将美国技术排除在公共IT系统之外；与独立于美国的世界建立新的、更高效的国际价值链；华为今年之内将推出不使用任何美国零部件的新款手机；等等。经济战取代了对话和谈判。但从中期来说，贸易战的发起者显然将成为失败者。特朗普领导的华盛顿政府正使美国以前所未有的速度边缘化。

因为"信息技术专制"而产生的歇斯底里——中国"专制政权的新发明"。特别具有十字军东征精神的《南德意志报》有个记者名叫凯·施特里特马特尔（Kai Strittmatter），经常显得鹤立鸡群，最新的证据是他的新作《专制政权的新发明——中国如何构建数字化监控国家并向我们发出挑战》[1]畅销德国，据说还获了奖。该书在两个方面可谓登峰造极，一是明确定义谁是"邪恶之国"，二是高呼要以"我们"为中心，立即采取行动！这种写法简直是要勇立潮头了。

还记得历史上有个威廉二世[2]吗？他也视"全世界为邪恶"，要求不分党派，只要是"德国人"就雄赳赳气昂昂地奔赴第一次世界大战。到了第二次世界大战，意识形态这个理由就更趋完美，以后历次战争变本加厉。其实说到底，人类有史以来开战的套路都是先打口水战，然后出兵占领。在施特里特马特尔的书里，第二次冷战现在已经全面打响，作者还重新演绎了基民盟1953年使用的竞选口号——当时，基民盟认为，苏联人是下等人，居然视德国人为邪恶之徒，要吓死德国人才善罢甘休，于是喊出"条条马克思主义道路通向莫斯科"这句著名口号，以煽动德国选民的恐苏心理。现在，施特里特

---

[1] Kai Strittmatter：《专制政权的新发明——中国如何构建数字化监控国家并向我们发出挑战》，慕尼黑，2018年出版。

[2] 关于本段文字：威廉二世（1859—1941年），德意志帝国末代皇帝，第一次世界大战的主要策划者；德国1953年大选，阿登纳领导的基督教民主联盟（简称"基民盟"）获胜，当时正值冷战时期，基民盟利用了德国人的恐苏心理；B. 布莱希特，德国作家，二战后不久生活在东德，曾发表致西德作家的公开信，反对西德重新武装，呼吁两德和平统一，信中有"伟大的迦太基经历了三次战争"（指与罗马共和国的三次布匿战争，最终迦太基惨败）等话。——译注

马特尔把该书最后一章的标题干脆写作"未来：条条道路通北京"。这不是明显地挑唆我们不要去了解中国，企图把"我们"全部集中起来，并且为我们按照特朗普的做法进行"正当防卫"（实则是侵略）寻找借口吗？如果说这本书是在向"我们"敲响警钟的话，那这个警钟实在是危险至极，让人不禁想到 B. 布莱希特所说的"伟大的迦太基经历了三次战争……"。

我们必须对这些心理不健康的媒体人发表的观点保持警惕，因为包括上述作者在内的很多人对中国的发展，对中国关于网络安全、人工智能、大数据、5G 的政策以及社会和生态政策经常做出错误的评判。我们有责任澄清迷雾，让西方人在对中国作出判断甚至谴责之前首先要了解中国、理解中国。

第三章　　了解中国也意味着了解我们自己

中国的发展是前所未有和扣人心弦的,却被很多人视为威胁。特别是媒体和多数党派对中国的敌意和反复传播的"我们与他们针锋相对"的视角加重了西方人在中国问题上感到的恐惧和不安,而不安的民众更易受到精英的影响。如何重拾好奇、了解和理解对方这些早期市民阶层具有的美德呢?

在科学和认知哲学里,当我们发现不同的、相互冲突的理论和阐释时,我们应当首先进行"内在的"理解,也就是"走进去"了解那种理论的起源,熟悉这种起源的假设、没有明说的前提、典型例证和基本的世界观,同时了解其形成和发展的历史。这特别适用于民族文化,因为每一种民族文化都是一个复杂的系统,只有了解其形成和发展过程中的路径依赖,才能真正理解它,才能避免在不得要领的情况下就匆忙予以谴责。[1]

在我生活的城市不来梅有一条"和平隧道",是那种典型的位于火车站附近的铁路隧道,隧道两端分别写着"了解是理解的大门"和"理解是了解的大门"。这个循环关系表明,两个胆小鬼更容易彼此封锁,甚至陷入争斗,而不是相互理解。

"理解"并不意味着"赞成",我想对此无须特别强调。

---

[1] 在此推荐 S. Baron 和 G. Yin-Baron 夫妇合著的《中国人:一个世界大国的心理图》(2018年出版)。该书着重从文化和社会心理角度阐释并理解中国。

"理解"与"赞成"之间不是静止的关系,而是动态的、复杂的关系。一般来说,我们对其他人和事物越是理解,就越容易赞成他们的行为,因为我们会发现,他们原来是和我们一样的人,没有更好,也没有更坏;有时候是白,有时候是黑,但大多数情况下是或明或暗的灰色。他们与我们面临同样的问题,并且和我们一样寻求解决方案。先尝试一种方案,之后根据尝试结果来决定是沿用还是放弃这种方案。我们会明白他们现在是什么样子、为什么会变成现在的样子,正如我们自己现在是什么样子、为什么会变成现在的样子一样。这时,我们作出的评价就会靠谱得多。

我们如何抓住民族之间相互理解的机会,而不是再一次恶意地将世界推到废墟的边缘(下一次甚至直接变成废墟)?我们怎样避免陷入已经开始的第二场冷战的意识形态战壕?我们又怎样理解并共同解决人类面临的真正问题,让人类至少还能挺到21世纪结束?

当然,主张积极理解的声音过去有,现在依然存在,因为这样的思维符合人性、顺其自然,而且符合我们的长远利益。令人吃惊的是,最早主张把理解中国放在首位的人之中,有一位竟然是亨利·基辛格,他在《论中国》一书中,以一位老者特有的睿智写道:

> 任何人想要理解中国……在21世纪的国际舞台上扮演何种角色,首先都必须……对中国的传统表现出根本的尊重。[1]

---

[1] 基辛格:《论中国》(2011年出版),第16—17页。

我在前面提到，弗兰克（A. G. Frank）在基辛格之前已经从科学和史学角度分析，为什么中国将在21世纪重新成为世界第一，而且从长远历史角度看这不过是重回正常的状态。

在基辛格之后的今天，有一个叫亨利克·米勒（Henrik Müller）的人在"明镜在线"发文，描述中国如何成功摆脱对美国的经济依赖，从而摆脱一种政治上被敲诈的"陷阱"。[1]在《向中国学习》一文中，他介绍了中国如何及时认识到出口世界冠军的模式是多么短视和不明智，并很快放弃这一发展模式，转而引入一个更加自主的、以内部市场为主导的模式。自2008年以来，中国将对其他国家的贸易顺差减少了一半以上，而上一届出口世界冠军德国依然固守着自己看似成功、实际上却十分脆弱的发展模式，最终使自己陷入容易被敲诈的境地。而面对这种局面，德国既无短期方案，又无长远战略，最终只好在两极之间摇摆不定：一会儿陶醉于特朗普领导下的美国仍然可以独步天下的幻想之中，一会儿又想靠近中国这样的大国或中俄这样的联盟。米勒由此得出正确的结论：

要摆脱陷阱，还是要向中国学习。

英国《金融时报》首席经济评论员马丁·沃尔夫（Martin Wolf）对新的体制竞争之下的全球局势进行了反思，并发表评论《"一个世界、两种制度"的挑战》。他写道，必须"接受局势的复杂性"，走一条"成熟的道路"，"中国和西方之间的

---

[1] Henrik Müller：《在贸易战中求生存：向中国学习》，2018年7月8日发表，见www.spiegel.de。

无限竞争将是一场灾难"。[1] 这是一个明智的结论。

在以傲慢为主要特征的德国媒体世界里,因思想独立而被解雇的《商报》前总编辑加宝·施泰因加特(Gabor Steingart)是个例外,他现在做起了自己的"晨间简讯"。他在评价中国的发展时表现出理解的意愿。2019年3月中国十三届全国人大二次会议召开期间,他对德国媒体上诸多有关中国危机的预言展开了斩钉截铁的清算:没错,中国增长速度是放缓了,不过这不是危机的表现,而是中国有计划的行动;在2000年到2020年间,中国人均国内生产总值的增长超过了360%,在这个意义上已经是世界第一,并且把其他国家远远甩在后面,比如增速排名第二的印度只有近190%,德国和美国的涨幅分别只有27%和24%。他指出,这样的区别已经不能仅仅用中国的起点低来解释了,而是效率之差,原因在于:"美国粗暴对待世界,而中国将世界连接起来。"[2]

2008年至2018年,中国对外投资增加了834%,难道只是为了监视和掠夺全世界吗?这样的解释几乎无人相信!除非全世界的人都是瞎子和傻瓜。在施泰因加特看来,习近平建设和谐小康社会的中国梦比新自由主义的"胜者为王"的社会具有更大的优越性。有关中国的"危机"、"泡沫"和"债台高筑"的言论不过是西方式的危言耸听。他的结论是:

西方对中国人口老化、房地产泡沫和高度负债的后果发出警报,表面上是害怕,实际上正是西方求之不得的。但新的世

---

[1] 《对一个古老帝国的侮辱》,原载《时代周报》,2019年2月18日发表,见www.zeit.de。

[2] 见www.morning-briefing.gaborsteingart.com。

界大国几十年来面对这些挑战坚持走自己的路……中国共产党的官员们在全国人大上严肃而开诚布公地辩论，我真希望德国议会和美国国会也能做到这一点。[1]

这才是一种尝试理解的态度和高质量的新闻工作，对所有愿意认识世界和改变世界的人们都不无裨益。

菲茨图姆：《理解中国》

我写的这本书本来也可以取名《理解中国》，但另一位作者已经捷足先登。奥地利人罗伯特·菲茨图姆写的书就叫《理解中国》[2]，与我的这本书非常近似，也是试图摆脱以"我们"为中心的思维模式，避免踏入"我们与他们"不共戴天的陷阱并最终落入意识形态的战壕，因为在这样的战壕里，我们可选择的行动极其有限，我们的未来也很有限。菲茨图姆在书里努力告诉我们（愿意做此努力的学者寥寥无几[3]），中国对欧洲

---

[1] 见 www.morning-briefing.gaborsteingart.com。
[2] 罗伯特·菲茨图姆：《理解中国——中国崛起为经济大国与美国的遏制政策》，维也纳，2018年出版。
[3] 只有少数几个例外，其中一本书是 Jörg Kronauer 的《对手：中国崛起为世界大国和西方的抵抗》》（2019年出版）。罗尔夫·贝特霍尔德（Rolf Berthold）的《中国道路》写作目的类似，但聚焦于中国和中国共产党的历史，不过该书出版于2009年，"中国热"还未出现。前东德最后一任国务委员会主席埃贡·克伦茨的小册子《我眼中的中国》（2018年出版）也提供了真实可信的外交及内政视角。（这里值得一提的是，前东德领导集体曾经对中国不同于苏联的道路非常感兴趣，昂纳克曾经打算对中国进行正式访问，但立即被戈尔巴乔夫阻止，于是克伦茨代替他在1989年10月访华，之后又对中国进行多次私人访问。）还有 Marcel Kunzmann 的作品《社会主义在中国的理论、体系与实践》（转下页）

不是威胁，而是机会——中国为了自身的发展已经自顾不暇，哪里会有兴趣去侵略别国、发动战争呢？他写道，中国完成了占世界比例最大的减贫任务，现在正努力实现更为公平的分配制度改革，老百姓实际收入的增长也令人瞩目。按理说，欧洲自由左翼人士应当对此感到欢欣鼓舞，但是他们最好的反应也不过是无动于衷。

仅仅战胜贫穷、克服分配不均和收入增长这三条，就足以显示出中国与新自由主义西方在体制上的根本区别。在金融资本主义的西方，分配制度也有改革，但"眼睛朝上"，只有最富有的0.1%的人群安然地渡过所有的危机，并且越来越富有；由垄断官僚、寡头网络、僵化的政党和从政的富商统治的那些国家，不可能在经济、社会和政治领域围绕这三个问题做出一丝一毫的改变，更谈不上解决这些问题。因此，菲茨图姆的《理解中国》实际上也是"理解我们自己"的一面镜子。

中国的道路要由欧洲知识分子来定义？

菲茨图姆在反华大合唱中敢于提出"体制"和"社会主义"这些特别令传统欧洲左派感兴趣的问题，与西方左派普遍的"自以为是"相比，作者表现出令人耳目一新、鲜明和务实的立场：

经历了一百年的民族解放、生存威胁、无数挫折、多次内

（接上页）（2018年第2版），也对中国历史、当代经济和社会发展、中国特色社会主义、中国国企作用以及环保和外交等典型政治议题进行了清晰的分析和有力的描述。

战，以及大量争论、数次路线调整、多次浴火重生和永无止境的学习之后，中国共产党日趋成熟。它赶走了欧洲、美国和日本的殖民主义者，打垮了国民党军队，战胜了大自然的饥荒和敌人的干涉、封锁和制裁，在艰难时期屡次校准前进方向，建立了新中国，并使之走上了全新的道路——人类从未走过的道路。我们应当充分相信这样一支政治力量能够自己定义什么是正确的社会主义道路，中国不需要欧洲知识分子来指点迷津，因为这些人长期以来只知道以欧洲为中心来思考国家社会主义，不理解中国却要品头论足甚至大放厥词，还总以为自己更清楚地知道中国应该实行什么样的"真正的"、"理想的"社会主义。我们应当承认中国有权选择未来的道路、不需要西方的监护，更不需要任何西方右派或左派自以为是的说教。

与菲茨图姆相比，意大利马克思主义哲学家多米尼克·洛苏尔多（Domenico Losurdo）和前面提到的金融经济学家迈克尔·哈德森（Michael Hudson）对德国和西欧左派的批评更为犀利，称他们是"新自由主义左派"或"受新自由主义渗透的左派"，说他们对改变金融资本主义、实现经济公正甚至对所有工人问题都已经完全失去兴趣。[1] 稍后我还将谈到这二位学者。

过去几十年里，许多欧洲绿党人士、左翼自由派和左翼知识分子以及所谓"受过良好教育的"公民，大谈特谈发达资本主义的发展路径，鼓吹"绿色新政"[2]，但他们迄今未能对新

---

[1] 参阅《什么将使美国失去帝国地位——专访美国马克思主义经济学家迈克尔·哈德森》，2019年1月27日发表，见 de.sputniknews.com。
[2] "绿色新政"："新政"在西方一般指美国总统罗斯福在20世纪30年代为克服经济危机采取的一系列政策，绿党试图利用这个词装饰自己的政策。——译注

自由主义的金融资本主义作出任何实质性的改变。他们习惯了自己的失败和（在议会中）坚如磐石的少数派地位，在那里舒舒服服地苟且偷安，并为参与下一届政府而委曲求全。尽管如此，他们却热衷于对中国说三道四甚至动辄谴责，与这些人相比，中国共产党要谦虚得多。

中国在过去几十年里，从社会到经济都发生了突飞猛进、翻天覆地的变化。这些变化本该是欧洲那些进步的、具有批评意识、追求一个更加美好世界的人士梦寐以求的，绿党人士和左派人士也本该对此心潮澎湃，可如今他们却无动于衷。

"中国特色"里的谦逊：中国道路并不向国外输出

说到"谦逊"，中国、中国共产党和中国政府在这类问题上绝少像帝国主义那样趾高气扬。中国发展方式的许多特点早已融入每个中国人的日常生活，决定着他们的思维和言行，无论是谈及国家发展目标，评价个人、企业经理、官员和政治家的可信度，还是说到社会和环境事务甚至对社会不公的不满时，中国人都非常低调。不过中国一再强调：中国的道路并不一定适用于其他国家，我们既不输出革命，也不输出发展模式；这个模式只适合我们，也只产生于中国自身的条件之中，而对这些条件我们自己最心中有数。反过来也可以理解为：别人尽可以给我们出主意，我们也乐于学习，但是我们绝不需要无知者对我们指手画脚！

这种带着自信的谦逊是多么沁人心脾！人们多么希望华盛顿、柏林、巴黎、伦敦、布鲁塞尔或东京的那些"自由和帝国主义生活方式[1]的卫道士们"（他们尤其热衷于在别人的国家捍卫这些价值）也能吐出哪怕一句软语温言！可惜的是，就连那些非主流的绿色、橙黄色或粉红色阵营的政治家们也做不到，因为帝国主义滋生的土壤无处不在，那些口口声声坚决反对帝国主义的人，一有机会也会想方设法把他们的普世价值强加给世界，叫嚣"我们才是价值、文化和文明的化身"！

难怪弗兰克（A. G. Frank）以嘲讽的口吻写完他对世界历史的分析："以欧洲为中心的皇帝没穿衣服。"[2]

西欧人似乎还没有普遍认识到，那些从技术、组织到社会、生态领域的真正的"颠覆性"创新（德国人喜欢称之为工业4.0）在短期内将不大可能来自欧洲。[3]

菲茨图姆、洛苏尔多和弗兰克等人的观点已经对主流社会提出了挑战，在接下来的章节里，我将选取各领域的事实来佐证，便于大家更好地理解。

竟然要向中国学习？

假如我们理解了中国，那么我们可以学到什么呢？西方的新自由主义体制在国家和集体层面都已全面僵化，在有些方面畏手畏脚因而失去了行动能力，就像德国发展模式的现状

---

[1] 参见 Markus Wissen 和 Ulrich Brand 的著作《帝国主义生活方式：全球化资本主义体制下对人与自然的剥削》（维也纳，2017年出版）。

[2] A. G. Frank：《重回东方：亚洲时代的中国经济》，1998年出版，第322页。

[3] 德国工业4.0：这个概念最早在德国的2013年汉诺威工业博览会上提出，后被德国政府纳入《德国2020高技术战略》，旨在提高德国工业的智能化水平。——译注

一样。这个体制还有能力进行必要的自我更新吗？就连德国政府委派的专家委员会（俗称"经济五贤人"[1]）的成员都已公开表示，德国缺乏对创新的积极态度。[2]不久之前的一份调查显示，在经合组织的 34 个发达工业国[3]中，德国在"创新体系的开放度"方面仅仅排在第 21 位，处于中下游水平。[4]德国的再分配体制只维护上层人的利益，还实行财政紧缩和绝对的收支平衡政策，视"政府之手"为魔鬼，视"市场之手"为上帝，这种教条至极的新自由主义模式已经将德国带入死胡同，随时可能使德国走投无路。在这样的体制下，什么"出口世界冠军"，什么"技术世界冠军"，都可能毁于一旦。我们前面提到，2019 年 10 月经济媒体就曾经惊呼："德国制造"的形象和德国企业的可信度已经在国际上受到损害。[5]

那些对世界和中国有一些了解的具有批评精神和务实思维的经济学家和企业家常常对当今的德国失望透顶。像银行家福尔克·海尔迈尔（Folker Hellmeyer）这样的有识之士发现，"媒体和政治家现在是误把反光镜当作挡风玻璃，对反光镜里

---

[1] 德国政府最重要的经济智囊团，全称是"为总体经济发展提供建议的专家委员会"。成员是五位享有盛名的经济学家，因此民间称他们为"经济五贤人"或"五贤人"。——译注
[2] 参阅"五贤人"之一的 Isabel Schnabel 于 2018 年 12 月在曼海姆欧洲经济研究所所作的题为《德国为什么必须允许通过数字化进行结构转型》的报告。见 www.zew.de。
[3] 全称为"经济合作与发展组织"，是 1960 年成立的政府间国际经济组织，现有成员国 38 个。——译注
[4] 《2018 年创新指数——德国在创新方面原地踏步》，2018 年 12 月 21 日发表，见 www.zew.de。
[5] 2019 年 10 月 9 日的《施泰因加特晨间简讯》报道了对德国经济处境、"德国制造"和德国企业的声誉的多次国际研究结果。

看到的自身形象颇为扬扬得意,还故意向大众卖弄炫耀"。[1]

前面说过,像博世这样科研投入较大的德国企业越来越多地在中国的分公司找到创新方案。《焦点》杂志的相关报道说:"创新大批地在中国涌现,只是一个时间问题。"报道以汽车工业为例,分析德国与中国在创新方面的体制性差别:中国将重点放在智能公路上,而德国研发智能汽车;中国把重心放在国家公共基础设施建设上,德国将宝押在企业界。报道提出这样的问题:"我们德国人能够或者说必须从中国人那里学到什么呢?"

我们想要说的是,"理解中国"也包括理解集体与国家的行动能力对探索一个国家的发展模式具有根本性、体制性意义,而一国的模式不可能一成不变地套用到另一个国家的体制身上。我们在向其他体制学习之前,先要具备"吸收"的能力。中国这些年赶超和崛起以及向西方学习的过程也是如此。我们在分析中国经济、社会、生态和政治的方方面面之后,将再次强调这样的结论:"要害是体制,笨蛋!"不过,即使在不同体制下,相互理解和学习也绝非不可能。

在现实当中,一个国家的体制要想长期生存下来,只有以下一策:相互理解,和平共处,相互学习与携手合作。

……另一种选择就是进行有意义的合作。欧洲应当不忘中世纪汉萨同盟成立的初衷:通过经济交流(而非制裁)促进文化交流和相互理解。这是推动和平的政策。有了贸易繁荣,才有富裕生活,相互宽容就意味着要明白这一内在关联。[2]

---

[1] Solvecon Forex 报告,2019年4月23日发表,第4页。
[2] 同上。

题外话：
"理解与信任——中国与美国：
德国人更相信中国"——这个结论可靠吗？

让我们再来关注一个并非不重要却令人意想不到的题外话。

在对媒体做了一番简短的梳理之后，我们特别想知道德国人如何看中国。有时调查的结论与媒体的基本报道大相径庭，就更令我感兴趣。

正如前面所说，以往，每当主流媒体提到"维吾尔族人"、"西藏"、"香港"、"涡轮资本主义"、"帝国主义"、"监视"、"专制"这些关键词时，德国人几乎形成了条件反射，立即对中国产生敌意和抵触情绪。让人颇感意外的是，最近几年里，普通德国人对中国的看法悄然发生了变化。

在民间，我们经常发现人们对中国兴趣浓厚，怀有正面认识，这与人们的思考有关，或者与当事人去过中国有关。过去几年甚至几十年间，有一种现象大家都不陌生，即普通民众的关注热点与观点是一回事，政府、政党、官办行业协会和媒体宣传的所谓正确的国家决策，自称恰到好处、老少咸宜、不可或缺或别无选择的东西却是另一回事，在涉及战争和军事干预、某些社会和环境问题，涉及"上层"和"底层"以及社会公平和财富分配等人类基本问题时，尤其如此。现在涉及对华态度时，可能也是这样。

2019年2月的一天，一位邻居得知我正在写这本书，将一张报纸投入我的信箱。这张日报上有一篇文章，报道了民调研究所Civey所做的调查。由于Civey是受亲美的德国"大西洋之桥"协会*委托来组织调查的，因此不太可能操纵民调，制造"亲华"的民调结果。根据此项调查，80%的德国人"消极"或"非常消极"地评价与美国的关系，60%的人主张与美国"拉开距离"。**在特朗普执政3年后，这一结果并不令人惊讶。调查还显示，34%的德国人认为，德国外交政策的影响是消极的，这主要是因为德国过去几十年里对其他国家的军事干预，90%的德国人对此持反对态度。这可能也与德国对中国的敌对政策有关。

调查结果最劲爆的地方是：超过42%的德国人认为中国是比美国更好的伙伴（只有23%的被调查者认为美国比中国更好）。更加出乎意料的是，这一比例在左翼党的选民中达到56%以上，要知道左翼党的政治家特别不喜欢别人认为他们与中国较为接近。

2019年5月，德国Forsa民调所在对2000名中小企业高管进行的一项调查中得出了类似的结论：中国被视为比美国和英国更可靠的贸易伙伴。***

很多德国人对中国持积极看法意味着什么？这会对现实产生什么影响？抑或这只是一个瞬间的现象？即使它在今后几年形成一种稳定的民意，估计也不会对德国主要政

---

*　"德国"大西洋之桥"协会成立于1952年，目的是加强大西洋两岸的德美合作，很多德国政要、媒体代表都是会员。——译注

**　参阅2019年2月8日出版的各大日报，例如，Gerd Appenzeller在《每日镜报》发表的《与美国相比，德国人更信任中国》，见www.tagesspiegel.de。

***　参阅2019年5月28日的《威悉河信使报》第17版。

党和政府的政策产生影响。这个瞬间的民意当然对我写这样一本与众不同的论述中国的著作是个激励，但是当今媒体是媒体康采恩的天下，它们对中国的敌意与日俱增，在这样的口诛笔伐之中，正面的民意也完全可能被它们迅速地颠倒过来。

事实上，现在我们在美国就看到了这种转变。华盛顿对急起直追的中国采取攻击性政策，成功地将数百万人的沮丧和不满引向了外部"敌人"，毒化了公众舆论，挑起了对中国人的不信任和戾气。美国一家智库最近进行的调查显示出公众对中国印象恶化的趋势，据此，60%的美国人对中国持"拒绝"的态度，只有26%的被调查者对中国持"友好"态度。*西欧、南欧和瑞典与美国的结果差不多：57%的被调查者对中国持负面态度，37%相反。德国在这次调查中的结果与Civey组织的那次有较大偏差：56%的德国人对中国看法负面，34%相反。只有希腊和大多数东欧国家因为与中国在基础设施投资方面有具体合作（后面详述），对中国持积极看法的民众占据多数（保加利亚：20%消极/55%积极；希腊：32%消极/51%积极；波兰：34%消极/47%积极；匈牙利：37%消极/40%积极）。在非洲、亚洲国家以及俄罗斯，由于那里的人民与中国企业及工人打过交道，对中国基础设施投资有直接的感受，公众舆论更积极，因此对中国持积极态度的人占比也就更高（俄罗斯65%，肯尼亚67%，尼日利亚61%，突

---

* Laura Silver 等：《世界人民对中国的看法发生分裂》，2019年9月30日发表，见 www.pewresearch.org。

尼斯70%)。*

我这本书是要在更大的社会、经济和生态背景下研究中国的全景，上面提到的Civey民意调查结果作为微镜头也许只起一个"注脚"的作用。但我愿意为德国社会形成这样稳定的、有理有据的民意尽绵薄之力，我相信，德中两国之间的合作潜能值得这样的付出。让我们拭目以待！

理解中国，理解我们自己，然后呢？

这本书的意义何在？我们如何在和平共处、友好合作与敌对的意识形态、制裁甚至战争这两极之间为国际关系找到富于建设性、以解决问题为宗旨的支点呢？为此，我将在后面对国际文献中关于中国各个领域的事实与认知进行评价。

我们都有过"只见树木不见森林"的体验：看到很多细节，却看不到细节加在一起就构成一个高质量的体系、形成一个独立的"宏观整体"。我们必须学会既看到那些丰富的"树木"，也认清中国的"森林"。我们知道，突然要求自己放弃以往的认知习惯，将诸多单一的事情联系起来看，需要很强的认知能力。

200年来，经济学家为解释一个经济体系内部因素的彼此关联而绞尽脑汁，并试图将自己的理论模型变成有特色的话。"关键是工资成本。""不对，关键是整体经济需求。""关键是货币总量。""不，关键是收入分配。""重要的是公共紧缩。""不，重要的是公共投资。""我们应当关注核心的社

---

* 安德烈·弗尔切克：《西方为何固执地无视中国的成就》，2019年7月22日发表，见linkezeitung.de。

会机构。""不,我们应当关注的是自然环境和为未来做好准备。"……众说纷纭,不一而足。我们可以尝试在彼此对立的理论模型之间不停地转换,但它们不可能融合为一个东拼西凑的大杂烩。从长远来看,"真相"可能会在各种模型之间以及它们与现实之间的交互作用中显现出来,可能包含各种模型的因素,但却是一个新的、有自身特点的体系。

我们都知道那幅著名的油画:同一幅头像画,有些人看到的是一位老妪,另一些人看到的则是一个年轻貌美的女子。假如我首先看到的是老妪,那么我很难找到年轻女子的倩影,即使在别人帮助并给出解释的情况下,我仍可能需要很长时间才会实现视角的转变。我必须一再尝试放弃第一印象,找到合适的角度。终于,我看清了另一个形象,也看到了全貌、一个整体、一个系统,这时我就会奇怪自己为什么需要这么长时间才发现如此显而易见的东西。还有一种情况是,刚刚发现的"另一个形象"突然又消失了,我还需要重新开始,找回失去的认知。

看这幅画是这样,看我们的日常生活是这样,看本书所涉及的主角——中国——也是这样。中国离我们既远又近。如果我们理解了中国,就会看到它的全貌,就会发现一个新的世界,同时更好地理解自己的世界。我希望本书能用基本的信息和背景知识激起大家的兴趣,让大家愿意更好地了解中国发生的前所未有的变化。让我们转换视角,进入这个新的世界第一大国——中国——的"内部"一探究竟:那里到底发生了什么?为什么这个国度与我们不一样?在哪些方面不一样?作为一个新的范例,中国能够为全球化、为全球环境发展、为我们自己,甚至——往高处说——为全人类的未来提供一个新型的、更好的模式吗?

从发展中国家到领先国家，
社会与经济成就的结构及过程

中 篇

第四章 "天哪，计划经济！"是的，但是与我们想象的不同，计划不是选战的喧嚣；"十三五"规划（2016—2020年），激动人心的蓝图涉及各个领域，调动全社会的力量

中国的五年规划为世界提供了一个了解其持续改革、转型及发展过程的机会。如果我们想对中国不同的发展领域、政治层面和各项措施有一个概览，那么我们无须大费周折。五年规划涵盖了所有你想知道的中国全面发展的战略，是一项全国性的综合计划，比我们一般意义上的执政纲领更为全面。

即使我们仅将注意力集中于正在收官的"十三五"规划（"十四五"规划将于2020年底公布），也只能选择一些重点进行介绍，而且因为很多领域相互交叉，只能采取横向结合的方式来阐述。

首先，我要列出一些关键词，以此标出在我看来最重要的领域，并列举一些彼此关联的领域：

1. 经济成就，经济增长和收入。

2. 发展社会人权和民主，保障私有（物质和精神）财产权，法治建设和中国的法律信用；提高政府官员的素质；"诚信中国"建设与社会和生态行为的改善；社会诚信体系。

3. 市场监管与放开，竞争的培育。

4. 信息技术产业，信息技术基础设施和信息技术创新。

5. 扩大高校和科研院所自主权；教学创新，建设世界一流大学，职业培训与普通教育双向互认；职业教育产教融合。

6. 澄清和推动土地使用权。

7. 保护农业和食品安全。

8. 财政政策改革和地方政府之间的财政关系。

9. 金融领域的改革：扩大股票、债券交易；继续金融领域的国际开放；提高人民币在国际货币基金组织特别提款权的比重。

10. 农民工落户政策的改进与城镇化建设／农民工土地经营权的问题。

11. 网络空间的治理，传统媒体和新兴媒体的融合。

12. 建立中国特色军事体系。

13. 生态：绿色低碳产业；建立官员环保评价考核机制；电动汽车和其他新能源汽车；水资源的保障；工业实时排放监控系统；森林保护和植树造林，禁止天然林商业性采伐。

14. 网络、深海、极地和空天利用的国际协调。

15. 脱贫。

16. 提高工人工资。

17. 所有中国居民的社会保障，降低社会保险费率；养老保险基金；企业养老金；老年人护理；延迟退休年龄；全面医疗保险。

18. 推动医院建设，将商业性医院转变为非商业医院。

19. 人口政策：两孩政策；加强生育咨询服务和妇幼保健。

我们在这里看到的是一个提高技能、调整结构、适应新形势的现代化建设综合方案，这与资本主义新自由主义后期实行财政紧缩、富人政治造成的僵化局面形成鲜明对比。西方国家的政府似乎只想维持现状和混日子,推动社会进步的改革遥遥无期,因为据说费用太高。政府官员和私企高管得过且过,只想保住自己的位置。由于社会升迁的机会微乎其微(不妨看一看最近几次"国际学生评估项目"[1]的测试结果多么令人沮丧),很多人抱住已有的东西不放,不肯前进半步。这种保守心态向整个社会蔓延开来,使得人们对未来普遍悲观,社会活力衰竭。随着社会分裂的日益加深,冲突和争斗也甚嚣尘上。自然而然地,刺猬心态、狭隘心理、怨恨情结甚至排外情绪最终埋葬了一个开放的社会,而因为人们既害怕社会地位下滑又担心危险无处不在,久而久之就形成了一种特别的社会心理和政治文化。

2018年3月,中国十三届全国人大一次会议按照"十三五"规划的发展重点调整了中央政府的结构。柏林墨卡托中国研究中心对这次会议做了详尽评述,并介绍了中央政府机构改革的细节。[2] 我们提炼了几个要点:

◇ 核心部委之一——国家发展和改革委员会的地位上升,负责监督整个发展进程,保障发展活力,防止政府宣布的目标变成西方竞选时的夸夸其谈。

◇ 科技部主要负责适应科技发展的变化,持续进行结构调整。

◇ 司法部在优先建设"诚信中国"(包括诚信企业和个人)

---

[1] 国际学生评估项目:Programme for International Student Assessment,简称 PISA,是经合组织进行的 15 岁学生阅读、数学、科学能力评价项目,从 2000 年开始每 3 年进行一次测试,德国学生的成绩普遍落后,而中国学生的成绩全球领先。——译注

[2] 参阅《中国最新消息》(2018 年第 6 期),2018 年 3 月 9 日至 22 日,见 www.merics.org。

和保护（包括外国人在内的！）知识产权的背景下进行了重组；依法治国[1]，对落实反腐败政策进行有效监督[2]；在消费、私有财产、借贷、家庭和社会关系以及交通、环保领域建立对个人行为的守信激励体制，即诚信记录体系。

◇组建国土资源部和生态环境部。这两个部门非常重要，反映了中国已经崛起为生态领先国家的引人注目的现实。

◇在近些年坚决执行反腐政策以及对整体政治行为进行系统评估的背景下，同时考虑传统的财政监管需要，对国家审计署做了调整。

◇组建农业农村部，这反映出让农村的生活与收入水平接近城市的重要性。

◇为实现社会和医疗保险全覆盖、扩建和重构医院体系、改善养老机制、改善产前产后护理、调整人口政策等目标，组建国家卫生健康委员会。

◇组建国家市场监督管理总局和中国银行保险监督管理委员会，体现了新的调控重点和改革方向。

◇组建国家移民管理局和国家国际发展合作署则是中国新的国际地位的体现。两个机构的背景都是，中国的国际发展伙伴关系越来越广，特别是"一带一路"倡议框架内的政府和民间对外投资正迅猛增长。过去几年里，中国也从发展中国家和接收发展援助的国家正式成为净出资国。另一个引人注目的变化是，中国已经成为移民目的地国，移民中不仅有归国的华裔，还包括很多亚洲和非洲国家的公民。

---

[1] 详见张帆《中国的机构演变——政府与市场的竞争》，2018年出版，第221页及以后诸页。

[2] 同上，第218页及以后诸页。

从以上概览中，我们看到了中国改革开放的活力以及为此做出的机构调整，中国发展的活力在西方简直无可比拟。我们还将看到，这些规划远胜过那些选战中天花乱坠、选战后一钱不值的夸夸其谈。它们将变成现实，帮助每个人找到方向，不管他是企业家、在职者、专业人士还是年轻的父母，还将成为国家的努力方向，帮助人们减轻职场生活、社会生活和私人生活的压力，为整整一代创业新人提供协助，并达到大众创业的目的。

正是在这一背景下，2019年10月，新中国迎来了成立70周年，骄傲地回顾了有史以来最大的发展成就：在短短几十年间，解决了一系列人类问题，比如，人均预期寿命提高了一倍多，全国实现了脱盲和脱贫以及男女平等。[1] 很难想象，如果国家没有长远规划和目标，得不到众人的理解和动员，这一切怎么可能。

即使是美国主导的世界银行，也在新近发表的一份调查报告中以铁路为例分析了中国成功的"秘诀"：国家、企业、银行和科学界相互协作，确保长远规划的安全性，这样才能通过长期低息贷款进行长期投资。国家为项目进行担保，便于项目质量满足高标准要求，同时使风险降到最低限度。世界银行平常都是要求那些需要贷款的国家必须推行"自由市场"计划，也就是放松市场管制，现在却突然承认中国成功的关键是体制。是的，中国在短短十年内修建了世界2/3的高速铁路，并且从准点率、舒适度、服务质量和火车票价来看，中国的高铁

---

[1] 参阅 David D. LI《中华人民共和国的70年：一个举世瞩目的发展政策的实验室》，《世界经济与发展》2019年第9期，第2—3页。

是全世界最好的铁路系统之一。中国铺设 1 公里高铁线路的费用，比其他有可比性的国家低 1/3。这份报告还强调了中国在修建复杂的基础设施时表现出的高速度，指出其原因在于参与各方的"领导与责任划分非常明确"。[1]世界银行还计算了因高效铁路系统取代众多国内航班而节省的二氧化碳排放量。[2]

为计划而计划吗？还是为服务官僚体制而做计划？都不是。中国做的是有效的计划，是为了提高生活质量，改善环境与气候状况。

这个例子就像一面多棱镜，折射出一个国家和一种社会体制取得社会经济发展巨大成就的基本原因。不过，这些例证还只是想激发您的兴趣，我们并不急于替您下结论。

---

[1] Georg Fahrion：《列车来了——在中国真的来了》，2019 年 12 月 14 日发表，见 www.spiegel.de。
[2] 同上。

第五章 "天哪,经济和金钱!"是的,但是这些
领域与我们熟悉的情况大不相同:经济、
金钱、金融、技术以及稳定增长背后的
深层结构,灵活的工业政策、企业家精神、
贷款发放、调控和去调控,国家与市场

"灵活工业政策"的方方面面:以电动车为例看大企业和小型企业与政府的关系

我在前面已经提到,很多因为工作性质而云游四方的西方人士到了中国后,都对中国人应对组织、技术和体制变革时表现出的轻松和快速适应能力感到吃惊并且赞不绝口。这与中国人高度的就业稳定感有关,与社保稳定感有关,也与中国政府向人民提出的经济社会发展目标有关,因为这些目标给大众带来了稳定的期望值,同时中国还给了大家在适应高速变化时作出自主决定的高度灵活性。

一些斯堪的纳维亚半岛国家也有类似成功的劳动市场机制。它们发明了所谓"灵活安全"机制,这个机制就是综合考虑劳动市场安全、收入安全和社会安全的结果,暂时失业后也有较高失业金、继续培训机会和找到良好工作岗位的前景,因此虽然痛苦但还能接受。中国借鉴并发展了这种机制,那种活不下去的不安全感在今天的中国几乎不存在。这要归功于国家

社保体系，归功于碰到难题时还可依靠自己的社会关系（通过"关系"或"单位"）找到工作，归功于大多数中国人对收入提高都有乐观的预期，也归功于国家确定发展目标前曾与公众积极沟通、征求意见因而大家的主观感受颇为积极。

"关系"：在中国是指个人关系网络。几乎没有一个决定不受这个网络的影响。很多情况下，表面上看是签了合同或双方约定好了，但那只是一个基本原则，碰到疑惑，为了维护关系还会背离这个原则。

"单位"：在新中国早期，曾是排在家庭之后的最小社会单位。这与人们都有"工作单位"有关。"单位"要为员工修房、分房、管房，还负责员工的社保、医保、孩子上学以及所有其他社会服务和物质供应。

这使大多数中国人能够轻松、迅速而灵活地应对变化和创新的挑战，这与德国很多行业的情况正好相反。在德国，人们看到的是比较僵化的社会结构，担心自己拥有的社会地位很难失而复得，因而宁肯抱残守缺。

地方的各种关系如果能与国家公布的调节措施相结合，纳入国家的整体安排，有些事情就容易获得大家的普遍信任，促进人们的创新意愿，并使企业内各个方面的力量愿意快速交流信息。有国际学者称这种交流状态为"开放式创新"。[1] 这样就在个人行为中产生了一种"实用哲学"，人们愿意尝试、实

---

[1] Guo Wenbo 等：《跨组织管理与三边互信的建立：试析中国以外包为基础的开放式创新》（2017 年出版）。

践、否定、学习,这种态度贯穿于全社会的各个层面,也成了中国经济政策特别是经济结构改革政策(也可说是"工业政策")的哲学基础。

这是一套完整的政治哲学,它体现在负责制定标准的具体的工业政策中(后面还会详述),更体现在"新时代中国特色社会主义"这个最高体制的定义之中。这一政治哲学被称为"中国实验主义",[1] 它来源于中国历史上的典型的"非线性"和"断续性"思维,也来自当今中国没有先例可循的新型体制发展目标。

国际商界在"中国实验主义"之外,还发明了第二个与之相关的概念,即"中国速度",指的是中国令人目眩的发展速度。像博世这样的西方高科技企业认为,越来越多的创新成果来自自己在中国的分公司,甚至多于在德国本土的公司,就是因为"中国速度"。[2]

"中国实验主义":国家目标、市场调节与公司治理。做实验,可能会犯错误;不做实验,必定犯错误。

老百姓说得好,进行实验,或者做一点进步的事、改变现行结构的事,可能会出差错。出了差错不气馁,反而继续实验,向着目标前进,定能取得成功,因为失败乃成功之母。如果不愿或者不能为解决人类未来问题作出努力,而是只愿甚至声称只能维护现有的产业结构、企业规模、分配和权力格局,最终一定会铸成大错,就像新自由主义德国的历届政府和各大

---

[1] Carsten Herrmann-Pillath:《中国的经济文化:国家与市场的不同习惯》,2017 年出版,第 309—340 页,第 520 页及以后诸页。
[2] Melchior Poppe:《为什么中国人最晚在 20 年后不会再买轿车》,2019 年 12 月 19 日发表。

政党死守现在的格局结构、苟且偷安一样，结果连自己的铁杆选民也没得到任何好处。参加"星期五为未来"游行的中学生以及年青一代选民，至少都认识到了这一点。

究竟需要进行哪些结构变革呢？我们可以从中国统筹经济结构政策、生产创新政策和企业规模政策中一窥端倪。换句话说，这些政策就是分别针对大、中、小企业的政策，或者可以称之为工业政策。这个政策有以下三项原则：

1. 交叉运用调控和去调控、阶段性的"放水"与适时的标准强化；

2. 大企业过分保护知识产权不利于国民经济，因此要保障信息流通；

3. 在大企业面前，保持政治上的独立和主导地位。

比如，在新兴产业方面，中国政府允许新开办的经营主体和中小型企业大胆创新，并观察一段时间，看哪一种标准最符合需要，之后再实行调节和标准化，通过这样介入和调节市场开始一个高效率的选择和淘汰过程。

根据某个产业的实际情况，中国政府采取实用性的调控或去调控措施。以航空工业为例，为了解决机票价格限高问题，中国政府对该行业实行去调控，但并没有盲目相信市场，而是在特定情况和特殊时期按照符合公共利益（或国家发展目标）的原则，灵活处理。[1]

一方面要进行"开放式创新"（包括信息开放、来源开放、对知识财富进行公开利用和再传播），另一方面要保护多数情

---

[1] LI Kai 等：《公共利益还是监管漏洞？中国航空业机票价格放开管控的理论与实践》，发表于《经济行为与组织》2019 年第 161 期，第 343—365 页。

况下属于大公司的知识产权和专利知识,在这两者之间找到平衡绝非易事。目前中国正在进行"诚信中国"建设,政府官员、企业和个人都把它作为新的政治文化优先事项,对国内外都有重要意义。就对外而言,这意味着,在中国投资或拥有合资公司的西方跨国公司可以在现行法律下通过法院确认并保护其专利和知识产权,并在中国企业侵权的情况下得到补偿(而侵犯外国企业专利权或著作权的中国企业将受到惩罚)。[1]

而在国内或相关方都是中国人的情况下,做法就有所不同了。[2] 一个重要的认知是:过于严格的知识产权保护容易削弱新技术在教育、信贷等领域产生的积极效果。[3] 因此,中央和地方政府通过对知识产权保护的管理,努力使通向新建经营主体和中小企业的信息流畅行无阻。

西方的经济文献和实践也已经证实,从整体经济来说,开放的创新比对专利的绝对保护要有效。[4] 大公司经常把专利视为带动股值的财富,而不去为它们主动寻找创新投资利用的机会。过去几十年里一个广泛流传的科学和实用性认知是:自

---

[1] 参阅 CAO Yin 的文章《法院判决赢得尊重》,2018 年 7 月 13 日发表于《中国日报》第 1 版。这是一篇有关迈克尔·乔丹品牌胜诉的报道。据此,一家中国公司必须将其产品更名,以避免语言上的近似。中国最高法院一名女性副院长宣布了这一判决,并公开将此判决与"诚信中国"联系在一起。迈克尔·乔丹品牌的损失得到了弥补。

[2] 代栓平、YANG Guangzhong:《社会动因是否导致更高的开放式创新投资?——一项实验研究》,原载杜伊斯堡—埃森大学东亚研究所 Working Papers on East Asian Studies 2017 年第 112 期。

[3] LI Chenhui、连旭蓓、张智:《公共教育开支、机构发展和区域创新:来自中国的经验》,原载《经济学电子杂志》2018 年第 3 期,见 www.economics-journal.org。

[4] Bernhard Ganglmair:《更好地保护商业秘密可能会与公共利益背道而驰》,原载 ZEWNEWS 2019 年 3 月号,第 9 页。

20世纪90年代以来,在大公司特别是信息技术领域寡头的压力下,西方金融资本主义国家的新自由主义政府对专利和知识产权的保护已经远远超出对整体经济有益的限度。

中国在不涉及外资的情况下显然尽可能避免各个相关方对大公司知识(包括专利、软件、商品样品及其类似的东西)的过分保护。由于中国大公司也倾向于向新建经营主体及中小企业封锁自己的知识优势,政府动用其"信息必须流通"的优先原则,让信息能够到达最优利用的地方,而这些地方一般情况下是新兴的小企业。

由此看来,当西方大公司对市场的垄断不可能再对整体经济产生积极效果时,中国的政治体制则营造了一个高效的市场。这里有几个具体问题,即对专利所有者的专利保护需要达到什么程度,专利的有效期多长,专利拥有者是否需要一再申请许可证而非一劳永逸,如果需要应当是在什么样的条件下(比如价格多高)。中国政府和国家机构遵循的原则是:在有利于中小企业的基础上降低对大型企业的专利保护,大型企业必须及早办理专利许可,并为此制定适当的价格。

这个例子说明,中国政府的方针是,将昔日与大型企业特别是大型国企之间的密切关系降温[1],并要求它们为国家发展作出贡献。不管你拥有多少资本,不管你如何富有,不管你实力多么强大,都必须尊重政府的领导地位和国家发展目标的主导地位。中央政府对大型企业表现出强势,甚至对汽车工业也是如此(在德国,汽车工业是一个几乎针插不进、水泼不进的

---

[1] 严硕:《公司政治关联和金融与增长的关系:以中国为例》,2018年出版,见 papers.ssrn.com。

行业），这显然也与中国国家主席习近平和总理李克强严肃推行的反腐政策有关。中国政府决心严格限制大公司对政治发挥影响。[1] 本书后面还将探讨这一方针在其他领域的执行情况，并在作总结时提及这个问题。

"灵活工业政策"：以电动车工业为例

众所周知，中国是告别内燃机时代、引进电动和其他驱动技术并越来越领先于发达资本主义世界的国家。中国的电动车数量世界第一，其中包括占世界总数90%的电动大巴（约50万辆）、电动卡车、电动叉车、电动双轮车和许多其他电动车辆。2017年，世界一半以上的电动车是在中国出售的。[2] 这一数字仍在呈几何级数上升（与资本主义国家的距离越拉越大）。在中国最大的几个城市，已经很难得到代表内燃机的蓝色车牌，实际上只有电动车、混合动力车以及其他替代驱动的车辆能得到新车牌，即绿色车牌。

中国不再允许开设新的生产内燃机汽车的工厂，而生产其他动力汽车的工厂在选址时优先考虑那些在清洁汽车方面表现突出的城市。[3]

博世在中国的分公司甚至预言："最迟20年后，将没有中国人再买汽车。"（后面还将谈到）

此外，中国还有2亿—3亿辆电动自行车以及400万辆左

---

[1] ZHANG Lanying、LI Guanqi、何慧丽：《中国控制公司权力：以种子公司和水分配公司为例》，原载《美国经济学与社会学杂志》2018年第2期（总第77期）。

[2] Werner Rügemer：《21世纪的资本家：金融新手崛起简明读本》，2018年出版，第265—269页；Falk Hartig：《中国：电动车王国》，原载《德国和国际政治杂志》2018年第6期，第25—28页。

[3] 参阅《中国日报》，2018年7月11日第6版。

右的低速电动车即三轮或四轮的单座或双座车。最初,大多数低速电动车因没有达到通行标准而不得上路,只能出现在私家地盘、企业停车场、工厂大院、体育运动场所等地方。但有几十家电动自行车中小企业为这一"灰色市场"生产越来越多的低速电动车。从法律上看,这些企业处于"灰色区域",但它们在尝试的过程中掌握了电动车的生产技术。有意思的是,政府虽然对这些企业的产量进行统计和分析,对其产品进行公开研究,但并不制止生产,只有个别省份对某些产品下了禁令。[1]

在这一背景下,2017 年,大型汽车公司(同时也是电动车的大型生产厂家)联合呼吁政府限制低速电动车的生产,因为这类电动车不仅是"非法"的,而且其生产厂家窃取了大公司的不少专利。但是政府拒绝了汽车工业界的这一要求,这个决定在中国引起广泛关注。在中央政府看来,中国内部对电动专利知识的"模仿"只是专利所有者和专利使用者之间关于许可证价格的谈判问题,而且"信息必须流通"。这样一来,专利的绝对保护和大公司对知识的垄断就不能成为一个选项。

我们如果回顾一下过去 20 年德国政府的汽车工业政策(关键词应该是"尾气丑闻")[2]并将其与中国的政策作比较,就不难发现两者的天壤之别:一边是管控"市场"的体制灵活

---

[1] 详见代栓平、LIU G.《新产品的出现与灵活生产创新畅想:以中国山东省低速电动车工业为例》,在欧洲演化政治经济学学会的报告,2017 年,布达佩斯。

[2] "尾气丑闻",即德国汽车"排放门"。2015 年媒体披露,德国大众汽车公司在总裁文德恩知情的情况下曾花费巨资进行一次软件升级,掩盖汽车在行驶中氮氧化物排放升高的事实,德国戴姆勒集团也被揭露出有类似丑闻,引起轩然大波。2023 年 6 月,德国最高法院裁定,大众汽车和梅赛德斯 – 奔驰等汽车制造商有义务向"排放门"事件受害车主给予赔偿,具体赔偿标准为车主购买价格的 5%—15%。——译注

而富有创新,另一边只存在权力、垄断、卡特尔化和僵化。

在此期间,中国中央政府开始对低速电动车产业进行评估并为这种新型交通工具制定标准。很多中小企业及其产品被合法化,不达标的工厂则被关闭。2019年,低速电动车开始活跃于中国的大街小巷,并使私人交通工具变得更加灵活和环保,因为它们取代了大型轿车。

我们从上述例子中可以看出中国"灵活工业政策"的几个要素:

1. 中小企业和新建经营主体可以灵活研制,必要时使用大公司的高级技术;

2. 中小企业和新建经营主体确定新的目标市场时,地方政府采取支持态度;

3. 大公司与中小企业和新建经营主体之间实行信息公开流通和"开放式创新";

4. 中央政府首先对新产品在日常生活中的使用价值进行大数据分析,然后才在一定时间内进行灵活调控,即首先是"去调控",然后才是"调控"。

工业政策、创新政策和环境政策的一体化

汽车工业的例子说明,中国的工业政策不仅与创新和技术研发紧密挂钩,同时也是积极的环境政策(不管是出于主观意愿,还是因为客观需要),并且正在积极实施。中国计划从2050年,也就是极富象征意义的那一年(因为2049年是中华人民共和国成立100周年)开始,在全国禁止使用内燃机,在此之前,将大幅提高电动车的生产和进口(如到2025年,所有进口车必须是电动车)。

蓝色车牌的占比将在中国继续迅速减少。

这一趋势给德国汽车工业带来了压力。因此，毫不奇怪，德国汽车公司纷纷直接在中国开设生产电动车的工厂，因为相比德国现有工厂改造成电动车厂的时间和费用，在中国建新厂要划算得多。[1]

最后，环境的发展，要求中国汽车研究界不能满足于当今电动车技术，因此他们正在研究无电池电动车方案，包括使用感应电流的太阳能高速路[2]、氢技术（燃料电池）[3]和其他技术（如越来越智能的公路）。

从德国博世总部和中国博世分部的不同经历，我们可以发现德中两国电动车行业发展模式的根本区别。德国汽车公司的规划缺少国家的支持。由于国家的基础设施落后，企业必须将电动车变成移动的超级电脑，要让智能的、今后可能是无人驾驶的汽车行驶在19世纪的公路上（由于汽车企业各自为政，可能形成好几套不同的体系）；而在中国，基础设施本身成为智能的载体，电动车可以打造成"苗条的"自动设备，而不必变成昂贵的、行走的"电脑堡垒"。[4]

博世公司说，它在中国拥有6万名雇员，他们取得了在西

---

[1] 在部分领域，比如汽车电池，德国已经依赖中国的技术。有关中国在德国兴建一家欧洲电池厂的议论证明了这一点（参见 F. Hubik 和 M. Fasse 的文章《继宝马之后，戴姆勒也考虑购买中国宁德时代的电池》，原载《商报》，2018年7月3日）。全世界80%的电动车电池在东亚生产，从中可见中国拥有技术优势。

[2] 参阅《智能太阳能高速路》，2018年5月26日发表，见 genzsch.wordpress.com。

[3] 参阅《中国重视氢技术》，2019年2月6日发表，见 genzsch.wordpress.com。

[4] 参阅 Melchior Poppe 的文章《为什么中国人最晚在20年后不会再买轿车》，2019年12月19日发表；德国国际商会大中华区文章《四川盆地汽车行业的智能与联网的简短分析和战略纲领》（2018年由德国联邦环保部发表）。

方不可想象的技术领先成果。在这种情况下，我们就不难理解有关20年后可能没有一个中国人买轿车的美妙预言。到那时，中国新能源交通的技术和组织能力将空前发达，而燃油车最多只作为租车服务工具。我已经听到不少中国人说，他们准备逐步放弃现在使用的中高档内燃机大型轿车。

面对这样的前进速度，那些可爱的欧洲左派和绿党人士本应该兴奋得心跳加速。他们本应"学着向中国学习"才对。可是，他们却坚守着自己坚如磐石的政治少数派地位，安于现状，悠然自得。[1]

中国的工业政策以环保为导向，这与德国绿党截然不同。绿党为了提出一个政策草案会进行无休无止的争论，且不要说这个政策仅仅流于问题的表面。我们还是以汽车工业为例。在德国，柴油载重车一辆挨一辆地堵塞着高速路的右车道，绵延几百千米，而旁边的老旧铁轨上仅仅行驶着几辆空荡荡的货车。由于大型汽车企业的强大游说能力，德国政府近几十年来都不敢触碰这一问题。但中国是第一个认真解决柴油载重车引发环境灾难的国家。中国生态环境部毫不犹豫地让那些无法达到越来越严格的排放标准的柴油车禁行，而且它拥有足够的权力。[2] 在短短两年内，中国就让100多万辆使用陈旧柴油技术的载重车从公路上消失，[3] 同时实行更为严格的督查制度。

---

[1] 左翼政党和绿党在欧洲各国虽然存在了很多年，但没有成为主要执政党，至多以少数党的身份联合组阁。——译注

[2] 参阅《更严格的规定：中国拿载重车开刀》，原载《法兰克福汇报》，2019年1月6日。

[3] 同上。

中国只要宣布进行环境督查就会立即见诸行动：检查、禁行和惩罚。拯救环境立竿见影，而不像我们这里的绿党争论不休。其他领域也是如此，包括如何用电动货运列车取代柴油货轮，因为后者在海上造成大量污染。这些我将详细论述。

毫无疑问，像中国这样的国家（这样的体制）也有能力完成另一个与此相关的复杂任务，即将载重车运输转移到电动铁路上。这一类涉及生态的任务在德国也讨论了几十年之久但毫无进展，德国政客的口头禅是："这次我们又谈到了这个问题。这就很好。"

在中国，完成这些任务从短期看需要运营成本，但从中长期看换来的将是整体经济的发展和生活水平的提高，以及人民更富创新动力和创新活力。

反观新自由金融资本主义国家，寡头企业、金融和财富领域的富商以及社会上的亿万富翁都在推行金钱政治，在这样的体制下，越来越不可能展示中长期视野，也越来越不可能实现更广泛、更集中、顾及子孙后代利益的理性思考，因为这些人最感觉紧迫的问题不过是如何在最短时间里获取最高利润。在工业和生态领域要推动复杂的改革和结构调整项目越来越难，只要看一看柏林勃兰登堡机场、德铁、信息技术基础设施、学校、医院这些国内项目，还有德国的一些全球性项目（如完成二氧化碳减排目标的项目）就一清二楚了。过去40年里，德国新自由主义的政党集团让新自由主义在意识形态领域占据了统治地位，从而持续降低了国家职能，使国家越来越缺乏行动能力。政客们即使吵翻天，也只是为了保住自身的权力，在事关未来的重大复杂问题面前，他们一筹莫展，一事无成。

中国虽然是一个发展中国家，但它善于对大企业进行调控并将其纳入国家长期发展战略，这时候企业管理的理念都可能发生变化。还是以汽车工业为例。2019年初，被中国人收购的欧洲汽车公司沃尔沃单方面宣布一项看似冒险、实则具有生态革命性意义的措施：今后生产的汽车将全部限速180公里／小时。估计西方的汽车公司没有一个会跟得上。沃尔沃还在公司网页上说，将在2025年之前使纯电动车和混合动力车的销量达到总销量的一半，2040年，整个价值链将实现碳中和。《商报》一语道破了这一举措在企业政策、工业政策和环保政策上的核心意义："自从瑞典汽车厂家沃尔沃换了中国主人，似乎没有什么事情做不到。"[1]

信贷体系和金融体系：从国家银行到"众筹"，从国有企业到新建经营主体，从重新管控到去管控——贷款，风险投资，金融与国家发展的融合

我们已经论述，中国的金融体系在本质上对国际金融危机是具有抵御能力的。相比于2008年发生的上一场大规模金融危机（前面已经论及），今天中国的免疫力更强。中国基本上不欠美国主导的国际金融机构（国际货币基金组织和世界银行）或华尔街银行的债，其债主几乎全部是本国的国家银行，债务货币是本国货币即人民币。我们在前面已经提到企业、家庭、中央政府和地方政府的负债率。从投机技术角度讲，拥有

---

[1] D. Fockenbrock：《沃尔沃的限速令人深思，不过找到模仿者几乎不可能》，原载《商报》，2019年3月6日。

足足 3 万亿美元外汇储备的中国是不可能受到外部传染的。[1] 这一点，不仅我书里提到的金融经济学家（如迈克尔·哈德森、杰克·拉斯穆斯），就连一些央行成员以及国际货币基金组织的领导层也都认可。[2]

中国的银行系统本质上由央行、四家传统的大型国家综合银行和一系列较新的公共特殊银行（主要负责国际贸易、国际发展合作和"一带一路"这一新的全球性投资项目）组成。它们是国家发展战略的组成部分，同时必须服务于这一战略。这些银行无论对内还是对外，第一功能是公共投资与发展银行。以前，四大国家银行专门为大型国有企业服务，那个时代已经一去不复返，今天，四大银行早已变得更开放、更灵活，同时也有责任支持中小企业和新办企业。[3]

对大型国有企业来说，中国的银行扮演的是推动者的角色，帮助它们变成现代化的、具有竞争力的、在战略技术上不断前进的企业。这一点基本上取得了成功。[4] 这些企业早已不

---

[1] 参阅 2018 年 12 月 19 日发表的 Solvecon Forex 报告，第 13、14 页；2019 年 12 月 16 日发表的 Solvecon Forex 报告，第 12 页。

[2] Gerald Braunberger：《假如金融危机暴发：为什么中国比西方准备得更好》，原载《法兰克福汇报》，2019 年 1 月 26 日。Ali Kadri：《沙特宫廷政变，石油市场，中国与美国》，2017 年载于 *Real-world Economics Review* 第 82 期。

[3] Andrea S. Frank：《中国的众筹》（瑞士 Cham 出版，2019 年），是当前关于中国金融业发展的最详尽的专著之一，它研究中国金融业的正式任务，早期非正式任务，互联网时代新出现的众筹形式及其如何融入国家发展进程并为此接受相应调控，还研究金融业与大型信息技术企业及其平台的联系，研究金融业如何对新技术开发、基础设施建设和民营企业创业提供优惠支持。

[4] 1990 年以后，中国开始对小型的、战略意义不重要的国企进行出售（民营化），而对战略意义重要的较大国企进行现代化改造，（转下页）

再是像德铁那样被称为"工业恐龙"的庞然大物。德铁几十年来琢磨的不是如何改善服务，而是如何把自己打扮得让股市喜欢，如何将数百万欧元塞进前董事会成员和漫天要价的顾问们的腰包。而中国国有企业已成为各个战略产业的顶梁柱，无论在技术、基础设施还是综合战略层面，都给本行业注入强劲动力，推动其向前发展。[1]

这样，中国的企业，特别是中小企业和创业者扩大投资的贷款需求得到了尽可能的保障。西方搞的"自由金融市场"，主要是围绕自己转，为自身生存和致富着想，甚至不惜损害实体经济和世界上其他国家的利益。中国的公共金融体系以服务国家发展目标为己任，在没有引进"自由金融市场"的情况下，也保障了企业得到贷款。这个体系目标明确，目光长远，富有"集体理性"，因而促成了大众创业热潮[2]，成千上万的新建企业对改善工业结构、推动科技创新（后面还有论述）具有实质意义。[3]

这个例子及我所提到的其他例子表明，中国似乎也能够实

（接上页）提高其效益。参阅张帆《中国的制度变迁：政府与市场》，2018年由E.Elgar出版社在英国Cheltenham、美国马萨诸塞州Northampton出版，第106页及以后诸页。

[1] 参阅Marcel Kunzmann《社会主义在中国的理论、体系与实践》，2018年第2版第66页及以后诸页。

[2] F. Schmid：《全球资本主义背景下的中国》，2017年出版，第45页；Canfei HE、Jiangyong LU、Haifeng QIAN：《企业家精神在中国》，原载 Small Business Economics 2019年第52期，第563—572页。

[3] Doris Fischer：《中国工业的创新模式——中国的企业家精神》，摘自《中国在全球知识经济当中的创新战略》（Springer Gabler出版社在威斯巴登出版，2017年，第179—204页）；Y. Lai、N.S.Vonortas：《中国的区域性企业家生态体系》，原载 Industrial and Corporate Change 2019年第4期（总第28期），第875—897页。

行一种更好的"市场经济"。世界上市值超过 10 亿美元的创业企业中，有 1/3 在中国，[1] 而德国的创业活力正在萎缩。中国的例子告诉我们，大众创业要想成功，借贷和资本领域必须为国家负责，接受统筹协调，服务实体经济，为创业者提供足够的社会和金融保障。

同时，扩大投资信贷，也能够确保企业获得较高的盈利能力。[2]

1978 年开始的改革开放初期，经济飞速增长，体制发生颠覆性变化，一部分人的收入获得了前所未有的提高，国家银行体系却仍然仅仅聚焦于国有企业。由于民营公司和民营商店的筹资需求迅速扩大，又由于中国长期存在的家族文化和村镇合作社关系网的影响，形成了一个规模巨大的、非正式的网络借贷（P2P）领域。由于钱财极速汇聚，这种独立于银行的借贷业务很快达到相当规模；又由于当时中国的利率较高，私人借贷为改革后的首批暴发户提供了绝佳的投资及避税机会。但是最近几年，中国加强了对这种非正式私人借贷方式的管控，避免了这一趋势的加剧。

鉴于金融服务的网络化以及 2012 年以来网上金融业务的爆炸性发展[3]，国家监管显得十分必要。今天，从大规模集资到借贷、从金融投资到金融投机，网上服务应有尽有，其中也包括不透明的、具有内在破坏性的投机操作。这种大规模的

---

[1] 参阅 Solvecon Forex 报告，2019 年 4 月 8 日发表，第 3 页。
[2] 符通：《缺少有效经济机制情况下，什么能够决定企业获得信贷：以中国为例》，2017 年出版。
[3] 徐建国：《中国的网络金融：批评性回顾》，原载《中国与世界经济》2017 年第 4 期（总第 25 期），第 78—92 页。

非正式金融投资虽然促进了不少家庭融入社会并且有利于很多家庭的金融扫盲，但早期小规模"众筹"和基于家族和个人关系发放 P2P 贷款的透明度已经荡然无存。随着利息的逐渐下滑，家庭对借贷的风险意识也有所降低，为防范生活不测而进行储蓄的规模在缩小。[1] 最后，非正式金融领域产生了不受控制的转账、堆积如山的贷款和贷款担保以及各种衍生品，激发了民间投资狂热，逐渐成为危及整体经济稳定的因素。2015年，小额贷款领域终于暴发一场不小的危机，导致很多投资百姓损失惨重。[2]

在这之后，中国为这一金融板块制定了明确的规则和标准，确认 6000 个 P2P 平台中的 1800 个符合标准，正式发放许可证。[3]

由此可见，中国政府在采取稳定和监管措施的时候并非一禁了之，前述电动车政策就是很好的例子，灵活的管控哲学同样适用于金融领域。

中国只在极个别的情况下发布禁令，但是一旦发布就迅速而坚决执行。比如，中国及早禁止了比特币等投机性极大、价格起伏极大的加密货币的交易，也因此成为最早发布此类禁令的国家之一。打击对象是以边远城市鄂尔多斯为中心的比特币开采地区，即所谓"西部蛮荒"地区。中国一些边远地区和城市特别是毗邻沙漠的鄂尔多斯，由于拥有现成的技术、容易掌

---

[1] 柴时军等：《中华人民共和国的社交网络与非正式金融活动》，发表于《ADBI 工作档案》2018 年第 802 期，见 www.adb.org。
[2] 徐建国：《中国的网络金融：批评性回顾》，原载《中国与世界经济》2017 年第 4 期（总第 25 期），第 78—92 页。
[3] 《中国日报》，2018 年 7 月 11 日第 14 版。

握廉价的计算能力以及电费便宜，很快成为国际加密货币的中心。[1] 鄂尔多斯市电费莫名其妙地暴涨，才使那些遗弃厂房里热火朝天的开采活动暴露于光天化日之下，并进而挖出连接数百台计算机的开采中心。尽管一再有报道说，中国在比特币开采中的计算效率占比仍然很高甚至仍在上升，[2] 不过，业界对此没有任何证据。

2019年中国禁止加密货币开采和使用的另一个原因是耗电量，因为人们越来越广泛地使用区块链，比特币的个人运用和分散运用加速，从而导致耗电量成倍增长。不过这并不意味着中国央行和其他银行没有像其他国家那样，紧锣密鼓地利用更具持续性、更安全的区块链技术，研制自己的电子货币。

非正规金融行业里总业务额达到大约100亿美元的影子银行也是部分被禁止、部分得到合法化。[3] 这样，非正规金融行业总体来说被保留下来，但得到了透明的监管，同时与正规金融体系相结合，提高了效率。[4]

不过，以网络为基础的民营金融板块越来越集中地掌握在几家大型民营信息技术企业手中，比如阿里巴巴、腾讯和百度等。它们几乎无所不能，既为家庭及企业的各种贷款提供更有效的平台和条件，也把这些平台、条件与支付系统和其他线上工具、实用软件有效结合起来，利用最先进的手机硬件和软件，

---

[1] 参阅 Garrick Hileman 和 Michael Rauchs 合著的《全球加密货币测试研究》，剑桥可替代金融研究中心，2017年英国剑桥出版。
[2] 参阅《中国控制着全球2/3的比特币网络》，原载《德国经济新闻》，2019年12月15日。
[3] Stephen Engle：《打击百亿美元影子银行是一条漫长的道路》，彭博新闻，2018年5月29日。
[4] 柴时军等：《中华人民共和国的社交网络与非正式金融活动》。

打造了网上支付基础设施。当然，这些企业也受到严格监管。

近年来，手机支付在中国成为主要的支付方式。至少在城市，现金已很少见到，信用卡也已过时，支付宝和微信支付的总额超过了全球信用卡公司的营业额。蚂蚁金服的支付宝金融软件有效地为中小企业和家庭提供金融服务，目前被数亿家庭使用。至于对相关大数据的分析有助于防止金融泡沫或危机的形成，是不言自明的。我们可以明确地得出结论："各种对中国金融危机的预言迄今都没有成真。"[1]

总而言之，中国加强了对整体金融体系的监管和融合，使其在很多方面都达到了高效率，这不仅体现在贷款、支付和信息技术基础设施方面，还包括国家银行、专业银行、信息技术公司和P2P网络提供的风险资本。短短几年内，中国的风险资本已经与美国持平[2]，并将在不久的将来超过美国。

过去几年里，中国金融领域对外国银行和保险公司出人意料地大幅度开放（此前外国金融资本在中国占比不到2%，其中也有对中国不感兴趣的因素[3]），这表明，在全面调整机构和加强管控的框架下，采取某些去管控措施也是完全可以做到的。[4]

过去，中国金融体系的监管任务分别由央行（中国人民银行）和3个针对银行业、保险业及证券业的不同监管机构来完成。中国共产党第十九次全国代表大会2017年10月召开前夕和召开期间，金融体系的监管得到全面改革，重点是由国务院

---

[1] 参阅 Solvecon Forex 报告，2019年12月16日发表，第12页。
[2] 2012年至2017年的风险资本情况可参阅《施泰因加特晨间简讯》，2019年5月16日，第6页及以后诸页。
[3] 2017年11月20日的《商报》写道："……外国银行没有淘金的热情……中国金融领域几乎无钱可赚。"
[4] 张帆：《中国的制度变迁：政府与市场》，2018年出版，第227页。

直接、集中监管，具体由央行执行。[1] 为此成立了新的金融监管协调机构——国务院金融稳定发展委员会。[2] 在外部观察家看来，这一变革使中央政府和央行能够相对自主地采取行动，而"不会被银行家和其他游说团体牵制"。[3]

在此基础上，人民币的外部价值和国际地位也将上升。这里的基本规则是：中国在世界经济总量中占比越高，人民币在国际货币组合（包括计算国际经济比重的货币篮子）中的地位也就越高。不过这只是理论，在现实当中，美国成功地阻止了美元之外任何一种货币的崛起，在国际贸易和国际金融交易中，美元仍然占据主导地位。按理说，应当按照各国国内生产总值在世界总量中的占比重新确定各主要货币在篮子中的地位。中国在世界经济总量中占比早已超过20%，但人民币在2016年9月才正式加入国际货币基金组织的货币篮子，比例也只有5%。[4]

---

[1] 张帆：《中国的制度变迁：政府与市场》，2018年出版，第217页。
[2] 参阅 F. Bensch《中国的货币银行计划加强金融监管》，2017年7月19日路透社报道；德国《商报》报道：《中国显然要强化监管》，2017年10月28日。——作者注
这一机构设置已有变化。中国国务院金融稳定发展委员会于2017年7月设立，2023年9月24日，根据《党和国家机构改革方案》，不再保留国务院金融稳定发展委员会及其办公室，将国务院金融稳定发展委员会办公室职责划入中央金融委员会办公室，将设在中国人民银行的国务院金融稳定发展委员会办公室秘书局，划入中央金融委员会办公室。——译注
[3] 参阅杰克·拉斯穆斯（Jack Rasmus）《特朗普似曾经历的对华贸易战错觉》，原载《世界政治经济学评论》2018年第3期（总第9期）。
[4] 原文如此。但据《人民日报》2016年10月2日报道，人民币当年10月1日正式加入国际货币基金组织的特别提款权（SDR）货币篮子，并且人民币权重为10.92%。2022年5月11日，国际货币基金组织执董会完成了5年一次的特别提款权定值审查，决定将人民币权重提升至12.28%。——译注

尽管如此，人民币有望因此成为国际储备货币之一，其重要性得到提升。

"一带一路"扮演着同样重要的角色，项目的投资以人民币结算，有助于提升人民币的地位和价值。如此，人民币有望在不久的将来成为银行交易与外汇储备的第二大货币（排在美元之后，欧元之前）。

事实上，越来越多的国际贸易不再以美元，而是以欧元和人民币结算。很多央行增加黄金储备并从美国取走自己的黄金储备也是一个明确信号。[1]

2006年伊拉克总统萨达姆·侯赛因可能正是为此付出了生命代价，因为他打算在出口石油时不再以美元而是以欧元结算（可能还没想到用人民币），现在疏远美元却成了一种国际趋势。萨达姆的想法只是有点超前罢了。

2014年，伦敦金融城开始人民币交易，至2019年初，每天的交易额接近800亿英镑，相比2018年初就增长了30%。与此相关联的是，中国企业在英国的投资已经接近500亿欧元，是对德投资的两倍以上，中国在德国的投资则呈下降趋势。[2]

美国和欧盟一再指责中国人为压低人民币汇率。2008年金融危机期间中国推出的包括货币政策和财政政策在内的庞大经济刺激计划，以及2012年和2014年的两次类似行动可能确实使人民币的价值有所降低，不过与此同时，中国人民银行通过一系列购买行动使人民币的汇率保持在一个相对较高的水

---

[1] 参阅 Solvecon Forex 报告，2019年12月16日发表，第3页。
[2] Jörg Kronauer：《伦敦与中国的交易》，原载《青年世界报》，2019年11月8日第3版。

平,[1] 只是在这一次美国发动的经济、金融、货币和技术战中，中国才让人民币明显贬值，以支撑出口，并作为对美国贸易战的回应。

2019 年底两国恢复谨慎接触，但没有给汇率带来什么变化，而 2020 年新冠疫情造成的经济损失肯定将促使中国继续把积极的货币政策作为刺激经济发展一揽子计划的组成部分。

技术和创新

我们已经看到了什么

我们已经多次谈到中国的创新活力带来技术上的重大进步，例如中国在量子技术和量子计算机、军事防御技术上飞行速度的领先以及电动车、新能源驱动技术和智能基础设施、支付系统等领域具备优势。[2] 美军前工程师、独立博客作者弗雷德·里德（Fred Reed）对此做出了令人吃惊的描述。他谈及中国太阳能驱动的飞机可以在 20 公里的高空飞行，并在空中逗留数月，中国的高铁（比飞机和远洋轮船更为环保）将在欧洲与亚洲的陆路交通中扮演核心角色，中国对太阳能领域大量投资，目的是缓解对石油的依赖，特别是减轻对石油通过波斯湾以及容易受到美国海军封锁的海运通道的依赖。[3]

学者们以太阳能为例对中国的国家创新体系做了深入研

---

[1] 详见杰克·拉斯穆斯《特朗普似曾经历的对华贸易战错觉》，2018 年发表。
[2] Larry Romanoff：《中国发明史：现状与未来》，2019 年 10 月 24 日发表，见 www.globalreserch.ca。
[3] Fred Reed：《中国技术：有趣的点点滴滴》，2019 年 6 月 29 日发表，见 www.unz.com。

究。[1] 这些研究再次确认了人们对中国创新体系的典型特点的普遍认知，比如，政府规划和市场活力共同发挥作用（国家与市场各尽其能）、地方协作攻关与参与国际竞争统筹兼顾、国家研发投资和地方经济促进协调配套。[2]

中国政府对民间层出不穷的创新活动发挥引导、促进和协调作用，这样才有了延续几十年的赶超进程，这在人类近代史上是独一无二的。[3]

也有学者根据公布的专利统计数据对中国创新活力进行分析。2014年，按照申报的专利数量，中国已成为世界第一创新大国，并且遥遥领先其他各国。今天，中国的专利申请数量占全世界的一半以上。[4]

这样的腾飞与中国21世纪头十年中期开始重视知识产权不无关系。[5] 当然，我们前面提到，保护专利并不排除在缴纳许可证费用的前提下对发明的集体再利用，中国对专利和知识

---

[1] Mahmood Shubbak：《生产与创新的技术体系——以中国光伏技术为例》，原载 *Research Policy* 2019年第4期（总第48期），第993—1015页。亦参阅同一位作者所著《突飞猛进：技术发展与新兴经济体》，2018年于不来梅出版。

[2] 同上。

[3] 参阅 Juan R. Perilla Jimenez《关于技术、经济增长与经济追赶的主流辩证观点》，原载《演化经济学杂志》2019年第3期（总第29期），第823—852页；赵延东、廖苗合著《中国关于负责任创新的观点》，2019年出版，第426—440页。

[4] 2014年，中国的专利申请量超过80万件，美国是28.5万件。参阅G. Jenner的文章《全球置于中国的权杖之下？》，2019年1月29日发表，见www.gerojenner.com。

[5] HU Albert G.、Gary H. Jefferson：《专利的万里长城：中国近期专利爆炸的原因》，原载《发展经济学杂志》2009年第90期，第57—68页。

产权的保护远不像美国那样严格。[1]世界知识产权组织公布的多年数据表明，2009年和2010年间，中国的专利申请量首次超过美国，2017年，中国发明专利申请量为140万件（美国整整60万件，欧洲不到40万件）。[2] [3]

"惊人的速度"

美军前工程师、专注技术内容的博客作者弗雷德·里德写道："引起我注意的是，中国创新进程的第一个特点是惊人的速度；第二个是数量，而且似乎是有针对性地要超过美国；第三个是精心挑选的焦点领域。这看上去是个很聪明的模式。而美国只是为其特殊利益去争夺利润。北京在为中国的福祉而努力，快速增强其技术工业实力；华盛顿则发了疯似的为武器投入巨资。美国正在试图用军事手段解决贸易问题。"[4]

---

[1] Larry Romanoff:《中国发明史：现状与未来》，2019年10月24日发表，见www.globalresearch.ca。

[2] 参阅Solvecon Forex报告，2019年5月23日发表，第3页。

[3] 作者可能有不同的资料来源。据《国家知识产权局公布2017年主要工作统计数据》(www.gov.cn/xinwen/2018-01/19/content_5258337.htm)，"2017年，我国发明专利申请量为138.2万件，同比增长14.2%"，接近作者所说的140万件。《光明日报》报道当年美国申请量为60万件，中国超过美国成为世界第一。但2009年和2010年的数据却不如作者那样乐观：《人民日报》2010年5月28日报道，2009年，中国以全年7946件的申请数量成为国际专利申请第五大来源国；该报2011年2月11日报道说，中国的国际专利申请量由2009年的7900件增加到2010年的12339件，总数位列美国（44855件）、日本（32156件）和德国（17171件）之后，跃居第四。——译注

[4] Fred Reed:《中国技术：有趣的点点滴滴》，德译版见einarschlereth.blogspot.com。

中国的人工智能：大数据、大分析和大治理

人工智能现在被普遍视为今后数十年的核心技术。它是一项交叉技术，对科学研究、工业生产及远程监测、诊断和控制（即物联网）都具有核心意义。人工智能的基础是对我们难以想象的大量数据（即大数据）进行处理和自动分析、模拟和诊断，采用的是新式和非分析的数学统计方法（机器学习）。这类方法与人类大脑专有的复杂过程和能力（包括对感知和记忆重要程度的筛选、模式识别、交互适应等）十分接近，同时弥补了人类大脑在对大量数据进行逻辑分析和统计分析时表现出的特有弱点。[1]

这些技术的实际影响和可能的应用领域还不十分清晰，但是"自从工业革命以来，西方可能第一次在一项全球核心技术上失去领先地位"[2]。

如前所述，公共教育开支、新建经营主体及其资金和借贷的适当配备是一个国家未来创新能力的核心要素。其实不仅是国家，一个地区、一个行业、一种工业、一项核心技术也是如此。具体到人工智能，2017年，中国为创新企业的投入高达73亿美元，接近世界其他国家的总和（美国58亿美元，世界其他国家20亿美元）。[3] [4] 2016年，中国与人工智能相

---

[1] Baban Hasnat：《大数据：机会与挑战的制度视角》，原载《经济问题杂志》2018年第2期（总第52期），第580—588页。

[2] 参阅《施泰因加特晨间简讯》，2019年4月9日。

[3] 参阅《施泰因加特晨间简讯》，2019年4月9日。请注意，欧盟曾在《里斯本条约》（2000年签订）中信誓旦旦地宣布，将把欧盟变为"世界上最有活力、以技术为基础的经济区"，而今天，一家重要科技公司的老板在谈到德国人工智能时说："我们德国不过是一座活着的博物馆。"

[4] 要把这个数字换算成人均数字并不合适，因为这些知识无论（转下页）

关的研究项目将近 600 个，美国约 400 个（2013 年：美国约 50 个，中国约 30 个）。德国的相关科研项目还远不到 100 个（2016 年），被甩在后面。[1]

这样看来，德国企业家在对比德国和中国的体制时首先提到人工智能就不足为奇了。德国经济东方委员会前主席沃尔夫冈·毕歇勒（Wolfgang Büchele）写道：当今中国是与德国"平起平坐"的工业和技术伙伴，原因之一是中国花费数十亿资金推进人工智能国家研究计划；另一个重要原因是中国企业得到的"独一无二的资助"，[2] 此外还有中国"巨大的数据宝藏"和"一大批高水平的科学家"。[3]

说到大数据，中国召开的几乎每一次会议都有数十位来自各大研究所的科学家出席，他们公开、放松、透明地报告自己如何对大数据进行国内和国际联网的分析，目的是协调日常生活，包括交通规划、超大城市管理，为数十万辆共享电动自行车确定最佳停车位，优化计程车的行驶路线，帮助一个城市里每天数百万消费者确定出行路径和作出购物决定等。

中国也利用大数据和大分析对其生产活动进行预测，比如，利用太空对地表拍摄的实时照片。[4]

（接上页）是否申报专利，都大量运用于各个重要经济领域从而成为公开产品，而中国尽管在制造业方面已不再是发展中国家，但还有一半以上人口的知识和科学水平亟须提高。

[1] 参阅《施泰因加特晨间简讯》，2019 年 4 月 9 日。
[2] Wolfgang Büchele：《我们不必惧怕中国》，见 www.linkedin.com。
[3] 同上。
[4] Wolfgang Büchele：《我们不必惧怕中国》，见 www.linkedin.com，第 584—585 页。

西方媒体一提到中国的大数据，马上会条件反射般联想到监控和专制，但是如果你观察中国复杂的现实状况，就会觉得这种认识实在是肤浅至极。如果没有每天基于人工智能和大数据对上百万人的行动流进行分析和整体调节（用现代德语，就叫"治理"），中国的超大城市将如同其他第三世界国家一样陷入噩梦般的瘫痪。因此，这种分析和调节是超大城市管理不可或缺的组成部分。[1] 本书后面还将细述。

"治理"并不意味着对每个个体的监控（这在现实中也是不可能的），而是建立调控和管理的体系，制定系统的框架条件，使各个行为主体能够灵活地并在某种程度上自由地做出反应。治理的目的是在一个单元（可以是国家、乡镇，也可以是民间或公共组织）内确定激发持续活力的一体化框架条件和结构。[2] 北美和欧洲的智能城市今天也已经将大量的调控因素用于交通管理等领域。

居然有人声称"中国没有创新能力"

中国已经从一个中低收入的新兴经济体发展成为技术领先的国家（中等收入水平对技术创新的撬动作用独一无二）。让我们举几个中国在西方全面技术封锁的情况下仍然在研发和应用方面赢得领先地位的领域。有的前面已经提到，这里只说一些关键词：电动车和其他驱动技术、太阳能技术、量子技术和超级计算机、高铁和磁悬浮技术、大脑—机器—控制

---

[1] Hasnat：《大数据：机会与挑战的制度视角》，2018年出版。
[2] 参阅维基百科对"治理"的定义。

系统、超音速导弹技术、信息通信技术（5G 和 6G）、生物电池、人工智能芯片技术、医学和基因研究、核研究和粒子加速器技术、太空研究和射电望远镜技术、材料研究、3D 打印房屋……[1] 但是，西方官方媒体给老百姓传达的却是一个完全不同的、充满敌意的中国人的形象：中国教育体制培养出来的是顺从、模仿、只会考试但缺少创造力的国民。惠普公司前总裁卡莉·费奥里娜（Carly Fiorina）曾在 2015 年说中国人不会创新："他们点子不多，没有创业天赋。他们不会创新。"[2] 麦肯锡公司在 2015 年也鹦鹉学舌：中国人只会做"简单"的创新，只能把产品搞得便宜些，并做些许改善；在科学和工程技术领域，他们很少取得突破。[3] 一位评论员就此写道："这个结论完全是无稽之谈。原因很多，我在这里不能逐一阐述。"[4] 让西方民众生活在这样一个梦幻的世界里，这种企图从长远看是不可能成功的。

学习了解中国和我们自己：中国的公共未来投资与德国对"黑零"的痴迷

我们已经论及中国取得上述成就的工业、科学和金融政策

---

[1] 详见 Larry Romanoff《中国发明史：现状与未来》，2019 年 10 月 24 日发表，见 www.globalreserch.ca。
[2] Tom Huddleston：《费奥里娜说：中国人不会创新》，2015 年 5 月 26 日发表，见 time.com。
[3] Eva Dou：《中国创新：调查显示，现在进入艰难阶段》，原载《华尔街日报》，2015 年 10 月 22 日。
[4] Larry Romanoff：《中国发明史：现状与未来》，2019 年 10 月 24 日发表，见 www.globalreserch.ca。

的背景，现在我们再把高速发展政策的要素做一个概括：

——国家在教育和科研领域对交叉领域和交叉技术的高额投资；

——分析和定义长期目标市场；

——推进产业价值链各参与方的协调、组织与合作，让它们联网；

——将地方中小企业纳入国际价值链；

——资助新兴经营主体和年轻中小企业的创新企业家，将他们纳入价值链；

——保障新兴经营主体和中小企业的融资条件（股权资本、信贷），提供足够的风险资金；

——通过国有银行帮助重要领域的大型国企实现现代化并进行战略性投资；

——将大型民企纳入国家发展目标；

——通过直接公共投资和责成大型企业参与基础设施投资，保障基础设施硬件与软件的完善；[1] [2]

——将国家发展重点目标置于大公司的狭隘和短期利益之前，国家要独立于大型企业的游说（或称"权力寻租"）之外；

——建立反腐监督体系；

——为了观察、预测和调控行业发展，进行大数据收集和

---

[1] 再以人工智能为例：信息技术头部企业阿里巴巴为此准备的预算为160亿欧元，天津市一个城市的投入接近130亿欧元；目前中国有70多所大学设有人工智能专业。参阅 Jörg Kronauer 的文章《(德国)毫无计划地走向未来》，原载《青年世界报》，2019年3月19日。

[2] 基础设施除交通、能源等公共设施属于"硬件"外，还包括相关法律法规和治理能力等"软件"。——译注

分析；

——在去调控与调控的交叉运用和时间把握上力求灵活，对行业发展活力进行分析后再确定标准，让市场机制的灵活性和选择能力来适应调控和标准。

一位西方中国问题专家说得更直接："民营企业是为国家服务的，而不是相反。"[1]

我们还将在后面章节继续描绘这个工业、技术、创业、创新和金融政策的全景图。

与中国不同的是，在人工智能方面，德意志联邦共和国再次毫无章法，像一个醉汉一样跌跌撞撞地走向未来，读歪了"自由市场经济"的经，毁掉了子孙后代的幸福。保守的企业家、传统的经济研究机构和左派评论家都对政府持批评态度，尽管批评的原因各不相同。得过且过的柏林大联合政府到了2019年才勉强决定为这项21世纪的核心技术投入30亿欧元！而且这还不是为2019年一年，而是为2019年到2025年这个时间段准备的，真是不幸之至！财政部长还马上声明，直接投资只有5亿。而2019年的5000万又被暂时"冻结"起来了。[2]

如此抗拒未来，真令人瞠目结舌！德国经济危在旦夕，这只能说明，整整一代新自由主义政治卫道士和党阀只知道当一天和尚撞一天钟，对未来天真到毫无打算的地步。在过去几十年新自由主义日趋式微的过程中，他们只会把经济当作施瓦本

---

[1] 安德烈·弗尔切克：《西方为何固执地无视中国的成就》，2019年7月22日发表，见 linkezeitung.de。

[2] Jörg Kronauer：《（德国）毫无计划地走向未来》，原载《青年世界报》，2019年3月19日。

家庭主妇的收支簿，[1] 连经济是一个动态的循环系统、国家需要主动作为才能赢得未来都忘得一干二净。在这一代政治家的意识中，曾经帮助世界摆脱20世纪30年代经济危机的凯恩斯经济学的基本常识早已不复存在，他们把国家预算的"黑零"当神一样膜拜，而不愿为未来急需的投资多花一分钱，还急不可耐地把这种疯狂的想法写入了宪法。

面对本国政治家的无能，德国企业只好用脚投票，在人工智能领域寻求与美国和中国企业合作。大众正在与百度的子公司阿波罗联合研发无人驾驶汽车，奥迪则与华为联手。[2]

问题不是那些第三次世界大战的鼓吹者们如何口诛笔伐，随时准备好将中国一棍子打死，因此咆哮什么"他们不是市场经济！""他们不自由！""专制！""警察国家！""香港！""维吾尔人！""冠状病毒！"，不是这些官媒的预设口径和心理诱导，也不是什么意识形态，问题的核心是国民经济的未来。一些细心观察的德国保守企业家们与我们一样认为，政客们很想为大公司充当政治顾问，但根本不具备资格，反倒伤害了选民的利益。

不可否认，人工智能还有两个考察维度，一是社会和政治上的使用，二是滥用大数据和大分析来进行行为控制进而导致专制。我们随后会谈及当下中国在社会行为调控方面的实验。

上述两个因素也与信息技术产业密切相关，我们先从产业政策的角度来谈。

---

[1] 施瓦本位于德国西南部，当地人以勤俭节约著称。德国前总理默克尔曾自诩是施瓦本的家庭主妇。——译注
[2] Jörg Kronauer：《（德国）毫无计划地走向未来》，原载《青年世界报》，2019年3月19日。

理解中国并理解自己，以信息技术为例：该领域的特殊之处以及美中两国行业巨头日趋激烈的竞争

信息通信产业与人工智能技术及其产业密切相关，因为信息通信产业已经成为大数据的主要生产者，也因这种"先驱"地位而成为"大分析"的共同研发者和主要应用者。每个互联网用户都不可避免地会留下电子痕迹，这些痕迹会被储存和分析，因而每个用户都会留下用户画像，使用美国的谷歌、脸书和亚马逊时是这样，使用中国的阿里巴巴（支付宝）、百度和腾讯（微信）时也不例外。

像美国的"五姊妹"（谷歌、苹果、脸书、亚马逊和微软）与美国国家安全局和五角大楼联网并为其输送控制全世界的数据一样，中国的阿里巴巴、腾讯等公司与国家情报部门之间的信息流也一定是畅通无阻的。

美国经济学家巴班·哈斯纳特（Baban Hasnat）举例说明大数据和人工智能未来对社会的可能贡献：谷歌可在用户搜索和查询的数据基础上，借助人工智能分析，实时准确预测美国各地区的失业率。假如美国政府具有社会政治的行动能力和意愿，它完全能够基于预测做出相应准备，在失业率即将上升的地区采取预防措施。[1]

对此行业特殊性的必要考虑：信息技术工业的物质和非物质产品（硬件和软件）是围绕数字化微电子过程组织起来的，我们称之为网络技术。在新古典主义和新自由主义经济学的

---

[1] Baban Hasnat：《大数据：机会与挑战的制度视角》，2018年出版，第584—585页。

个人主义世界观里，占主导地位的是竞争性财富思维。据此，一种财富的拥有者越少，拥有者的利益就越大，因为这些占有者有权不让其他人消费该财富。而当今世界除了原本意义上的集体财富，还充斥着"合作性"财富，而这正是基于今天占主导地位的网络技术。在此逻辑下，财富使用者越多，就会有越多的人与自己联网并利用各自的装备进行沟通，财富对单个使用者的好处就越大。这一技术的学名是网络的"已安装基数"。

由于这些技术、财富和服务是"累积"的，因此它们具有网络效果。一项通信技术标准的使用范围越广，就越有可能最终成为全球性标准，并使该标准的创立者成为垄断企业。这家企业可能是行业的先驱，能及时战胜潜在的对手，实施自己的标准。它也可能一家独大，足以拒绝与竞争对手发生互操作性（微软的商业策略就是如此）。这从技术角度告诉我们，为什么我们生活在一个由几家垄断公司控制的世界，它们当中每一家的实力都比世界上多数国家的实力更强劲。[1]

在过去的工业化世界里，这类在全球市场份额中占比近90%的垄断局面（微软的操作系统一度达到这一比率）是不可想象的。在那个世界里，当一家钢铁厂在国内市场占比20%的时候，就会引起竞争监管机构的干预。现在，网络技术具有强大的累积规模增长效应，自由竞争和自由市场的理念早已丧失了基础。因此，西方在企图封锁中国的时候，也就拿不出"市场运转灵活"的方案，或者说拿不出所谓"自由市场

---

[1] 2020年，世界上100个最大的经济单位中，只有22个国家，剩下的78个是大企业。78家大企业的经济规模与世界上22个最大的国家旗鼓相当。

经济"的方案说服中国，这个"市场"正以前所未有的速度变成权力体制并进而成为为富人服务的分配机器。

其实世界上很少有绝对的垄断，微软即使在其最鼎盛的时代也没有成为全球绝对垄断企业。因为层出不穷的创新人才会利用"开源"的办法（比如Linux运动）来打破垄断，让他们的用户与垄断产品产生"互操作性"。同样地，大企业不断参与竞争，推出不同的竞争标准，并达到了足够的"已安装基数"，可以实现规模增长带来的规模经济效益。

由此看来，信息技术产业和网络技术的世界就是一个寡头体制内部充斥着异常激烈的标准战的世界，这些战争给失去管控的新自由主义的"市场经济"不断带来巨大的震荡。

现在我们不难明白，为什么崛起者和衰落者之间的体制之争往往表现为双方大公司（苹果、脸书、华为、中兴等）之间的技术战。

中国：针对行业特点的产业政策和利润的"社会化"

中国的决策者当然了解上述事实，因此在规划自身信息产业和技术的时候决不会相信西方自称拥有理想的"去管控化"市场那套天真的谎言。西方主导下的世界也早已揭穿了自身那些古老的神话，在西方，不论是年青一代还是想重新调控工业政策的传统势力，都不再相信这些神话。西方的教训告诉人们，在新自由主义的金融资本主义体制下，"自由的市场经济"在网络技术时代只会造就几个权力大于世界上大多数国家的工业金融巨头。

这些工业巨头依靠资本控制着经济、社会和政治，其视野却天生极为狭隘，也只拥有一种有限的个人主义的理性，即使是真正的权力阶层和精英阶层，也不可能培育出一种为子孙后代着想的集体理性。于是，在已经僵化的"自由市场经济"体制下产生的西方政府缺乏长远的社会和生态发展动力就不足为奇了，而七国集团这个全球性谈判机器在几十年的时间里也不过是制造了无关痛痒的媒体喧嚣。

中国的信息技术产业政策和结构政策选择了另外一条道路，其效果已经成为惊人的现实：如果在中国的酒店前台打听上网密码，会换来服务人员宽容的微笑。在中国已经不需要保护私有财产的 WLAN 专用密码，因为在他们使用的网络技术框架下，新增用户的费用趋近于零，不论有多少用户，也不论需要或产生多少流量。在中国的大城市，你永远处于上网状态，从公共领域、商业网点到私人空间，已经没有任何界限。

这一事实表明，中国移动通信在一切领域的覆盖范围都已远远超过德国，他们不像德国电信和邮政服务部门那样进行挑肥拣瘦的地域布局因而产生许多网络盲区（特别是在乡村地区）。

在全球销售节点，如西方的"黑色星期五"，或中国的"光棍节"，阿里巴巴、亚马逊以及其他公司都会组织活动，2017 年的"双十一"，中国 92% 的购物都是通过手机完成的。[1]

在中国的任何一座城市，手机用户都享受着包括充电器和

---

[1] 参阅《光棍节网上销售破纪录》，2017 年 11 月 11 日，见 www.handelsblatt.com。

充电线在内的密集的基础设施服务,电动车也可以在任何一座充电站充电。建设这些基础设施需要花费数十亿元的巨资,但主要由信息技术企业和汽车大企业承担,这是国家的规定。政府责成民营大企业拿出其利润的一部分用于大面积提供核心基础设施建设和服务。

与大企业的政治—经济"交易":必须为国家发展作出贡献!

所谓"政治—经济'交易'"指的是:允许信息技术的企业家拥有巨额财富(我们稍后还将谈到最近出现的为超级富豪收入封顶的趋势),但他们要拿出部分利润来为全面提供某些公共产品(如基础设施)作出贡献,比如,中国最偏远的村庄也必须拥有畅通的网络。我们也可以这样来表述:国家规定必须将部分利润用于社会服务。

马云,昔日的中学教师,阿里巴巴的创始人和所有者,不仅是最富有的中国人之一,世界上财富最多的人士之一,最有独创性、最富创意、最能干的信息技术企业家之一,而且也是中国这一社会政治交易的代表。他承认政治的主导地位并将自己的企业纳入国家发展战略,勇于为其辩护,并敢于在瑞士达沃斯的世界经济论坛上公开批评美国总统。[1]

人们经常读到报道说,马云是中共党员。外国人经常听中国同事说起他的一句名言,"要跟政府谈恋爱,但不要跟政府

---

[1] Werner Rügemer:《21世纪的资本家:金融新手崛起简明读本》,2018年出版,第278—279页。

结婚"。中国人也经常嘲笑他这句话。但这句话表明，中国最大、最富有的民营企业家也尊重或必须尊重政治的领导地位，不会成立一个政治上代表企业家的政党，并且会在与国家和执政党的批评性合作中制定企业的发展战略。当然，马云和其他许多有钱有势的企业家一样，也是中共组建的一个咨询委员会的成员。成立这样一个委员会的目的，是要在党和政府的层面与最大的民营企业一起协商国家发展战略，利用这些企业的国际经验，将其纳入国家发展进程，并使其抵御外国及其情报部门的诱惑。中国的民营企业家收入丰厚，可以自由从事国内和国际业务并得到财政和政策方面的支持，但要成立代表资本和资本主义的政党，政府当然不会允许。不过，在中国这样一个富有活力和实验性的经济体中，他们对自己组建政党的兴趣并不大。

这一局面使得中国现在没有、今后也不会成为特朗普脱钩战略的输家，尽管中国的高科技产业（特别是半导体工业）将在短期内受损。三五年之后，真正的输家将是美国，而非中国。美国与世界经济脱钩的战略就是一个混乱的战略。

2020年1月，美方着眼当年的美国大选，与中方达成了"第一阶段交易"[1]，但这只能恢复美国农场主在贸易战之前的

---

[1] 指中美两国2020年1月15日在华盛顿达成的第一阶段经贸协议。协议签署后，中国国务院副总理、中美全面经济对话中方牵头人刘鹤介绍，协议主要内容体现在三个方面：一是深化贸易领域双向合作，扩大双方在农产品、制成品、能源、服务业等领域的贸易规模，以更好地满足人们日益增长的美好生活需要。二是进一步放宽市场准入，包括扩大金融领域双向开放，为两国企业提供更多市场机遇。三是持续优化营商环境，双方承诺加大知识产权保护力度，鼓励基于自愿和市场条件的技术合作等，以更好地促进公平竞争，激发市场主体的创新与（转下页）

状况，使他们不至于大规模破产，却丝毫不能削弱中国对内提高科技生产力、对外优化其国际价值链的总体能力。表面上看是特朗普胜利了，并可将这一胜利在 2020 年秋天时作为资本向选民兜售，实际上却无损于中国的整体能力——[1]

1. 中国有 10 亿购买力强大的"忠诚"的消费者，因而国内经济稳定、购买力强劲。[2] 对中国本土企业来说，这意味着单位成本不断降低、经济效益提高，而这一优势是其他国家的企业望尘莫及的。

2. 中国在最短的时间内建立了难以比拟的数学、信息学等理工科的人才储备，这些学科的毕业生每年为 470 万名，而美国只有近 60 万名。[3] 也正是由于这一原因，中国在一系列技术领域已经独占鳌头。

3. 中国有能力在货币、信贷、税收、基础设施、外贸和注重内需的财政政策扶持下，实施广泛而高效、国家协调的工业政策。[4] 而为了应对华盛顿的科技战，中国仅在 2019 年就采取了总值 6000 多亿美元的货币和财政措施，并进一步开放经

（接上页）发展活力。同时，双方将建立双边评估和争端解决安排，及时有效解决经贸分歧。在关税退坡问题上，美方承诺取消部分对华产品加征关税，实现加征关税由升到降的转变。——译注

[1] 例如，世界银行前行长罗伯特·佐利克就持明显批评意见，可参阅 Simon Zeise《特朗普的平行世界》，原载《青年世界报》，2019 年 1 月 15 日；或参阅美国著名经济学家迪恩·贝克（Dean Baker）在一次接受采访中表达的观点《中国经济几乎没有受到影响》，原载《青年世界报》，2020 年 2 月 15 日。

[2] Finn Mayer-Kuckuk：《中国科技行业苦中有甜的时期》，该文对特朗普的科技战做了分析。2019 年 11 月 11 日发表，见 www.golem.de。

[3] 同上。

[4] 同上。

济、促进投资和外贸。[1]

美国一方面对中国搞技术封锁，另一方面利用技术优势讹诈中国，特朗普的如意算盘是，让中国在两国竞赛中处于弱势地位，一开始也的确如此。但是，假如有一个国家能够赢得这场不依赖美国技术的竞赛，那么这个国家必定是中国。因此，经济、银行、金融及信息技术领域的专家一致认为，短短几年之内，沉溺于商人世界的特朗普就会得到事与愿违的结果：他将使中国完全独立于美国，让中国的价值链从地理布局到企业结构都焕然一新。至于这个过程需要5年还是10年，专家们目前还看法不一。但事实是，2019年12月，也就是特朗普挑起特别针对华为的科技战仅仅一年之后，华为就推出了完全不用美国配件的手机[2]，由此人们认为，这个过程仅为5年甚至更短。一位银行家就此放心地评论说："美国企业的竞争优势将不会维持太久。"[3]

信息、谣言和情感……国家网络主权

假消息、大众心理、操纵舆论以及通过舆论影响选票和选举气氛——当今大型全球性媒体公司和娱乐公司的首要目的是煽动用户情感，唤醒沉睡于民众内心深处的最原始本能。特朗普赢得选战得益于大规模购买、利用脸书数据，并有意制造一个充斥虚假消息的世界。这里的关键词是"剑桥分析公

---

[1] 参阅 Solvecon Forex 报告，第12页，2019年12月16日发表。
[2] Denise Bergert：《第一部没有美国零部件的华为手机》，2019年12月5日发表，见 www.computerwoche.de。
[3] 参阅 Solvecon Forex 报告，第12页，2019年12月16日发表。

司"。[1] [2] 很遗憾，后来把责任一股脑地推给俄罗斯"坏蛋"，这是华盛顿民主党人的秘密。[3]

中国人对我们终生训练出来的、每天都在重复的下意识情感波动模式无动于衷（每个到过中国的外国人对此都有体会），因此，中国自然而然地就成为西方媒体和政治马戏团制造的所有愤怒和歇斯底里症的发泄对象，中国的信息技术业也自然而然地成为西方情绪化批评的靶子。

具体来说，大数据、大分析和大治理是否违背"个人自由"和"民主原则"，这是西方始终关心的问题。不过，这个问题本身就与形形色色的事实和现象复杂地交织在一起，而在高度情绪化的讨论中，客观分析各种关联基本是不可能的。于是，中国对待互联网、信息、"个人自由"和"民主"的做法就成为西方攻击中国发展道路的长期核心话题。

到中国旅行的人会发现，中国人对世界的了解往往比普通德国人多，大多数中国人对我们的了解也比我们对他们的了解更多，而且他们对我们比我们对他们更感兴趣。在国际学生

---

[1] Ingo Dachwitz、Tomas Rudl、Simon Rebiger：《我们所了解的脸书和剑桥分析公司丑闻》，2018年3月21日发表，见 netzpolitik.org。

[2] "剑桥分析公司"据称成立于2013年，是一家英国公司"战略通信实验室"的子公司，打着剑桥的名义是为了遮掩做假新闻的事实，据说子公司的名字还来自班农（后来成为特朗普的首席战略专家）。而特朗普选战获胜，一个重要原因是对8700多万脸书用户精准画像。——译注

[3] 在新一轮冷战中，俄罗斯人再次成为西方媒界和政界眼中的恶人。将特朗普的造假机器炒作成"俄罗斯门"，其虚假程度甚至超过了特朗普的手段。在媒体的超级喧嚣声中，特别调查员迄今拿不出实质性的证据来证明"俄罗斯门"的存在这一事实似乎被忽略不计了。不过，这样的伎俩是否能够欺骗西方世界之外的人们，很值得怀疑。着新衣的皇帝越来越暴露了。

评估项目（PISA）中，中国学生的地理成绩超过我们的学生，数学、阅读、语言及其他方面就更不用说了。这怎么可能呢？中国人不是连谷歌、脸书和维基百科都没有吗？他们对世界的了解不是被党和政府过滤过的东西吗？他们不是应该像被豢养的奴隶一样吗？

与谷歌相对应的是百度，它是世界上除谷歌之外使用最多的搜索引擎和网站之一。与谷歌一样，百度也是综合性的互联网服务公司。西方在社交媒体和互联网世界拥有的东西，中国都有对应体，例如，微博对推特，小红书对拼趣（Pinterest）、照片墙（Instagram），等等。中国平台的用户数量往往更大、功能更多，其互联互通互操作性也比西方更高。

假如你在中国一定要使用谷歌——因为有些网页百度对外国人可能打不开或者只显示中文搜索结果——那么你可以不费力气地绕道谷歌香港或下载翻墙软件，中国的年轻人都懂得这些技术，并很愿意帮助外国人。在做这一切的时候，他们平静且放松，而他们自己几乎只用百度，而不是谷歌、脸书及其他平台。也就是说，最终使他们放弃西方平台的不是中国的防火墙，而是他们没有多少兴趣。但是无论如何，拿东德时代偷听西方新闻来比较今天的中国，是完全不恰当的。

事实上，大多数中国人拥有自己的"网络主权"，并自信而淡定地享受它。我们还将谈及"信息""情感""意识形态""自由""民主"这些概念，以及中国人如何学会对社会和生态负责的行为方式。也许很多西方人无法想象，没有谷歌、脸书及其他平台，中国人怎么享受数字化生活？但是事实正好相反。西方人仍然觉得天降大运，认为他们所有的"自由"和

"民主"都与谷歌紧密相连，他们中的大多数对这个世界的想象力就限制在谷歌和美国国家安全局设定的范围，难道仔细思考一下不觉得违心吗？接下来我们还将在更多背景下谈到互联网在中国的意义和实践。

第六章　"天哪，国家财产！"财产、企业、共享经济：中国多样的财产和企业形式

企业后备军？中国大规模的"共享经济"

世界银行原首席经济学家和副行长（2008—2012年）、现任中国新结构经济学中心主任[1]的林毅夫将中国强化国民经济深层结构的战略称为"新结构经济学的开端"。[2]

这个开端主要包括国民经济层面的"与"与"取"，原则是，无论"与"还是"取"，都要有所管控、精心组织和透明开放。以大型信息技术企业为例，它们首先在公共网络基础设施的基础上建立成千上万家公司和数以亿计个人使用的平台和服务机制，无论西方还是中国都是如此。在这些平台上，制造汽车、飞机或轮船的大型企业之间可以进行"开放式创新"，其他行业则可以进行"B2B"、"B2C"或"C2C"的销售和交换活动。特殊行业和平台也可以利用网络基础设施和海量的电脑开展业务，比如提供房屋租赁的平台爱彼迎（Airbnb）或介绍客运服务的优步（Uber）就比较有名，在这里，普通家庭可以把自己的住宅或汽车与其他人分享。这就是"平台经

---

[1] 原文如此，实际应为"北京大学新结构经济学研究院院长"。——译注
[2] 林毅夫、王燕：《中国对发展合作的贡献：思想、机遇与资金》，发表于《中国与全球经济》，2017年。

济",亦称"共享经济"。

在特有的体制和文化背景下,平台经济(或称共享经济)在中国得到了更加全面的发展。与西方相比,中国商品与服务的"供给者"和"需求者"之间的转换性更便捷,供给者同时是需求者,消费者既是用户又是生产者(或至少参与产品的设计)。这使得供给的结构更为精细。以客运为例,除传统出租车外,中国还广泛使用优步系统(中国的优步名叫"滴滴",它收购了优步中国),还出现了私人共享体系(拼车)。

历史上,共享形式在某个区域的工业集中区内一直都是生产成功的因素,经典的例子是硅谷里面共享高质量的劳动力、知识、机器和生产能力。但在今天的中国,什么都可以"共享"。个人买车,可能唯一的目的是用来共享,不管是否自己开车。手续非常简单,只需注册一下,具体操作由当地的专业互联网平台及移动软件来完成。类似的共享也适用于土地、房屋、住处、信息技术硬件甚至教育领域(如共享教材和知识)。[1]

在某种程度上,欧洲和中国对待共享经济态度的差异可以用我们前面提到的中国经济政策上的实验主义来解释:中国人先行动,之后再制定规则和标准;欧洲人则首先定义规则(并动用律师以保障财产所有权),之后再考虑实施。[2] 中国的实验主义和对待财产问题的不同文化看来确实与我们不同。中国

---

[1] 参阅 LI Qiangzhi 在 2017 年"天津论坛"上的报告:《机构创新和共享经济的发展》,2017 年 7 月 8 日。——作者注。当年论坛的主题是"创新与合作:全球化时代的城市发展与区域治理"。——译注

[2] 参阅张新红在 2017 年"天津论坛"上的报告:《中国分享经济的现状与趋势》,2017 年 7 月 8 日。

关于联网与共享的不同理解也是那位中国博世高管断言20年后没有中国人再买汽车的原因之一。

共享经济有可能是实现习近平"中国特色"社会主义的途径之一吗？一个共享的世界——在德国，这样的概念似乎只来自神秘主义。而在中国，越来越普及的共享经济可能成为个体企业创新的基础，成为经济结构调整的基础，也就是说，这些结构一旦被标准化，就会带动服务性的新一轮创新，就像灵活工业政策下的新科技公司一样。可以肯定，"野蛮生产"几年之后，这一领域也会实行标准化、调控、融入社会，全面共享实验将完全融入国家发展进程。

我们由此看到一个从基层发起的社会化现象，即以社会关系（关系、单位等）为基础，为建设中国特色社会主义添砖加瓦。本书下篇还将探讨这个问题。无论如何，由于土地和财富的所有权和使用权以及企业的组织和法律形式都出现了丰富性，"中国特色"已经初露端倪。

中国的土地使用：模糊所有权之下的高效

在中国，土地原则上是集体所有，因此在法律层面上属于国家及各级政府（中央政府、省政府和地方政府）。个人不拥有土地和自然资源的所有权，农业用地是村里的财产。

个人和企业只能租用土地进行投资、城市建房或工业利用，租期一般在40—70年之间。农民的土地使用权一般为30年。

在西方主流的新古典主义和新自由主义经济学派看来，如果不能对土地尽量无限占有，经济就不能正常运转，在这种情况下，它或者转变为对土地和自然资源的绝对占有，或者将效率低下，甚至消亡。[1]

但是，中国的发展明显提供了反证。中国从 1911 年推翻帝制到成立中华人民共和国以后，尝试了各种所有权形式并存的模式：将土地分配给失地的农民，形成个人土地所有权，之后是集体化和人民公社、合作社和村集体，形成城市与国家的土地所有权。由于历史原因形成的这种"拼图"（众多国家机构和个人往往拥有非正式的所有权和使用权），被研究者往往视为谜团[2]甚至视为迷宫，引起了学术界的高度兴趣。[3]

1978 年开始的改革开放初期，中国开始进行家庭联产承包责任制的局部实验，给予农民自己或在合作社、村集体范围内销售农产品的权利。1981 年，这一政策推广至全国，成为乡镇企业并最终成为农村私有企业土地使用权的基础。这一实践并没有完全排除所有权的模糊性，土地仍然归集体所有，但使用权纳入一整套包括允许私人转让和对土地经营明确负责的激励机制之中。

无论如何，中国的多次土地改革使得土地分配——或者更确切地说叫"土地使用权分配"——变得相对平等。收入分配和政治权利分配也随之变得更为均衡，生产效率得以持续改

---

[1] 详见 Peter HO《保护自发发展：制度功能主义与中国财产权》，发表于 *Journal of Peasant Studies* 2013 年第 6 期（总第 40 期），第 1087—1118 页。
[2] 同上，并参阅 Paddy Ireland、Gaofeng MENG《后资本主义财产》，发表于《经济与社会》2017 年第 3—4 期（总第 46 期），第 369—397 页。
[3] 最近有关集体财产使用的研究文献证明，使用的经济效益的确取决于使用方式的具体特点，而"市场"中的个人所有权总体上不起作用。

善。[1] 由此看来，调动资源和提高国民经济效率的关键不是对所有权清晰、绝对甚至永恒的定义，而是使用权利和义务的分配。这其实是前人已经获得的经济学知识。[2]

随着最近几年，特别是 2017 年以来中国进一步实行改革开放、推进诚信中国以及法治国家建设，中国更加将个体安全以及简化土地（使用权的）流转纳入视野 [3]，据此，个人的使用权得到加强。不过，国家和集体对土地的所有权并没有发生动摇。

国营、民营或合作社，盈利或不盈利：中国企业形式的多样化

历史原因造成中国企业的形式格外多元，这一结构被有意保留下来，也被证明是中国国民经济、社会经济、创新经济以及体制的优势。[4] 众所周知，对复杂体系的研究表明，与单一体系相比，多元化的体系抗震能力更强。去管控的、高度集中和寡头控制的金融资本主义市场是典型的单一体系，在这一模式下，创新的中小企业和新兴经营主体早晚会陷入对庞大金融

---

[1] 刘群艺：《反思东亚的土地改革：平等还是不平等？》，原载《经济问题杂志》2018 年第 3 期（总第 52 期），第 694—716 页。

[2] 约翰·洛克斯·康芒斯（John R.Commons）：《制度经济学》，麦克米伦出版社首次出版，1934 年 2 卷本；1990 年由 Transaction Publishers 出版社再版。

[3] 参阅中国社科院张延龙《合同的兴起：中国农村土地所有权的制度解释》，2018 年。

[4] 张帆：《中国的机构演变——政府与市场的竞争》，2018 年出版，第 110 页及以后诸页。

工业体系的金融依赖，即使其公司和品牌有时得以保留。

在中国，除了传统的大型国有企业，大型民营企业也很活跃，其中一部分是已经私有化的昔日国有企业。除此之外，还有无数民营中小企业（其中许多曾是国有中小企业），难以数计的民营新兴经营主体以及很多合作社性质的生产单位，而且不只限于农业领域，还有地方性集体企业即乡镇企业。再有就是大批不营利的社会企业。这样的企业结构因为具有明显的地域特征看起来也很有生存能力。[1]

主流的新古典主义、新自由主义经济学预言，只有纯私营的、以营利为目的的企业才称得上"最有效益"的企业，也才能够在市场上立足并存活下来，那些没有效益的企业将自取灭亡。但中国的现实和它根据现实情况采用的实用主义击碎了那个由抽象意识形态构建的思维模式，这种意识形态还在用看似精确、实则简单化的数学模型来模仿19世纪早期的物理机制，企图证明自己。

前面已经提到，中国的私营企业被纳入各种各样的价值链、网络、银行的关系网、非正式的机构调整（地方和区域文化）以及正式而公开的调控过程，[2] 因此，最高利润率并非中国企业深层结构中唯一的，甚至都不是决定性的标准。在考虑是否给一家企业必要的资金和贷款时，决定性因素往往是该企业在价值链、在合作创新能力方面以及在当地服务供给中所扮演的角色。

---

[1] Hardy、Jane、Imani、Yassamin、Zhuang、Beini：《中国的区域韧性和全球生产网络：一个开放的政治经济视角》，发表于《竞争与变化》2017年第1期（总第22期），第63—80页。

[2] 同上。

对中国经济崛起具有重要意义的乡镇企业是中国多样化、非标准化企业形式高效率的最好注解。乡镇企业最早出现于20世纪50年代末，在完成国家规定的农业大宗产品生产额度后，政府允许农民在乡镇企业生产和销售特殊的农产品。1978年开始的改革开放初期，大多数国营企业还很僵化、没有什么创造性。大型国企更像恐龙一样故步自封，国家不得不通过私有化或威胁进行私有化[1]，特别是通过正式允许企业破产才将它们推上战略创新的道路。在那个阶段，乡镇企业抓住了产品多元化、产品创新和生产流程创新、网络化和国际化的机会，使中国企业的格局彻底改观。

从企业角度来说，20世纪70年代末80年代初的改革开放以及创新是始于农村（但是准备期可追溯到50年代末），而不是始于大城市的大型国企。无论在企业数量、就业人数，还是在生产价值上，乡镇企业都迅速扩张，也用事实告诉所有其他（国有）企业，改革的路该如何走。

乡镇企业的企业结构和所有权结构并非整齐划一，有合作社性质的、公有的、私人资本的公司或股份公司，也有纯私营的个体公司，它们只有一个共同点，即都是来自农村和以前的村集体。很多乡镇企业后来发展成为大公司。乡镇企业在20世纪80年代全面带动了中国经济向前发展，并越来越受到国家的支持。而那些在战略领域被保留下来的大型重要国企后来能够成为现代化的、创新型的、富有战略前瞻眼光的国际性企业，不能不说其中就有乡镇企业的功劳。

---

[1] 原文如此。但实际上，中国国企1978年后第一阶段的改革主要是放权让利和两权（所有权和经营权）分离，不过其中影响最大的是承包制，这大约就是本书作者理解的"私有化"。——译注

第七章 "不是穷鬼就是亿万富翁！"收入、分配和向基层的再分配：脱贫、涨薪和降税，以及对富翁收入的加压

中国实现了有史以来最大规模的脱贫！

中国是世界上第一个而且也是唯一一个实现联合国第一个千年目标——减贫——的国家。该目标是：在1990年到2015年间，将日均生活水平不到1美元的贫困人口比例降低一半。中国不仅提前实现了这一目标，而且超额完成计划。从1981年至2013年，在仅仅32年的时间里，中国使8.5亿多人脱贫，即贫困人口从8.78亿下降到2500万。[1]2020年，中国彻底消灭了绝对贫困现象。

现在，世界银行的贫穷概念门槛为每天可供支配的金额在1.9美元以下。中国的统计标准更严，参照低中收入阶层贫困线——2.3美元[2]。即使按照这个更为严格的标准，中国也在2020年实现了脱贫。

---

[1] Le Tian：《你该了解的中国脱贫运动》，2018年10月17日发表，见news.cgtn.com。

[2] 参阅 Marcel Kunzmann《社会主义在中国的理论、体系与实践》，2018年第2版，第76页及以后诸页；F. Schmid：《全球资本主义背景下的中国》，2017年出版，第49页。

从 1990 年到 2013 年，世界范围内共有 10.74 亿人被从贫困中解救出来，中国为此贡献的比例高达 70%。

1981 年，中国贫困人口在总人口中占比 88.3%；到 2013 年，这一比率降至 1.9%（2020 年为 0.0%）。在世界范围内，这一比率从 1981 年的 42.3% 降至 2013 年的 10.9%。

与此同时，在有些大洲如非洲和拉丁美洲，绝对贫困则呈上升趋势。在欧洲和美国，随着新自由主义财政紧缩政策的持续、经济增长的停滞和越来越照顾上层社会的财富分配，（相对）贫困问题日趋严重，越来越多的人靠食品救济维生，美国的人均寿命甚至明显下降。

中国"从底层起步"，使收入分配变得更为平等。

除了技术成就，脱贫算是中华人民共和国在西方最为人所熟知，也多少得到认可的成就。不过，如何在 30 年的时间里让 8.5 亿人摆脱绝对贫困，这远远超出了欧洲人和北美人的想象力，因为让几亿人持久、稳定脱贫，不可能靠富人发善心给穷人施舍，也不可能通过"哈尔茨 4"式的强制就业、审查和制裁机制就能实现[1]，而是需要创造几亿个工作岗位。

每年创造 1300 万个工作岗位，发展农村地区和更大的收入均衡

创造就业岗位的速度

要实现全面脱贫，必须快速发展农村，创造数量巨大的工

---

[1] "哈尔茨 4"是德国关于失业救济的一项法律，由哈尔茨为首的一个委员会制定，有效期从 2005 年至 2022 年。其核心之一是，失业者须接受转岗培训并再就业，无故不接受者会削减其救济金。——译注

作岗位和为此必需的基础设施，进行大规模有组织的结构转型，还需要大幅度提高工资以全面促进内需，并建立不浪费人力资本和救济资金的工资补贴体系。但对这一切，西方并不花心思去体会。由于中国的工业结构转型非常迅猛，传统工业领域不具备生态可持续性的低技能（煤炭、钢铁、廉价生产以及为西方进行垃圾处理）工作岗位大量流失，中国每年至少要创造1100万个新的工作岗位，才能确保失业率不再上升，这是纯粹通过计算就可得出的数字。而事实上，从2013年到2016年，中国每年新创造1300万个比较稳定的、专业性较强的工作岗位。[1]

基础设施投资的重点是农村。[2] 近年来，农村的经济增长速度超过城市，与城市之间的差距在明显缩小。这个区域发展问题后面还会论及。

基础设施投资的自我负担

公共基础设施开支不仅可以由国民经济和全社会来负担，就狭义的财政政策而言，也几乎可以通过征收较高的中期税款或其他费用来负担，这是20世纪40年代就已存在的古老经济学常识并在现实中已经被30年代美国推行的新政得到证实。如今，这个朴素的宏观经济学和循环经济学真理在中国被再一次印证。尽管中国中央财政为基础设施投入数万亿元，但其债务额度只有国内生产总值的50%，比西方新自由主义金融资本主义紧缩成瘾的国家的负债率低得多，这

---

[1] 参阅 F. Schmid《全球资本主义背景下的中国》，2017年出版，第44—45页。

[2] 参阅《中国日报》2018年7月6日第3版报道《乡村振兴战略规划（2018-2022年）》。

些国家的经济结构就其实质而言只是为了财富向上层富人分配。

20世纪60年代末，德国社民党人、财政部长卡尔·希勒（Karl Schiller）尚懂得这一道理，并据此带领德意志联邦共和国出色地克服了1967年战后第一个周期性的经济危机。对今天德国联邦和州一级的财长（不论来自哪个党派）来说，希勒的做法无异于来自另一个星系。约翰·梅纳德·凯恩斯[1]作为银行家、学者和政府顾问，曾经用其经验、学识、理论和实用方案多次拯救了英国和欧洲及全世界多个国家，使其避免了世界经济危机和两次世界大战之后最糟糕的局面出现，方法就是用国家投资来应对典型的"市场封锁"。卡尔·希勒还深谙凯恩斯的精髓，并铭记于心。但对今天德国的新自由主义财长来说（尽管他可能和希勒一样是社民党成员），凯恩斯简直就是魔鬼，而那个极端迷信市场及其专制的分配体制，并因此认为新自由主义鼻祖的哈耶克[2]可能才是上帝的代言人。

首先是土地改革

上面已经提到的土地改革为中国的脱贫、提高极端贫困人口的收入以及收入分配机制的改善作出了决定性贡献。相对平均的土地分配和允许农民自行或通过合作社、村集体销售农产品的家庭责任制为数亿农民开辟了收入渠道，历史性地长期改善了中国收入分配机制，持续高增长必然带来的分配不均现象

---

[1] 约翰·梅纳德·凯恩斯，英国经济学家，宏观经济学之父，主张国家采用扩张性的经济政策，通过增加需求促进经济增长。——译注
[2] 弗里德里希·冯·哈耶克，奥地利出身的英国经济学家，主张自由市场资本主义。——译注

（著名的库兹涅茨效应）[1]，因此在农村得到了确凿的缓解。[2]

薪酬明显提高

在持续脱贫的过程中，特别是在以内需为重点的"新常态"发展模式下，不仅城乡的独立创业者收入提高，工人和雇员的薪酬及其社会保障体系也得到了明显改善。这其实是持续赶超和崛起过程的必然结果。与此同时，中国一方面具有组织优势和规模生产优势，另一方面却将廉价劳动力当作国际竞争优势的时代，从21世纪头十年的末尾开始已经一去不复返了。

较长时间以来，中国走的都是高速发展道路，薪酬至少与生产力的进步持平，而这是金融资本主义国家的雇员们几十年来梦寐以求的，因为那里的工资水平与生产力水平的"剪刀差"越来越大。

例如，从2006年到2016年，中国工人的平均时薪在去除通货膨胀的因素后增长了3倍，从1.2美元提高到3.6美元（墨西哥是2.1美元，泰国是2.2美元，巴西是2.7美元，印度是0.7美元）。在同一时期，西方资本主义国家工人的实际收入原地踏步甚至有所下降。从2013年到2016年，中国

---

[1] 西蒙·库兹涅茨：《经济增长与收入不均》，《美国经济评论》1955年第1期（总第45期），第1—28页。——作者注。库兹涅茨效应：假定收入分配在经济增长之前是平等的，初始阶段，收入分配出现不平等；随着经济增长，收入分配不均的状况逐渐缓解；经济达到一定水平，各部门劳动生产率和收益差别缩小后，收入分配才变得较为平等。与此相关的库兹涅茨曲线（Kuznets curve），又称倒U曲线（inverted U curve）、库兹涅茨倒U字形曲线假说，是指收入分配状况随经济发展过程而变化的曲线，是发展经济学中重要的概念。——译注

[2] 刘群艺：《反思东亚的土地改革：平等还是不平等？》，原载《经济问题杂志》2018年第3期（总第52期），第703—715页。

雇员实际收入的年增长率为 6.3%—8.8%。[1] 在"十二五"和"十三五"规划期内，亦即 2011 年到 2020 年间，中国人的实际收入翻了一番，平均每年的涨幅为 6%。

中国法定的最低工资也在持续提高，目前其水平甚至高于一些欧盟的边缘国家。与新自由资本主义国家不同的是，中国的最低工资是会兑现的，而且受到公共机构的严格监督。违反最低工资规定的雇主可能会受到严厉惩罚，中国报纸也会对此给予报道，这在德国是不可想象的。我们稍后还将谈及中国雇员的起诉权。

随着中国脱贫计划的完成，中低收入水平的工人和雇员的生活境遇也得到改善，他们当中一些人的收入达到了中等收入水平。

西方迁移廉价品生产基地

过去，西方企业利用中国廉价劳动力进行劳动密集型生产，大多生产专业知识要求不高的廉价产品，如今纷纷迁移到工资标准低的东南亚国家，特别是亲西方的国家，比如泰国、越南[2]、巴基斯坦、孟加拉国、缅甸、老挝和柬埔寨。德国企业也表示考虑转移生产基地。中国对此并不担忧，相反，这一趋势符合中国的国家升级战略。不久的将来，在西方低收入人群喜爱的廉价塑料商品上，人们将再也看不到"中国制造"的字样。

---

[1] 刘群艺：《反思东亚的土地改革：平等还是不平等？》，原载《经济问题杂志》2018 年第 3 期（总第 52 期），第 45—47 页。

[2] 有关越南如何从美国发动的战争牺牲品发展到今天新自由主义的样板和美国军事战略的伙伴，可参阅 Michel Chossudovsky 的文章《新自由主义和越南模式——谁赢得了越南战争？》，原载《环球观察》，2019 年 3 月 9 日。

对低、中收入简化税收，降低税率

除了土地改革、减贫、提高最低工资以及从政策上支持涨薪，中国还不断改善普通劳动者的净收入状况，比如 2019 年开始实施大面积的税务改革，最新的所得税改革法案于 2018 年由全国人大通过，自 2019 年 1 月 1 日起生效。

改革后的所得税法继续得到简化。[1] 据此，低中收入所得税共有 7 个税率，且都低于从前。部分低收入的所得税率降幅达到 50% 以上。比如，每月收入折合成约 1300 欧元以下的，其所得税率由 7% 降至 3%；1300 欧元到 2800 欧元的收入，所得税率由 16% 降到 8%；14000 欧元以下的月收入的最高税率为 28%。

即使是中、高收入者的税务负担也降低了 35% 至 8%。换句话说，2019 年开始，有更多中国人交税明显减少。这同时说明，所得税不过是国家的次要收入。中国立竿见影地采取行动，而不像新自由主义国家那样讨论减税几十年，而真正降低的只是资本收入税，还要通过盘剥老百姓的收入（工资税和增值税）找回损失。与显而易见的所得税相比，增值税是不易被察觉的，其增减却对低收入群体影响较大。过去这些年，新自由资本主义国家一再提高增值税率，加重低收入群体的税务负担，而中国在 2018 年和 2019 年却一再降低增值税率。[2]

资本主义国家税收体系的典型特征是，工资和收入所得税是国家遥遥领先的第一收入来源，资本税收入占比不值一提；而在中国，国家征收的公司所得税远多于工资所得税，这是典型的社会主义税制特征，也是区别于新自由主义资本主义体制

---

[1] 参阅毕马威《中国个人所得税改革向前迈出一大步》，2018 年 12 月 10 日发表，见 www.internationaltaxreview.com。

[2] 参阅《中国降低增值税负担》，2018 年 3 月 29 日，见 www.roedl.de。

的显著特征（本书下篇还将述及）。

通过这种方式，净收入的分配朝着更加均衡的方向发展。中国面向基层的二次分配与西方的做法截然相反，我们从收入分配的程度（见下）也可以看出来。

为了应对华盛顿发起的经济战，2019年3月，十三届全国人大二次会议通过了更多降低税收措施（包括直接税和增值税），促进经济发展，提前进行结构改革。

中国的富人以及如何让收入分配自上而下更加公平

是的，中国富翁云集，而且不乏超级富翁。与其他国家相比，中国百万美元级和十亿美元级的富豪为数甚多（2016年，财富在10亿美元以上的人有600多位，财富达百万美元的人数超过100万）。有意思的是，世界上最富有的100位女性中，2/3是中国人。[1]

为什么中国有如此多的富人？原因很多，中国人自己对此有深入研究，也有热烈的讨论。不愿或无力在本国进行不利于富人的再分配的西方国家却总是站在道德的至高点上谴责中国。让我们看看中国人的最新观点和他们采取的措施，同时把目光也投向代表社会收入平等程度的常用统计指标——基尼系数。[2]

---

[1] Kathrin Gerlof：《中国女性：土地的角色》，原载《新德意志报》，2019年10月2日。
[2] 基尼系数，是国际上通用的、用以衡量一个国家或地区居民收入差距的常用指标。基尼系数最大为"1"，最小为"0"。通常把0.2以下视为收入绝对平均，0.2—0.3视为收入差距较大，当基尼系数达到0.5以上时，则表示收入悬殊。基尼系数最早由意大利统计与社会学家Corrado Gini于1912年提出。——译注

新古典主义—新自由主义的经济模式理论总是试图告诉我们，收入的高度不平均（以及由此产生的财富分配的高度不平均）会对最具创造性的人群产生积极的激励效果，刺激他们通过特别的努力和创新思想来提高国内生产总值，然后通过"渗滴机制"起作用[1]，创造更多的就业机会和更高的收入，最终使所有人都获益。在这种意识形态里，根本不存在分配不均的问题。

但是，我们从现实中、从现实主义的经济理论中知道的情况正好相反：收入和财富分配的严重不均可能导致极为消极的经济后果，例如，很多人的创新资源可能荒废，整体生产力下降，富裕阶层与收入相对应的消费减少，剩余资金由于缺乏需求不会用于生产而只会用于投机或干脆囤积起来，资本使用不当或仅用于奢侈性消费，一些没有产出的仪式性结构形成，贪腐和金主政治盛行，社会沮丧情绪蔓延，普遍信任下降，经济社会僵化。[2]

像中国这样经济持续高速发展的国家，一段时间里会出现收入分配不均的趋势，这就是上面提到的库兹涅茨效应。意思是说，在一个原来很平均的社会，经济的高增长会首先带来收

---

[1] 渗滴机制：源于渗滴经济学（trickle-down economics，亦译成下渗经济学、滴流经济学、滴漏经济学），是源于美国的经济术语，用于讽刺给富人减税可惠及穷人的主张。该主张认为政府对富人阶级减税和提供经济上的优待政策，将可改善经济整体，最终会使社会中的贫困阶层人民也得到生活上的改善。——译注

[2] 参阅 Chris Dillow《收入不均将毁灭经济的八个理由》，2019 年 5 月发表，见 evonomics.com。另外，Richard Wilkinson、Kate Pickett 的著作《平等就是幸福：公平社会对所有人更加有利》（2013 年出版）也有详细论述。

入越来越不均的现象,在后续较长时间内通过艰难的再分配可以逐渐缓和,前提是这个社会进入经济增长速度趋缓、社会动荡较低、民生政策跟进并开始建设福利国家的阶段。[1]

中国的收入分配自20世纪60年代以来表现出社会主义的传统特色,其基尼系数始终低于其他具有可比性的发展中国家(比巴西和墨西哥低0.3,或30%),收入更加平等。[2] 只是到了改革开放时期,随着经济持续高速增长,自80年代末起,中国的基尼系数呈明显上升趋势,甚至超过了日本和其他一些传统工业发达国家。2010年前后,这一系数接近0.5,在国际上是偏高的。分配极为不均的国家,如南美洲的寡头政治"香蕉共和国"(巴西、墨西哥等),其基尼系数在0.5至0.7之间,显示出极度的社会不公平。而在社会民主党人从前统治的分配较为均衡的斯堪的纳维亚国家,基尼系数在其体制的全盛时期(20世纪50—70年代)只有0.3甚至更低,部分国家今天仍然保持这一水平。

2008年至2010年是中国分配不均程度最为严重的几年,当时基尼系数达到0.49。[3] 此后,该系数呈下降趋势,现在接近0.43。这些看似微小的统计变化的背后,是数十亿的交换关系以及无数的交互作用得到了系统性再调控和体制性重组,这才导致了分配效果的真正变化,造成了宏观经济统计上的更

---

[1] 中国著名经济学家、中国财富经济研究院院长陈宗胜曾对此做过专门研究。

[2] 刘群艺:《反思东亚的土地改革:平等还是不平等?》,原载《经济问题杂志》2018年第3期(总第52期),第712页。

[3] 参阅Marcel Kunzmann《社会主义在中国的理论、体系与实践》,2018年第2版,第82—83页;张帆:《中国的机构演变——政府与市场的竞争》,2018年出版,第167—171页。

加公平的现象。换句话说，这种貌似微小的数字变化是多年累积的系统性变化，不是偶然现象，其原因是国民经济分配机制发生了结构性变化。我们仔细观察中国的全部经济和社会政策，就能明白其中令人信服的道理。

由此，我们发现，中国在社会主义初期阶段（详见本书下篇）发明和运用了以下机制：

1. 消除半殖民地时代遗留下来的，亦因新中国成立后早期建设所犯错误而加剧的普遍贫穷；

2. 持续推动大幅度涨薪，特别是提高低中收入者的工薪水平；

3. 大力发展绝对贫困集中地区、西部地区和偏远乡村的经济，包括使用日益平均分配的土地改革；

4. 改革所得税，大幅降低起征点，特别是针对低中收入人群的起征点。

针对富裕人群的再分配政策

近年来，一个以收入更加均衡为目标、"从上层发起"的直接再分配政策正在初见成效[1]：2013年，中国基尼系数在0.45左右徘徊的时候，中国共产党做出决定，将最高收入降低30%。[2] 我们已经看到，中国如何通过工业政策的调控让大型企业拿出一部分利润用于投资基础设施，为增加社会公共财产作贡献。除此之外，最富有的中国人要为其财产和收入明显

---

[1] 参阅陈宗胜在"天津论坛"上的主旨演讲，2017年7月。

[2] 原文如此。但据中国国家统计局公布的数字，2013年中国基尼系数为0.473。当年2月，中国国务院曾批转《关于深化收入分配制度改革的若干意见》，但并未明确写入"30%"的字样，可能是国际上的某种解读。——译注

增加纳税。亿万富翁的高收入问题成为社会政策的焦点，他们的名字定期出现在最富裕者名单即所谓的"胡润百富榜"上。胡润榜与美国的福布斯富豪榜名单相对应。不过，在盎格鲁-撒克逊新自由主义的金融资本主义世界里，福布斯富豪榜的社会功能是激起大众对"富与美"的欣赏、从思想上聚焦"上层社会"、让成千上万的普通人不放弃追逐财富的梦想，而胡润榜的效果更多是激发那些反感分配不公的中国人对上榜者是否通过贪腐致富提出质疑。其结果显而易见："1000名上榜中国富豪当中有大约一半在过去几年里因为征税更高和反腐斗争而让财产缩水……不少人因为公开上榜后涉嫌贪腐而被逮捕。"[1]

中国地方政府有名的经济顾问之一陈宗胜曾对库兹涅茨效应和中国收入分配的阶段性"倒U曲线"进行过深入研究。2017年，他在天津召开的一次国际会议上宣布，中国政府致力于使基尼系数降低30%。对经济学家来说，这是一个令人震撼的目标，因为我们知道，这将是一项十分复杂的任务，需要通过调控措施来间接影响数以亿计的交换活动。从中期来说，中国的目标是争取让基尼系数降至0.32左右，这在当今世界是超出一般水平的收入均衡指数，与德国大致相当。[2]

如果实现这一目标，那么中国将是世界上少数几个从长期来看降低了基尼系数且经济仍在增长的国家之一（甚至可能是

---

[1] 参阅 Marcel Kunzmann《社会主义在中国的理论、体系与实践》，2018年第2版，第83页。

[2] 基尼系数的国际比较会有偏差，主要看依据的是什么数字，是日常收入还是财富总值，是国民生产总值还是国民总收入，是净收入还是税后收入或可支配收入等。有的统计表明，中国的基尼系数自2016年以来又有所上升，见 https://www.ceidata.com/en/china/resident-income-distribution/gini-coefficient。

唯一的国家）。纵观历史，平等是中国的核心社会价值之一。这个例子和其他例子一样，表明中国正在放弃单纯经济增长目标，而代之以多元目标，新的目标的特征是追求公平和全社会参与。[1] 基本可以肯定的是，中国也是唯一一个有能力通过政治影响实现如此艰巨复杂目标的国家。

---

[1] 韩克庆：《中国的社会转型和社会福利改革》，摘自《转型时期中国的社会福利》（施普林格出版社 2019 年出版，第 17—47 页）。

第八章 "都是劳动奴隶!"变革中的劳动与社会:
劳动法与工人维权,社会保险与医疗保险,
妇女解放与人口政策,农民工与"户口",
社会动员与地方参与

联合国:中国"高度的人类发展"——众多彼此交织的维度,整体的社会政策

中国的社会政策和经济政策包括方方面面,许多措施非常新鲜,而且几乎所有涉及的政策领域都表现出灵活和实验的特征,因此看上去像马赛克那样眼花缭乱,但时间久了,就能看出一幅日益清晰的全景图,而且能够发现其中两个具有全局意义的趋势——

中国自"十二五"规划(2011—2015年)以及2012年中共十八大、2013年十二届全国人大会议召开进入"习李时期"以来,更不要说2017年、2018年习李第二届任期开启和"十三五"规划(2016—2020年)以来,将社会经济成功与否的整体评判标准由国内生产总值这一市场指标改为生活水平的高质量发展。国内生产总值亦称"全社会产值",但实际上并不能称为"社会"产品,因为这个概念是平等对待所有积极的和破坏性的、有时甚至是相互矛盾的社会生产行为(这些行为未必然提高生活质量,相反甚至拉低生活水平),将其产值进行简单的相加，只是因为这些行为都可以用货币收入这个市场指标进行计算。因此，20世纪70年代出现了对国内生产总值这个概念和增长标准的批判（现在更容易回忆起1972年罗马俱乐部的报告《增长的极限》），此后，学界、国际上与发展有关的机构以及联合国制定了不同的社会经济评价指标、数值，这些指标和数值大多以广泛的社会指标为依据，比如，联合国在评价各国发展时使用的是"人类发展指数"（HDI），而中国在沿用这一指数之外，还采用了其他一些源于幸福指数研究的质量指数，并在评判发展成就时将法治及民主动员和社会参与等质量因素放在更重要的位置。

据联合国按照人类发展指数的统计，中国自2010年以来已成为"高度人类发展"国家[1]，其生活质量的提高比世界上大多数国家都快，儿童死亡率甚至比某些发达资本主义工业化国家还低，人口平均预期寿命、识字率和获得工作、教育和享受文化生活的机会提高，绝对贫困被消灭。德国左翼和绿党人士对这种现象本应心潮澎湃，但实际上却无动于衷。

大规模创造就业保障了人们有一份能够自食其力的工作和足够多的选择机会。对高科技创新企业和家庭联产承包责任制、淘宝村等予以大力支持和社会扶持，给了中国人自主创业创收的广泛选择。大幅涨薪和减税惠及中低收入工薪阶层，提高了社会公平和公正。部分地区规定的最低工资甚至比一些欧盟国家还高，是否执行到位受到严格监督，雇员也有上诉的权利，不执行者受到严厉惩罚。中国兑现了联合国的社会人权，

---

[1] 参阅 Marcel Kunzmann《社会主义在中国的理论、体系与实践》，2018年第2版，第77页及以后诸页。

这与新自由主义资本主义国家竞相压低工资的可怜状况形成鲜明对比。

我们还将谈到以下问题：

——广泛实行社会保险。

——2008年，新的劳动法生效[1]。这个法律遵循国际劳工组织规定的国际标准，创造的劳动条件甚至部分优于德国的实际水平。据此进行的司法判决使得法律与现实不会脱钩，而不是像在发达的资本主义国家那样，劳动法与劳动现实毫不沾边早已是司空见惯的现象。在中国，劳动者可以为争取自己的劳动权利直接提起诉讼，也不会经历漫长而昂贵的司法程序；而在德国，雇员往往要经年累月才能与雇主达成赔偿妥协，而且法院一般认定雇员与雇主之间的关系破裂，因此不会判定被辞退的雇员保留自己的工作。

——男女同工同酬，平等就业，并且升迁的机会均等。

——农民工人数众多，如何解决户口问题并享受新的居住地的社会权利。

——如何进行社会动员、保障基层居民参与政治生活。

> 为了加深了解相关问题，推荐读者阅读律师罗尔夫·盖夫肯博士为本书所写的特约文章《中国的工人阶级及其权利》。该文生动描述了中国的新劳动法的产生过程和现在的劳动条件。见 www.westendverlag.de/china。

---

[1] 这里应指2008年1月1日生效的《中华人民共和国劳动合同法》。——译注

10年内从0到14亿：全面的社会保险

医疗保障

中国很早就消灭了主要的传染病，但是中国的医疗体系因为主要是以医院为基础建立起来的，所以无疑仍然明显低于发达资本主义国家水平。不过，中国还是做到了病有所医，比如病床数量在10年间翻了一番，达到500多万张（2015年）[1]。此外，中国还建立了农村医疗体系。[2]

中国在21世纪初建立基本医保制度，2009年以后，中国人普遍加入，近14亿中国人参加，做到了全民医保，也就是说，10年之内平均每年增加参保人数约1亿人。中国政府的目标是到2020年实现全民医保，实际上，这一目标于2018年就提前实现了。

非商业的健康软件帮助中国人树立日常保健习惯，传统中医知识的推广也起到了积极作用。[3]

养老保险

建立社会保险（养老保险）的决定早在1993年即已出台，

---

[1] 500多万张是指中国医院的床位数，不包括社区卫生服务中心、乡镇卫生院等卫生机构的床位。据中国卫计委发布的《2015年我国卫生和计划生育事业发展统计公报》，若全部包括，床位数应为7015220张。——译注

[2] 参阅Marcel Kunzmann《社会主义在中国的理论、体系与实践》，2018年第2版，第79—80页。

[3] 参见Andrea Bernardi、Francesco Grillo、Donni Wang在欧洲演化政治经济学学会2019年华沙年会上的报告《从卫生和经济政策看创新与创新的中国特色》。

并从那时起着手准备。它是企业制度改革、私有化和劳动法改革的必要配套措施。以往只是单位为员工提供养老保障，覆盖面窄，而且不够灵活。[1] 2011年通过了一项全面的社会保险法[2]，到2016年，已有近9亿人参加养老保险，全民养老保险在不远的未来将会实现。

工人阶级的安全

中国上述社会政策的精髓，似乎反映在中国领导人一句关键的话语之中：工人阶级的社会安全就是中国的安全。我们能想象德国默克尔总理做出这样的社会政策的承诺吗？这话像是来自另一个星球，因为我们已经听惯了政治家们的"慷慨陈词"："节约""紧缩""勒紧裤带""符合市场的民主""经济优先"，还有上层分配优先。

劳动条件之比较

我们已经谈到报酬之外的具体劳动条件。2000年以来，中国的劳动条件发生了翻天覆地的变化。

2017年，一个德国工会代表团在访问中国期间搜集了大量资料，返回德国后对两国的劳动条件进行了详细的比较研究。[3]

---

[1] 参阅张帆《中国的机构演变——政府与市场的竞争》，2018年出版，第109页及以后诸页。

[2] 这里指的是《中华人民共和国社会保险法》2011年7月1日生效，通过日期应为2010年10月28日。该法2018年12月29日得到修正。——译注

[3] 参阅亚洲之屋基金会与劳动世界论坛和《快报》合作发表的《中国的劳动世界——在中国国内与国外》，见www.forumarbeitswelten.de；科隆国际工作工作小组（IGAKK）的网站也有不少介绍。

他们怎么会想到对一个不久前还很贫穷的发展中国家和世界最富有的国家之一进行比较呢？正是因为中国在"劳动与社会"领域也取得了令人瞩目的成绩，从一个低收入国家起步，在社会、经济、生态各方面表现出色，从西方廉价劳动力生产基地的角色中自我解放出来，成了社会福利的榜样国家。在新自由主义金融资本主义世界里，媒体上耳熟能详的话经常让你哑口无言："没有钱""太贵了"，或者"不利于竞争"。在中国，这些说法是行不通，也不被接受的。中国人没有"紧缩"这个紧箍咒，也没有必须向"上层"进行财富再分配的天条，因而可以放手做自己认为正确的事情。

在每周工作时间方面，中国政府积极支持高科技公司下进行每周 4 天、工资不变的实验[1]，但每天的工作时间严格限制在 8 小时之内。劳动合同要有有效期而且必须接受比德国更为严格的限制，哪里像德国前总理[2]创造了欧洲最低的低薪群体还引以为豪！中国还做到了借调雇员的同工同酬。此外，中国的男性退休年龄为 60 岁，女性 55 岁，这对德国的雇员和工会来说只能是梦想，因为老板说了："我们承担不起！""没钱……"

正因如此，西方的廉价生产正在迁移

过去，西方大公司借助中国的廉价劳动力和松懈的环保规定赚取了高额利润，因此，当它们看到中国取得社会进步并

---

[1] Werner Rügemer：《21 世纪的资本家：金融新手崛起简明读本》，2018 年出版，第 277—280 页。

[2] 这里指德国前总理施罗德（1998—2005 年担任总理）。——译注

颁布新劳动法时便大肆抨击，这不足为奇。其实，中国不过是让劳动市场达到了西方国家政府也签字画押的国际劳工组织标准。[1] 当然，西方企业的抗议在中国没有起任何作用，它们指责中国正在因此丧失国际竞争力也没有损害中国一根毫毛。实践证明，社会主义的康庄大道不会因缺少资金而失败，它远比新自由主义的羊肠小道更具可持续性，效率也更高。

2019年初，中国台湾信息技术巨头富士康关闭了在大陆的工厂，移师美国，可能也是迫于华盛顿的政治压力。不过，它搬到了处于美国核心地带的威斯康星，那里的工人不仅贫穷而且没有合法权益保障，现在比中国工人的工资水平还低，环保标准也在中国之下。[2] 两相对比，兴衰自见……

男女平等不只体现在权利平等，也表现在劳动条件、收入状况和创业条件上

中国从摆脱半封建半殖民统治的落后状态到颁布进步的、面向未来的、符合国际劳工组织标准的劳动法进而创造崭新的劳动条件，走过了漫长的道路。这同时也是一条为女性创造平等劳动条件的道路。[3] 我们略举几个典型例子：

——世界范围内，中国是女性就业率最高的国家之一。3/4的适龄女性就业，享受财务独立。在"全球男女平等报

---

[1] Werner Rügemer：《中华人民共和国及其全球意义（第二部分）》，2019年5月20日发表，见www.world-economy.eu。
[2] 同上。
[3] Bennett Guillaume：《通向平等的道路》，2018年3月8日发表，见www.unsere-zeit.de。

告"里，中国排名第 20（德国第 46）；在女性的薪酬平等方面，中国排名第 35（德国第 49）。[1]

——中国近 3000 万在读大学生中，女性超过半数。

——中国企业家中的 1/4 是女性；世界上创业致富的 89 名女性亿万富豪中，51 人来自中国。中国女性富豪创造的财富比任何一个国家都多。[2]

——中国 55% 的互联网公司由女性创建和领导。在信息技术行业的高管中，一半以上是女性。[3]

——中国企业中、高管理层中，44% 是女性（2013 年），而不是像我们这里就是否要出台"女性领导人比例"和"女性份额"国家标准而争论不休、令人生厌。[4]

中国妇女权益保障法的第二条规定，禁止"歧视、虐待、残害妇女"[5]，违者将受到法律追究和惩罚。在"自由价值"的西方，存在着一个敌视人类的色情犯罪下流世界，对女性的侮辱已经没有底线，现在更是发展到"暗网"[6]这样让社会极易

---

[1] Kathrin Gerlof:《中国女性：土地的角色》，原载《新德意志报》，2019 年 10 月 2 日。
[2] 参阅《商报》，2019 年 5 月 31 日。
[3] Kathrin Gerlof:《中国女性：土地的角色》，原载《新德意志报》，2019 年 10 月 2 日。
[4] 由于女性在德国企业高管中占比极低，因此德国政界就"女性份额"讨论多年，要求大企业率先行动。目前有个别德股上市企业规定，监事会中女性占比必须达到 30%。——译注
[5] 作者在这里引用的是 1992 年 4 月 3 日通过的《中华人民共和国妇女权益保障法》第一个版本。现行的版本第二条相应内容为"消除对妇女一切形式的歧视，禁止排斥、限制妇女依法享有和行使各项权益"。——译注
[6] 暗网（Darknet）是一种经过特殊设置的网络系统，其主要功能是隐藏网络用户的身份和活动，使得它们无法被检测到，也无法追踪到不法网络活动。——译注

堕落的地步。可这一切在中国都不存在。啊，中国是多么"可怜、不自由"！那里的男女关系竟然不像我们这里时时刻刻充满了性别歧视——男人对妇女也不争强好胜——，而是显得轻松自在得多。

中国为解决全球人口过剩做出的努力：从"独生子女政策"及其附带效应到"两孩政策"

正如我们在其他一系列核心政治领域已经看到和即将看到的那样，中国在解决全球人口过剩这个人类核心问题上也努力作出了自己的贡献，它是世界上唯一一个拿出这一集体问题解决方案的国家。其他有类似问题的国家，比如印度，对人口爆炸问题实际上是放任自流，几乎直接让其变为贫困、日益严重的饥饿和对外援的依赖，不像中国至少勇于进行一次了不起的尝试。

中国1979年至1980年开始实行独生子女政策，2015年正式终止这一政策。在此之前的几年里，这一政策已经开始逐渐放松。计划生育时期出生的孩子现在介于5岁至40岁之间，也就是说，他们涵盖了中国现在的少年至中年人。

计划生育政策执行期间也一直存在例外，比如少数民族或农村地区的夫妇允许生育两个孩子。中国从2004年开始放宽独生子女政策，例如在上海，离婚和再婚夫妇即使已在第一次婚姻中各有一个孩子，也允许生育二胎。2013年继续松绑，夫妻中一方是独生子女的允许生两个孩子。2016年，中国立法彻底终结独生子女政策，从此，每对夫妇可以生两个孩子。

2018年以来，中国甚至开始考虑实行三孩政策（但不超过三孩），目的是想遏制中国现代化（或者说福利社会）造成的越来越严重的生育率下降趋势。[1]受教育时间的延长，女性在职场升迁机会的增多以及新的收入和消费可能性，这些众所周知的社会经济原因使中国也像其他一些经济成功的国家（不过这些国家的人均收入远远高于中国）一样，受到生育率下降的困扰。于是，一些国家开始制定反向的激励政策。以德国为例，其生育率多年来不足以保持人口的稳定，人口总数呈持续下降趋势，德国政府于是尝试用灵活的"父母育婴假"和财政支持来扭转这种局面。[2]不过，在这方面，德国自20世纪60年代以来的主要"商业模式"还是移民，即积极地从国外（以前是意大利、希腊、西班牙，现在扩大到叙利亚和其他国家）引进年轻的、具备专业技能的劳动力。

从人口发展的进程来看，中国的计划生育政策是成功的。2012年，中国适龄女性平均每人生1.55个孩子，在224个国家中，中国的人口增长排第181位。[3]据中国政府提供的数字，在1994年到2004年之间，中国少出生3亿人。不过到2014年，中国没有完全实现将人口控制在12亿的目标，而是比计划多出了1.5亿人。

尽管如此，中国的人口发展曲线表现出明显的稳定性，从2022年开始将呈恒定状态。这主要是与印度相比较。印度人口爆炸的趋势有增无减，但解决公共问题的能力远不及中国，

---

[1] 参阅《中国日报》，2018年7月10日第5版。
[2] 父母育婴假：德国为了鼓励生育，允许孩子出生后父母一段时间不上班照顾婴儿，但雇主不得解雇。——译注
[3] 参阅维基百科"一孩政策"，de.wikipedia.org。

将在两年后取代中国成为世界第一人口大国。[1]

中国放宽并最终放弃一孩政策的重要原因还包括该政策产生了一些事先未曾预料到的副作用,中国不得不迅速应对,调整人口政策。本来,中国人生男还是生女,都是自主作出理性的决定,原则上不会受宗教或迷信的影响,每对夫妇也能够及早知道胎儿的性别。但是儒家伦理中由男性传宗接代的传统依然强大,一度导致许多女胎被流产(据说在高峰期,堕胎率高达50%)。中国的人口政策本来对生男还是生女一视同仁,并无限制,与宗教无关,只是纯粹讲究科学,因此起先没有对此进行干预,但后来还是禁止早期确定胎儿的性别。[2]

对男性后代的片面重视导致很多独生子受到父母和祖父母的过分呵护和溺爱[3],这样,中国出现了整整几代被称为"小皇帝"的少年,他们从小就享受着尽可能好的教育和职场上父母的安排以及高收入、高消费的可能性。这种发展趋势带来长远的不良后果,比如孩子的行为方式过于个人主义和以自我为中心,因而受到诸多批评。批评者认为,"小皇帝"们的社会适应能力往往也比较低下。很显然,中国不可能坐视这样的趋势发展下去。

上述的堕胎现象也导致中国社会的男女比例失衡。2009年,男女婴儿出生的比例是1.2∶1,因此产生另一个附带效

---

[1] 参阅《施泰因加特晨间简讯》,2020年2月25日。另据译者了解,各界普遍认为,2023年印度人口已超过中国,但由于印度未及时进行人口普查,具体是2023年4月还是其他日期,难以定论。

[2] 同上。

[3] 但是,也有研究表明,独生子女的教育成就完全可能高于有兄弟姐妹的孩子。参阅LAO Yehui和董志强共同在《经济学电子杂志》2019年第7期发表的文章《独生子女、出生顺序与教育成就》。

应：在年轻和中年一代，女性占有优势，受到异性的追捧。因此又出现了一批"小皇后"。

尽管如此，中国持续约30年的人口政策实验仍然不能被视为失败，它是中国为解决人类最紧迫的问题之一而作出的贡献。如果把中国人口政策的效应放大到世界人口（中国减少了3亿人），那么今天的世界人口就会已经减少大约15亿。

现在，中国每对夫妇的平均生育率为1.6，这主要是社会经济因素在起作用，而非人口政策的主动介入。照此下去，中国的人口将逐步萎缩。[1]

毫无疑问，中国的计划生育政策付出了巨大的社会代价，这一点日益明显。夸张一点说，计划生育时代出生的"小王子"和"小公主"们都被宠坏了，产生了自恋、自私、个人主义和享乐主义的毛病，现在必须采取措施进行补救，改掉他们身上的这些毛病，并引导他们更好地融入社会和树立环保意识。我们在下篇谈到中国发展前景时还将谈到这一点。

计划生育的附带效应和目前社会经济因素对生育率带来的影响也将波及中国的养老保险体制。目前中国实行的较早退休（男性60岁，女性55岁）的政策可能在最近这些年难以为继。可以肯定，中国的决策者正在认真谋划是否修改政策。[2]

社会的全面动员：融入与参与，面向未来的实质性民主

我们前面既看到了特约作者罗尔夫·盖夫肯撰写的关于中

---

[1] 要保持人口数量不变，大约需要每对夫妇平均生育2.1个孩子。

[2] Cai Yong、程远：《中国的养老体制改革：挑战与机遇》，原载《经济综述杂志》总第28期（当年第4期），第636—651页。

国劳动法和中国劳动条件的文章,还论述了中国涨薪、降税、社保和再分配措施,从中已经不难看到,中国工人和公务员的社会运动一般来说会受到企业和地方党组织或者说拥有9000多万党员的中国共产党的支持,也推动了中国的社会发展。因此,每当发生社会运动的时候,常见的现象是,工人和公务员认为共产党和中央政府是他们的靠山,而企业领导层则得到地方和所在省份的政府的支持,因为企业是地方的重要税收来源。[1]

这样的社会动员是中国创新发展活力的一个因素。中国很多评论家甚至认为,这是提高政府行动能力的一个手段。[2] 他们指出,中国社会与政府之间的关系是紧密的,而这种关系也绝不是单向的。

我们在这里拼凑的马赛克绝不是想让大家误认为中国是一个全面的和谐社会。中国工人与企业精英之间的社会矛盾现在有,将来也会长期存在,而省市政府更愿意帮助企业实现"无干扰"的管理。[3] 如果你很坚持,当然也可以说,中国在可预见的未来仍将是一个由几亿工人和公务员、几千万独立创业者和几百万大大小小的资本家组成的阶级社会,也必然伴随着阶级斗争。不过,正如意大利哲学家多米尼克·洛苏尔多所说,中国的企业家阶层并不掌握国家政权,而且在可预见的时间里

---

[1] Teresa Wright:《中国民营企业的工人抗议》,原载《经济与社会》总第47期(当年第3期),第382—402页。

[2] GAO Jia、SU Yuanyuan:《中国后工业化时代的社会动员——以农村城镇化为例》,2019年出版,第184页及以后诸页。

[3] YANG Xuehui、CHEN Feng:《寻求解决方案——地方政府如何处理集体劳动纠纷》,摘自Ray Yep等人主编的《中国城市发展手册》第313页及以后诸页,2019年出版。

也不会掌握政权。

这样一来,我们就不难理解,中国政府为什么不采取单方面的、狭隘的、阻碍社会结构的、短视的政策,也就是说,凡是不利于社会和生态进步的政策一概不采取。在维尔纳·吕格默尔(Werner Rügemer)看来,中国的工人和公务员可能正是因为上述手段,比西方那些所谓独立自由的工会实现了更多的目标。[1]

在中国的外国人能够切身感受到,中国的劳动者和中国社会已经高度动员,他们既不惧怕冲突,不会逆来顺受,又有合作的能力和意愿。公众通过社交媒体和其他渠道积极参与讨论,在中国社会发挥着重要作用。公众与政府密切互动,并且对伦理、生活质量、环境保护和未来的生活规划等热点问题非常关心。[2]

这与西方媒体描述的中国大相径庭。它们把中国描述为"独裁"、"专制"、"警察国家"甚至"监狱"。一位西方的中国观察家这样评论这一反差:"(中国)公民关于如何治理国家的话语权比西方公民的更多。"[3] 在本书后面,我们还将看到,中国的社会动员和公众参与在地方层面是如何落实的。

最终,我们应该把关于中国的认识和感知用来反思我们自身对"民主"的理解。难道我们的理解不是已经故步自封了吗?不是认为"民主"就是任由那些垄断政坛的新自由主义政

---

[1] Werner Rügemer:《中华人民共和国及其全球意义(第二部分)》,原载《世界经济》,2019年5月20日发表,第2页。

[2] 赵延东、廖苗:《中国关于负责任创新的观点》,2019年发表于《负责任创新国际手册》,第429—431、436—438页。

[3] 安德烈·弗尔切克:《西方为何固执地无视中国的成就》,2019年7月22日发表,见www.einarschlereth.blogspot.com。

党，还有那个脱离现实的国会成天举行一些形式主义的、僵化透顶的仪式吗？难道我们不是已经习惯于每次选举后都有被各个政党、执政联盟和政府欺骗的感觉，而且不再对政治家们做出有利于社会进步的改变抱有一丁点希望了吗？我们已经学会了谦卑自律，并且在生活中习惯于偏安一隅！

我们必须打开我们的想象力，懂得：没有直接的社会动员和公众参与，未来就不可能实现崭新的、实质性的民主形式。如果我们坐等七国集团或者联合国来解决人类面临的问题，那么人类也许活不过本世纪末。如果我们因为绝望而拒不勇闯禁区，拒绝打开思想的大门，那么我们的后代、参加"星期五为未来"运动的年轻人的能量将白白耗费，他们的希望和思想也将付诸东流。参加星期五示威的学生们似乎已经意识到这一点，他们是不是我们最后的希望所在？

第九章 "可怜的村庄和鬼城!"区域均衡与赶超,新型区域合作,注重生活质量的超大城市,环绕高层建筑的森林,"300座绿色城市网络"

作为区域政策的基础设施、工业和人口政策

中国正在消除城乡差别(这是世界上几大差别之一),同时消除农村相对城市显出的结构落后状况。德国也有一些政治家偶尔前往中国,愿意眼见为实,他们对中国农村取得的令人瞩目的成就刮目相看。[1]

在消除城乡差别中扮演关键角色的是中国的公共银行。它们的目的不是在短期内获取最大利润,而是发放所谓"耐心资本"[2],为实现国家发展目标服务。

城乡人口如何在空间上进行布局,的确是中央政府制定政策的主要内容。中国的中期计划是,大约60%的人口在城市居住。背后的考虑是制订有效率、可持续的国土空间规划,缩

---

[1] 罗莎·卢森堡基金会某次活动的手册:《中国印象——中共十八大之后的发展现实》。

[2] 耐心资本(patient capital):是长期投资资本的另一种说法,泛指对风险有较高承受力且对资本回报有着较长期限展望的资金。——译注

小各省之间（城乡之间）人均收入的差距。[1]

城市之间的人口分配以及整个城市体系都需要重新调整。中国着眼于发展的需要，将 27 个百万人口以上的大城市和被视为落后的、平均人口不到 100 万的城市划分为五个级别，即所谓的一线至五线城市。

中国进行了很长时间的国土空间规划。但是有人评价这个五线城市体系过于细致，并且是鼓励人口集中。[2] 人们认为，很多城市已经过大，大型企业特别是大型国企过于集中。

新型区域合作

前面我们已经谈到了中国疏解北京非首都功能、推进 1.3 亿人口 [3] 的京津冀协同发展。这是一个非常复杂的，旨在解决交通流量、提高供应效率和共建基础设施的一体化规划，将使居住结构去中心化，减轻交通负担，方法是将数百万工作岗位移出负担过重的北京。北京将成为文化和科技中心，天津将成为生产和贸易中心，整个河北省将发展成为居住、企业和食品种植中心。高铁将各个中心相连，行驶时间不超过一小时。几年之后，即使在冬天，北京的交通拥堵和雾霾也将一去不复返。也就是说，区域和城市发展政策也会把环境政策统筹考虑在内。这一规划于 2015 年宣布，2017 年就开始逐步将北京市政府、各部委、大学、医院和 1200 家工业企业迁出北京城区。

---

[1] 参阅陈宗胜在 2017 年"天津论坛"上的主旨演讲。
[2] 参阅新加坡国立大学郑永年在 2017 年"天津论坛"上的主旨演讲。
[3] 据 2021 年中国公布的第七次全国人口普查结果，京津冀总人口为 1.1037 亿人。作者在此可能加上了流动人口。——译注

中国很早就开始了所谓的"多中心"实验和区域功能细分实验,例如 20 世纪 80 年代初设立经济特区,后来在珠江三角洲和长江三角洲建设城市群,90 年代又进行了其他区域发展试点。2000 年以后,配合户籍制度改革,在相关方案、规划甚至国家法律的基础上启动了十几个新的城市与周边地区的区域协同发展项目,例如"鄱阳湖生态经济区规划"的合作区域就包括长江中游的大城市武汉、长沙和中等城市南昌。[1]

中国通过建立这些新型区域合作机制,克服了我们德国人熟知的地区主义、区域主义和联邦主义的弊端,即本位主义、互不相让,也使得公共行动部门能够适应解决重大问题和提供大量公共产品的需要。在德国联邦制里,地方政府经常公开地相互抵制,比如在各联邦州遇到财政平衡方面的矛盾时往往争执不下,因为根据德国基本法第 29 条"关于联邦领土的重新划分",可是不能轻易改变州属关系的;还有地方领土范围的改革(如德国的"城市州"问题)也是无所适从。[2] 中国不仅敢于触碰这类地区矛盾,而且找到了持续性的解决方案。

超大城市的管理:新型城市规划和城市生态——从"智慧城市"到"聪明城市"

我第一次访问中国是在北京出席一个学术会议,我在会上

---

[1] Yao Changcheng 2018 年在吉林大学经济学院的讲座:《从知识合作的角度研究区域功能多中心结构的形成:对中国 8 个城市群的案例分析》。

[2] 德国基本法(宪法)第 29 条对各州领土范围的变更有严格的程序规定,很难动摇,因此各州碰到财务负担的问题时,往往争执不下,并以行政区划的难题作为理由。另外,德国 16 个州里,有 3 个州是由单一城市组成的,分别是汉堡、柏林、不来梅,因此被称为"城市州"。——译注

偶遇一位熟悉的英国同事。我问："你在这儿做什么？"他回答："我在中国科学院工作，在北京生活。""这个鬼城能生活吗？""当然，而且能过得很好。看来，你对中国城市的看法是错误的。我住在市中心一个舒适的小区里，有很好的邻居和朋友。""就算是吧，可是交通如何呢？到处堵车！""我没买汽车，只有一辆运动自行车。我骑车探究这座城市，到哪儿都很方便，从不塞车。"他看到我目瞪口呆的样子，很是得意。真是这样吗？看来我得仔细消化一下他的话。我只好把话题转到我们俩下午要做的报告，这至少不会尴尬。但从那以后，我开始注意北京的自行车道，发现它既宽阔又安全，也就是占地大，而且与机动车道分开。还有，市中心每个街角都能找到可租用的自行车。

如前所述，要长期妥善管理上亿人口的合作地区，或管理1500万、2000万甚至2500万人口的单个城市，需要全新的知识和分析能力，特别是需要掌握普通人乘坐公共交通和购物的习惯，以及业余时间的行为习惯和每天、每周、每月甚至每年安排时间的一般情况，这就是人们常说的大数据。

中国的城市政策避免了资本主义国家超大城市的噩梦[1]，例如，东南亚一些大城市贫民窟成堆、根本无法治理，部分城区的生活质量完全无从谈起[2]。中国城市已经成为电子控制交通的"智慧城市"，人们的行动得到记录和分析。网络基础设

---

[1] Jörg Kronauer：《美国和中国的气候政策》，此文称，按芝加哥大学能源政策研究所的分析，世界上空气质量最差的20个城市中，15个位于亲西方的资本主义国家印度。原载《青年世界报》，2019年8月7日。

[2] 有关东南亚大城市的状况，可参阅安德烈·弗尔切克的文章《中国的"一带一路"可能挽救被破坏了的东南亚》，2019年8月12日发表，见www.globalresearch.ca。

施被纳入众多跨学科的研究项目，调查人们对空间和时间的利用情况、相应的行为方式，目的是提高生活质量，增进社会团结，改善城市治理。[1]

中国的公众舆论、学术会议、公开文献就以上这一切都展开了广泛的讨论和评论，碰到具体政策实施时也是如此。但是，西方媒体显然自以为比中国人更了解中国的事实真相，并断言中国就是打算建立一个新的、全面监控的专制国家。人们只有费尽气力才能看透并摆脱西方媒体那种心理情感暗示性的、以主观意见取代客观报道的喧嚣（"我们的智慧城市是好的，中国的智慧城市就是专制！"），这才发现中国发展的真实情况原来大大的不同：中国的超大城市才是真的组织有序、管理良好，不仅看不到我们熟知的"第三世界暴力横行"的模样，而且是干净整洁、多姿多彩得令人吃惊并能够长期保持，都市中弥漫着相对轻松的气氛。至于人脸识别和所谓的"网络专制"，我在后面还将进行分析。

在城市中，高层建筑群组成一个个小区，每个建筑群风格各异，色彩不同，都有完善的基础设施，并种有花草树木。这些高层建筑往往是商住两用，即使在核心城区也是如此。新的公园和树木随处可见，而且自成体系。人们想尽各种科技手段，充分利用植树造林和城市绿化的经验。2017 年，中国成立了一个由 285 座城市组成的绿色城市网。哲学家和记者安德烈·弗尔切克（André Vltchek）曾经做过这样的描述：

---

[1] 参阅 Shen Zhengjiang《概述：中国城市规划管理的大数据支撑》，原文见他与 Li Miaoyi 合著的《城市规划管理的大数据支撑，地理信息学进展》一书（2018 年施普林格出版社出版）。

（中国的）城市干净整洁，绿树成荫，注重环保。到处是公园和为成年人及孩子们准备的健身器械。在城市中心，奔跑着一流的符合环保要求的交通工具，建有令人印象深刻的博物馆、音乐厅、出色的大学和医疗中心……见不到乞丐和贫民窟，也看不到贫困。凡是初次来到中国的外国人都会感到震惊，中国看上去比美国和英国富裕得多。中国人不需要等到人均年收入达到5万美元才能过上好日子，他们现在就把环境保护得很好，把伟大的文化发展传承得很好。[1]

西方银行和房地产业的金融资本主义原则是，在尽量短的时间内让每一寸土地产生最大的利润。这一点在中国显然行不通，至少不起主导作用，因为中国的城市用地讲究变化多样、轻松自然。

昔日巴塞罗那的首席规划师、当今国际设计大师高大伟（David Gosset），是一位为大城市的生态化、人性化和小型化积极建言的人，他在2017年的"天津论坛"上就如何从基于人工智能的"智慧城市"变成生态可持续的"聪明城市"发表演说，当时讲了这样一句耐人寻味的话："我的主张得以最大限度实现的国家是中国。"[2]

城市动员、参与和支援：城市社区

原则上说，与互不来往的城里人相比，农村地区的邻里交

---

[1] 安德烈·弗尔切克：《西方为何固执地无视中国的成就》，见 einarschlereth.blogspot.com。
[2] 参阅高大伟（David Gosset）在2017年"天津论坛"上的主旨演讲。

流和关系更容易组织起来。一个村就那么多人，关系网较小，老百姓之间的互信程度向来较高，反过来彼此之间也容易尽社会责任（当然，事情也有另一面：如果通过政府组织合作的程度过高，也可能导致社会控制太严、社会关系生硬）。不过，城市也绝不是一个没有组织的庞然大物，更不是说居民老死不相往来。事实上，中国的城市从物理和社会两个层次都具备丰富的组织结构，前者如城区、次中心，当然还一直有小区，后者如居民委员会、街道办事处、业主委员会。

在中国，除了家庭和家族网络、传统形式的工作单位，以及居住地的广泛关系网，现在又出现了一个进行社会（自我）组织、动员、居民参与和具有行动能力的层级，也就是城市社区。

社区是居委会的现代形式，而居委会自中华人民共和国成立初期就存在。20世纪90年代以来，社区取代了"单位"的功能，即对居民的生老病死全都负责，包括消费、业余生活和社保。社区是以居住区为基础的。与单位一样，社区的职责和权力是通过居民自治完成国家的任务。

这样说来，社区相当于政府把最低管理层融入社会。这与昔日东欧的社会主义国家有些类似。比如在原东德，企业委员会就是一种公民、社会的组织形式，承担了国家的初级司法职责：轻罪和中等程度的犯罪不必由政府出面，而是由社会自治机构来解决；企业范畴内的违法和犯罪行为由企业委员会的同事来裁决。裁决结果一般不是被送往监狱服刑（不像美国把犯人都投入监狱，从而成为囚犯占人口比例最高的国家），而是让过失者继续工作、保留其社会关系并与社会融合。这样，被惩罚者可以更快地重新融入社会，而不是终生被打上烙印，并在狱中或出狱后出现重新犯罪的危险。

中国城市的社区和上述情况类似，它们负责在计划生育、育儿和女性维权方面提供咨询和帮助，方便老年人、残疾人和低收入者的生活，处理社保、环境、文化、教育、治安和冲突调解等事务。[1] 社区为穷人开辟收入渠道，帮助住房业主（中国人几乎都是业主）解决问题。社区里有政府机构的代表，也设有共产党的组织。

或许，中国正在探索一条发展路径，期待由此更好地开展社会动员，使居民学习社会参与，转变国家治理的基层形式，最终使社会变得更为和谐活泼，进而实现广泛的实质性的（直接）民主。

---

[1] Thomas Heberer：《作为城市管理新型机构的社区》，摘自《中国城市发展手册》（2019年出版），第360—391页。

第十章 "最大的环境污染者!"环境与气候保护：从西方的垃圾站变成生态榜样国家，全面的生态革命，广泛的植树造林，蚂蚁森林软件……

依赖与解放：从西方的世界工厂到生态的自我解放

"中国，世界头号环境污染者"、"世界最大的二氧化碳排放者"……类似的报道已经延续了很长时间，今天仍然是大多数西方媒体的基调。的确，在过去几年里的某个时段，中国在快速崛起成世界头号大国的进程中也变成了世界最大的二氧化碳排放者（占全世界排放量的28%），超过了美国（占全世界排放量的16%）。

不过，一半真相有时候也会成为全部谎言。事实上，中国二氧化碳排放量的曲线自2011年以来呈下降趋势，而且从那以后再没有出现过反弹（与资本主义国家印度和世界平均值呈相反态势）。[1]

排放量绝对值的下降有诸多原因，有的是基于大面积的"去工业化"和在国外的"离岸生产"，美国和其他西方发达资

---

[1] 所有数据均引自 Joachim Jahnke 的文章《气候紧急状态：一个绿党领导的政府可能做出什么改变？》，2019年5月29日发表，见 www.jjahnke.net。

本主义国家便是如此，它们将排放量大的产业迁移到工资成本和环保标准低的国家；有的则是因为经济大滑坡以及随之而来的国内生产总值的大幅下降，比如俄罗斯在20世纪90年代向资本主义方向转型时的情况。中国的情况完全相反，国内生产总值迅速增长，这意味着生态生产力的提高，亦即每个生产单位的二氧化碳排放量下降。中国在生态领域仍然存在巨大的技术改进空间，并且正在大踏步前进。我们稍后也将讨论中国在国际上相对较低的人均排放量问题。

有些作者甚至认定，中国就是气候灾难以及正在到来的生态崩溃的罪魁祸首，因为中国执意追求崛起和"无条件的"增长，因为政府"为了自己的统治需要"去诱导人民大量消费，因为中国"投资成瘾"，还因为中国不得不将"过剩的产能输出"、将资本投资到其他国家。[1] 他们认为，中国从煤炭到天然气的转型毫无效果，中国的体制本身就是一场噩梦，必须来一场"真正的"革命。[2] 这些论调听起来不是天外奇谈，就是给人恍若隔世之感。知道它们是从哪里出笼的吗？竟然是出自作者1989年在加利福尼亚大学洛杉矶分校撰写的博士论文！虽然时过境迁，却还可以像循环电影反复播放一样，为"中国体制注定失败"这个论点的推陈出新提供佐证，为德国报纸杂志和大众媒体传播"中国现状之糟超乎想象"不断增添新的叙事。人们不禁要问：作者什么时候才能下定决心再考证一下自己30年前的认知是否符合21世纪的现实呢？

---

[1] 历史学家Richard Smith就是这样认为的。参阅他撰写的文章《中国的驾车者与全球生态崩溃》，原载 *Real-world Economics Review* 2017年第82期。

[2] 同上，第23—25、27—28页。

人们总是将自身的认知水平和本国体制的发展前景投射到他人身上。例如，特朗普推行对各国都具有破坏性的"美国优先"政策，于是很多西方媒体便热衷于认为中国同样在奉行"中国优先"的政策。[1] 这要是西格蒙德·弗洛伊德地下有知，一定也会乐翻天了。[2] 因此，我接下来要依据事实而不是这些假新闻来分析当今中国的生态现实。

如果想了解一个国家环保行动的内在关联、出台原因和未来前景，首先必须考察那些具有说服力的与体制有关的指标。例如，可以首先确认，中国人均二氧化碳排放量仅仅位居世界第八，不到美国的一半，甚至排在德国和日本后面。尽管工业产值在中国国内生产总值的占比超过平均水平[3]，但人均排放量只略高于世界平均水平。[4] 工业占比极低的服务业国家，如卢森堡和瑞士，不管人口多少，排放量当然很低。

改革开放后，中国有近30年为西方进行廉价生产的历史，这段历史中，工业占比很高，而且经济是粗放型、依赖西方的，大量生产造成了生态损害。现在中国正在大踏步地摆脱作为西方的世界工厂的历史，并且使生态效率直线上升，目前已经达到最发达工业国家的水平。这个发展趋势是稳定的，因此人们完全可以预计，过不了几年，中国的单位国内生产总值二

---

[1] 参见本书上篇。
[2] 西格蒙德·弗洛伊德：奥地利心理学家，精神分析学的创造人，曾提出"自由联想法"等精神分析方法。作者在这里的写法具有强烈讽刺意味。——译注
[3] 2019年（作者完成本书的前一年），中国第二产业增加值占国内生产总值的比重为39.0%，比美欧发达国家的占比明显高出一截。——译注
[4] 除了Jahnke的文章外，还可参阅Marcel Kunzmann《社会主义在中国的理论、体系与实践》，2018年第2版，第95页。

氧化碳排放量就将低于最富裕资本主义国家的水平。

中国能源利用效率的提高还可以用另一个数据来说明：其能耗的增长已经降到国内生产总值增长的 1/3。照此趋势，不出几年，中国的能源利用效率也将明显高于西方工业国家。[1]

西方工业国家的商业模式一直是：将自身的劳动密集型、生态破坏型廉价商品生产基地转移到不发达国家，以提高自己的生态成绩，维持本国国民较高的健康生活水平。据估计，德国 1990 年以来减排量的约 30%，归功于它将生产基地迁到中国和其他国家。[2]

因此德国是如何成为"环保先驱"的，就不用赘述了。

德国也是仅次于美国和日本的世界第三大垃圾出口国。我们的生产和生活垃圾的焚烧是要由其他国家来负责的，但产生的二氧化碳排放量却不能算在我们头上。不过，几年前，中国终止了垃圾进口的历史。

通过这种转移策略，英国和美国等发达资本主义工业国先后实现了将近百分之百的去工业化。但在特朗普任期内，美国又把简单的工业品生产迁回美国，并改变了环保评价政策：美国二氧化碳排放量的增长应该作为一项成绩载入史册。

我们这样总结资本主义的生态政策有什么不公平吗？一点都没有！美国这个帝国领导的西方资本主义阵营主宰着世界，推行它自己的全球化，在这一进程中一分一秒都没有考虑过推动全球的生态发展。美国不去提供让全人类受益的环保新技术

---

[1] 参阅 Marcel Kunzmann《社会主义在中国的理论、体系与实践》，2018 年第 2 版，第 88 页。

[2] 同上。

和生产新方法,而是只关心自己的"前院"(美国的"后院"反正不值得一看)。所以说,我们今天面对的全球生态灾难很大程度上应该归咎于富裕国家的生产转移。

不过,在这方面,中国也是发展中国家的少数例外之一。作为世界上最穷的发展中国家之一,中国早先面对资本主义世界的行事逻辑时,多少也有点无可奈何。但是时间长了,中国这个"世界外包工厂"的角色倒是扮演得越来越有成效——它尽管贫穷,却拥有社会统合能力,组织有序并且能够统一行动。中国在扮演西方"生产后院"这个角色的同时,融入了辩证法的思维——为自己制定了明确的重新崛起和改善人民生活水平的发展目标。为了实现这些目标,它计划向西方不断学习技术、组织和管理知识,持续改进产品质量,坚持进行生产流程创新,创造外贸顺差,一句话,奋力走上高速发展道路。

中国不得不向西方反复要求,不能只把"最脏的"生产任务交给中国,中国既要保持生产成本低廉,也要保证产品质量和组织高效,不仅要得到自己应该得到的东西,而且应该得到"更好的"东西。要完成这种"走钢丝"一样的平衡,西方就应该提供更高技术含量甚至技术尖端的东西,这些东西可以在中国生产,也可以越来越多地与中国合作生产。西方科技巨头倒也认为这一要求越来越具有诱惑力,因为那里的工人训练有素,积极上进,组织有序,勤奋好学,而且加班制度比较灵活,管理制度也与之配套。这些都是西方大公司颇为看重的。中国的情况证明,社会主义的发展与生产的高效不是一对矛盾,而是从长远看、从国家层面看相辅相成的因素。

中国人腰板儿越挺越直了,但在这一过程中,西方多次指责中国进行"技术剽窃",其实西方公司基本上没有把先进工艺,特别是环保技术出口到中国,或在中国进行运用。其他领域出口到中国的比较敏感的技术,西方企业也故意挑选已经过时的东西。中国的航空工业就是一个证明:由于直到21世纪头十年出口到中国的都是陈旧技术,因此中国的航空业要比西方大约落后20年。

事实上,是美国在中华人民共和国成立之初便对中国实行技术禁运,使中国在整个发展过程中或多或少地被排除在重要的技术进步之外,只有奢侈品生产技术可能是个例外。[1]因此,中国在"大跃进"和"文革"时期未能与最初的计算机技术接轨,特别在基础计算机技术领域没有拿出自己的专利,不得不花重金从西方购买专利和许可证。[2] 今天,中国仍然是世界上为许可证支出最多的国家之一。没有一家西方企业真正自愿(或被允许)把敏感领域的尖端技术带到中国。[3] 直到2000年以后,中国才开始恢复数千年历史上的科技优势,并在尖端技术领域与世界接轨,以后也将在所有技术领域与西方并驾齐驱。现在已经有迹象表明,中国在许多技术领域取得了领先,对西方实现了弯道超车。[4] 如今,美国再次打响技术战,企图在最后一刻阻止中国崛起成为世界头号强国,例如,2019年10月在华盛顿召开的国际宇航大会就将中国科学家和企业代表排除在外。[5] 经济与技术战当

---

[1] Larry Romanoff:《中国发明史:现状与未来》,2019年10月24日发表,见 www.globalreserch.ca。
[2] 同上。
[3] 同上。
[4] 同上。
[5] 同上。

然不可能解决任何问题，而且最可能给美国自身带来痛苦的感受。

资本主义国家没有帮助过任何一个发展中国家实现生态解放的国家目标，尽管有一些像德国这样的国家很愿意出售自己的优良生态技术。不过，要说为发展中国家和新兴经济体去制定并实施全国性"生态发展战略"，德国又不愿意，也认为没有钱可赚，当然过去几十年里西方在这方面也没有展示出必需的集体行动能力。

换言之，中国的生态解放道路是一条自力更生的道路。当它还是一个发展中国家、人均收入相当低的时候，它就开始迈出生态脚步。今天，中国进入了中等收入国家的行列，但仍然只排在世界第70位左右。也就是说，在生态问题上，中国首先放下身段，当拥有了足够的收入、知识、资金、投资和行动能力时，才开始真正向前跃进，争取成为"生态世界冠军"。

二氧化碳排放量、调控、环保动员和真正有效的市场经济

我们来重新聚焦中国曾经是"二氧化碳排放世界冠军"这件事。前面已经叙述了中国城市和地方以生态环保为标准取得的进展。今天，中国的城市和地区全面加入了"低碳政策试点"。中国按照将交通产生的二氧化碳排放降至最低的标准，对城市、乡村和区域建设进行重新规划，要求所有有关部门、领域和个人（从政策制定到汽车、铁路、航空等交通部门，从产业政策到空间规划，从建筑设计到消费习惯）加强协调、形成合力。[1]

中国的经验表明，企业为执行更为严格的二氧化碳排放标准，不得不加强提高效率和促进创新的投资，但从中期看竞争力也提高了。[2] 而认真开展"低碳政策试点"的省份和城市（是否参加试点可自由决定）也取得了更高速的增长。[3]

事实证明，只有这样，市场经济才能有效运转，也本该这样运转：它按照人类的需要、意愿和所做的决定进行灵活调整。这样看来，中国对市场经济的理解比德国历届联合政府都要到位。几十年来，德国联合政府只知道在欧盟层面不遗余力地维护德国汽车业赚取利润的短期利益，一再阻挠更严格的生态尾气标准出台。

无论如何，我们购买中国制造的廉价塑料商品的时代即将成为过去。资本主义国家为几亿名西方低收入者在中国生产廉价商品，却对环境造成了污染，现在不得不把生产基地不断迁出中国，这不仅仅是因为中国人的工资提高了，也是因为中国制定的环保标准在不断更高，也就是说，中国不能再为这样的生产方式提供一席之地了。

中国成功地将环保技术打造成经济增长和生产力提高的抓手，城市乡村都被"推入"一场"向上竞争"的竞赛。这表明，

---

[1] 参阅 Niu Hongleo、Lekse、William 合著的文章《从中国经验看区域城市化带来的碳排放效应》，原载《经济学电子杂志》2018 年第 44 期，2018 年 7 月 12 日出版。

[2] FEI Yang 等：《减排能够促进经济发展吗？——以中国为例》，原载《经济学电子杂志》2019 年第 13 期，2019 年 2 月 12 日出版。

[3] 同上。

市场经济的竞争结果并非注定是"向下竞争"。[1] 中国甚至计划到 2030 年实现碳达峰，到本世纪中叶（2050 年）[2] 实现碳中和（"零碳经济"），同时完成预定发展目标。[3] 不过大家都知道，中国现在就已经变成世界上最大的可再生能源提供者了。

停止进口西方垃圾

前面已经提到，中国愿意充当西方垃圾站的时代已经一去不复返。人们把我们肆无忌惮的生产和包装方式以及消费和垃圾处理习惯称为"帝国主义的生活方式"，是完全恰如其分的，[4] 我们还自以为拥有"生态意识"，其实这不过是一种幻觉——我们实现减排，仅仅是因为我们将大多数需要"再生"的垃圾出口到了不够发达的国家。今后我们不得不寻找其他买主，因为中国自 2018 年以来不再进口西方的塑料垃圾（其他东亚国家也在学习中国的做法），这些垃圾将运往那些无力反抗西方"健康"生产生活方式（实际上是输出污染）的国家。

还有一种原因导致这一结果，即，中国这些年来鼓励公民提高环保意识，导致环保意识显著提高，公民对企业的环保情

---

[1] 参阅 ZHUANG Miao、Tomas Balezentis 等合著的文章《环保成绩与中国大气污染排放：以 3 大区域和 10 个城市群为例》，原载《环境与资源经济学》2019 年第 74 期，第 211—242 页。

[2] 原文如此。但中国官方宣布的目标是：二氧化碳排放力争于 2030 年前达到峰值，努力争取 2060 年前实现碳中和。——译注

[3] 参阅 WANG Mingjie 的文章《报告显示中国能够充分发展并将排放量降至零》，原载《中国日报》，2020 年 1 月 26 日。

[4] Ulrich Brand、Markus Wissen：《帝国主义的生活方式：论全球化资本主义时代对人和大自然的剥削》（慕尼黑，oekom 出版社出版），2017 年。

况也格外关注,动辄采取环保抗议行动。[1]

告别煤炭,发展光伏,开发使用电池和不带电池的电动车

我们前面谈到,中国煤炭开采量已经下降并且关闭了许多煤电站。结果是,北京的空气质量明显好转,走在街上,嗓子也不再有发痒的感觉。我们也已经提到中国成了世界光伏市场冠军,北京房屋顶上生产的太阳能比整个联邦德国都要多。可再生及无碳能源占比越来越高,[2] 据世界经济论坛预测,2022年,中国生产的清洁能源将占全世界的40%。[3]

中国在电动车领域居世界领先地位,包括各式电动汽车、电动载重车和电动叉车在内。20世纪90年代,含铅汽油在一年之内(从作出决定到付诸实施)就被禁止使用。今天,虽然内燃发动机仍占多数,但是中国规定的汽油效率的最低标准使德国汽车厂家在中国生产的汽车整体能耗低于德国。[4]

现在中国有50多万个电动车充电站,这并不令人惊讶。从2019年开始,中国就规定汽车厂家出售汽车的10%必须是电动车。中国客户可在75种型号电动车之间挑选。中国大城

---

[1] Thomas Johnson:《中国城市的环保抗议》,摘自《中国城市发展手册》,2019年出版,第329—342页。

[2] Simon Göß:《2019年中国的可再生能源》,2019年9月9日发表,见blog.energybrainpool.com。

[3] Jörg Kronauer:《美国和中国的气候政策》,原载《青年世界报》,2019年8月7日。

[4] Jared Diamond、LIU Jianguo:《全球化世界里的中国环境》,原载《自然》2005年第435期,第1179—1186页。

市抽签的车号（2018年，北京只有10万个新车号）中，大多数是发给替代性发动机的绿色车牌，一些大城市已经不发放内燃发动机汽车所用的蓝色车牌。

这样，中国的公路上每年可减少2000万辆内燃发动机汽车。2018年，中国政府禁止批量生产553种型号汽车（多数是中国与西方汽车巨头合资的企业研制的），理由是能耗过高。这类例子还可以举出很多，其中每一个例子在德国都足以引起一场不大不小的震动。由于德国汽车公司在电动车领域进步缓慢，使我们在读这类消息的时候，不由得想到"德国汽车制造商的慢性自杀"。[1]

中国正在进行全面研发。我们前面提到中国首批无电池电动车的高速路试验，汽车驱动靠的是太阳能电池板和感应电流。我们也提到了氢能驱动的汽车。几年之后，中国将不再进口内燃发动机汽车，到2050年，这类汽车估计只能在博物馆里看到了。

2019年12月，中国政府为未来汽车技术制定的一项新战略再度引发德国汽车工业的恐慌：鉴于日趋明显的大批量生产电池的负面效应（世界范围内锂的资源有限，耗电量过高），中国开始探索新的驱动技术。[2]氢能、太阳电池感应电流和其他技术被正式置于与电池电动车同等重要的地位。氢燃料电池汽车似乎更适宜长途，而电池驱动的汽车一般胜任短途。德国汽车工业为了适应中国市场和中国有关技术进步的规定刚刚开始向电动车转型，中国又出此"大招"！但德国交通专家认为

---

[1] Madeleine Genzsch：《德国汽车制造商的自杀》，原载《生态中国》，2018年10月29日。

[2] 参阅《施泰因加特晨间简讯》，2019年12月16日。

中国的举动是"绝对正确"的。[1] 不过，德国汽车业是否具备再转型的规划、投资和重组能力，来跟上这一重大交通技术战略转变，则是个很大的问题，迄今为止，德国汽车业和高层决策者都还没有找到答案。

最近又有报道说，中国已经开始减少寿命较短的廉价电动车的生产，转而生产寿命更长、质量更高的电动车，这又会使国际汽车工业感到巨大压力。[2]

目前，工业界、经济媒体和德国经济部长都在呼吁自身和欧盟制定统一的工业政策，认为只有这样，德国和欧盟才能具备与中国平起平坐的行动能力，也才能够与中国平等合作、共创未来，而不是互相敌对、挑起冲突，更不能举棋不定，陷入被敲诈和受依赖的境地。不过，德国从施密特到科尔再到施罗德、默克尔统治时期，早已在我们这个新自由主义"模范国家"里深深根植了意识形态的堤防和心理堤防，德国人历史上也形成了在"东方"寻找（而且一定能找到）"敌人"的"基因"，要改变这种状况，作出正确的确定，何其难也！

最后，我们也提到了世界上规模最大、效率最高的有轨高铁网。中国拥有3万公里的高铁线[3]，占全球高铁网络的2/3以上，这些"子弹头列车"时速已达350公里，下一代列车将达到450公里。这个网络还在迅速扩建，不像德国在缩短。中国的高铁既舒适轻松又准时（准点率超过99%）快捷，富有吸

---

[1] 参阅《施泰因加特晨间简讯》，2019年12月16日。

[2] Frank Schumann：《中国生产更高质量的电动车》，原载《青年世界报》，2019年12月23日。

[3] 据新华社2023年12月11日报道，中国高铁运营里程已达4.37万公里。——译注

引力，已经在很大程度上取代了私家车和飞机。[1]

将交通引上铁轨：百万柴油载重车被禁行

为了实现生态转型，中国特别注重电气化铁路建设。电力机车已成为主要的货运工具，在不久的将来，它也将取代运输量巨大的亚欧船运的一部分。至于卡车运输污染环境的现象，在中国将不存在，不像德国高速公路右道上川流不息的卡车长龙艰难前行。

中国生态领域几乎每天都有新消息传来。为进一步降低二氧化碳和炭黑排放量，中国于2019年1月宣布，在2020年底之前禁止大约100万辆柴油载重车上路。[2] 即使是平素不说中国一句好话的德国电视一台晚8点的《每日新闻》节目，也对此做了报道。[3] 中国的长途货运由铁路承担，短途货运由大小不一的电动卡车完成。[4]

"可再生乘车"：用20个空塑料瓶换一张地铁票或为手机充值

中国的环保创意和实验层出不穷，例如，在北京的地铁站，设置了400个（2018年）专用自动回收箱。在这里，空

---

[1] Madeleine Genzsch：《时速350公里而且不晚点》，2019年11月28日发表，见 genzsch.wordpress.com。
[2] 参阅《更为严格的规定：中国拿载重车开刀》，原载《法兰克福汇报》，2019年1月6日。
[3] 见2019年1月5日的 www.tagesschau.de。
[4] 同上。

塑料瓶成了支付地铁票的工具。[1] 依据投入空瓶的数量，乘客可以换到 1 张或多张地铁票，也可以领到 1 张或多张手机充值凭单或上网凭单。这类自动回收箱也设在学校、居民区和购物中心，不久将达到 5000 个。如果中国说"不久"，那么很可能"后天"就能实现，而不是 5 年或 10 年。

在德国，捡空瓶子投入回收箱的差事通常是由流浪汉和生活贫穷的退休老人来做，他们是因为生活所迫，但中国的上述措施则是动员普通人参与，培养大众的环保习惯。对很多人（例如学生）来说，收集空瓶进行回收是个乐趣，因为他们可以借此预付手机卡的通话时长。[2]

难道这就是你们眼里的邪恶的生态专制国家和阴险的警察国家吗？这就是你们臆想的一切为监视服务吗？

告别国内航班：新的磁悬浮列车时速将达到 600 公里

二氧化碳最大的排放源之一是航空行业（在这个意义上，不妨称之为"航空造孽业"[3]）。与"子弹头列车"相比，中国国内短程和中程航班（比如北京至上海）几乎不再有时间上的优势。下一代时速 450 公里的列车将更加降低国内飞行的吸引力。

磁悬浮技术在中国和日本最为成熟。2019 年，中国推出一种新型的时速达 600 公里的磁悬浮列车，计划于 2021 年开

---

[1] 参阅《20 个塑料瓶换一张地铁票》，2018 年 11 月 20 日，见 genzsch.wordpress.com。
[2] 同上。
[3] "行业"在德语里是"Wesen"，加一个前缀"Un"，便成了"Unwesen"，是"乱象"的意思。作者的讽刺意味明显。——译注

始批量生产。迄今全世界只有几段磁悬浮线路，包括连接上海市区和机场的那一段传奇路线。[1] 计划中的北京—上海线将使飞行变得毫无意义，加上中途停车减速等时间，整个车程将只需要 3 个半小时，而乘飞机前后加起来则需要 4 个半小时。[2]

这样的理念将推而广之。从长远来说，中国国内的短程和中程飞行将成为高碳时代的古董。而列车的用电将越来越少地依赖煤电站，如果有一个国家能做到，那么从现在来看，它只可能是中国。

植树、植树、植树……大规模造林

很多初来乍到的人都会先入为主地认为中国的城市一定像东南亚、拉美或非洲数百万人口的大城市一样嘈杂混乱，但是当他踏上中国的土地，他会因城市和乡村的清洁有序而不敢相信自己的眼睛，公园里和立交桥下也看不到旧金山那样的成群无家可归者的聚居区，城里也看不到流浪汉游荡。

6 年前我第一次到中国时的第一印象（其实是第二印象，第一印象是抵达机场后的嗓子发痒）是从北京到天津的约 150 公里高速公路两旁的树木：看上去无穷无尽，栽在两旁 50 至 100 米的纵深，多数显然还没长几年，且每棵树都围有一个竹架，到处都是园林工人忙碌的身影。我了解到，这的确是

---

[1] 上海磁悬浮列车引进的是德国技术，2006 年 4 月 27 日正式投入商业运营，而德国自己的商业试运营线路恰在 2006 年 9 月 22 日发生重大脱轨事故，造成 20 多人死亡，被迫停止运营，因此德国人格外关注上海磁悬浮列车的情况，给它赋予了很多传奇色彩。——译注

[2] Werner Pluta：《中国推出高速磁悬浮列车》，2019 年 5 月 27 日发表，见 www.golem.de。

2008年组织的第一场植树行动留下的，当时既是为了迎接北京奥运会，也是为了应对金融危机进行投资刺激，包括环保投资。我经过一番调查后发现，2008年至2009年间，中国政府单为北京及周边地区的植树投资就达60亿美元。当时，中国推出占国内生产总值8%（5500亿美元）的庞大经济刺激计划，并在2015年因此成为世界经济增长的火车头。中国的大手笔也帮助德国克服了危机，因为德国在那几年里对中国的出口连创纪录（参见本书导言）。

中国从1978年就有了全国性植树造林计划。1998年，全国范围内禁止砍伐林木；2000年，中国出台退耕还林的生态修复计划。[1]

乘坐高铁经过农村的时候也得到类似印象：村庄和田野整齐有序，小康生活初见端倪，且非简单的、物质意义上的小康，而是包括时间宽裕和质量提升的小康。村庄里和农田上的农民不是挥汗如雨，也不像大家经常看到的德国情景那样坐在大型农机上，而是安安静静地干着活，不时交谈几句。

清洁工——绿色城市的守护者

大街和高速路上，随处可见清洁工和他们的三轮车或清洁车，清洁工中有男有女。在高速路上，据我目测，他们每人负责几百米或1公里。有时候他们占据了马路右道的一半，可能正在工间休息，驾车人都会自觉地绕大弯避开他们。他们堪称中国公共街道上的权威，没有人忍心在他们的工作地点投放垃

---

[1] Jared Diamond、LIU Jianguo：《全球化世界里的中国环境》，2005年。

圾。他们是中国城市和街道无处不在的"绿色清洁使者"，无形中影响着人们（特别是驾车人）的行为方式和生态意识，其成绩显而易见：中国的城市整体上说非常干净整洁，街心花园、绿地和树木错落有致。即使在大都市，去中心化的结构也给人整体敞亮的感觉。我问中国人把塑料垃圾扔到地上会罚款多少，收到的是难以置信的目光：谁会做这种事情呢？

中国对此问题的重视，从2015年一个电视报道引起的反响得见一斑。当时一位女记者报道了城里到处都是建筑工地，而工地上垃圾成堆，风一吹，垃圾就刮到了街道上，社交媒体一片哗然。两周后，环境部部长站到摄像机前，宣布立即采取行动：马上清理企业院子和建筑工地上的垃圾，各类垃圾堆必须覆盖绿色纱网，否则将处以重罚。说到做到，从那以后，建筑工地和企业大院到处可见绿色的纱网。

题外话：
我的德国家乡——地方红绿政府的无能

今天，那位中国女记者尽可以到我的德国家乡来看看，拍摄一下我所在城市[1]的绿化地带和街道两旁的景象：到处都是塑料垃圾，特别是在城市绿地或者说那仅仅用来点缀的可怜的街边绿地上，还有高速公路的出入口也是垃圾堆积的地方。一旦周末天气不错，这些地方在狂欢、狂饮或者大众竞相出门尽情烧烤之后就会垃圾遍地。内城河边的草坪上，金属酒瓶盖比绿草还多，遗留的酒瓶或者破

---

[1] 本书作者生活在德国北部城市不来梅。——译注

碎的酒瓶就更不用说了。这些露天烧烤和聚餐留下的垃圾被扔在光天化日之下，等不到第二天清理，就在夜间被风吹到岸边，吹进河里，之后随着河水流入北海。

近30年来由红绿两派联合执政的不来梅市可以说为世界大洋的死亡作出了超水平的贡献。城内大堤上和河边滩涂上举行的派对长期以来无人管理，塑料垃圾涌入河道肉眼可见，普通民众的环境意识和环境行为糟糕透顶。

不过，尽管不来梅市的统治者是地方政治家，他们的脑子里却装着更重要的事情，一心想参与国际政治，因此各个党派在议会讨论，联合发起紧急议案，向中国发出最强烈的谴责（2019年12月便是如此）。绿党政治家虽然担任了25年的州环境部长，却对不来梅的生态状况以及暴饮狂欢群体数量的不断上涨及其行为方式视而不见，无动于衷。不来梅把足球视为第二宗教，每到周末如果有足球比赛，更是锦上添花，垃圾遍地，堪称生态浩劫。[1]

在新自由主义的资本主义世界，环境是最后一个重要的不受调控的社会领域。在这里，虽然也有刑法存在，但是没人了解，因为环境规则不像交通和社会治安方面的法规那样写在公共指示牌上，随处可见。所以可以说，形同虚设。仔细观察新自由主义资本主义的社会和政治机制，不难发现，环境就像是一个为各种肆无忌惮的个人主义行为方式打开的社会大阀门，各种沮丧都可以在此发泄出来。因为大自然无法在短期内对这种行为方式还以颜色，人们破坏了环境还不自知。政治家们还诱导社会说，每年春天

---

[1] 不来梅足球队是德国足坛一支劲旅，数次获得德甲冠军。——译注

让学生们花几天时间清理一下环境，环保的话题就解决了。

在这一背景下，我想有关城市绿化设施的状态就不必再描述了。而因为城市多年来的紧缩和财政方面的"债务刹车机制"，生态政策早已不在政府考虑的范围之内。既然无人认真管理市容和绿地，市民的环保意识也就日益恶化，最后，漠不关心便成了主流态度。

这种不专业、无能和对人与自然的蔑视似乎还嫌不够，后来，市政府干脆将绿地管理这种公共服务私有化。私人公司还真不含糊，一上来就动用大型设备碾压大自然：不是出动有伤环境、广受诟病的树叶清扫机（产生废气甚多），就是使用大型剪草机、割草机将草地上的塑料垃圾直接碾碎。这不是急功近利，把塑料垃圾从大自然中剥离的机会彻底降到了零吗？

参加"星期五为未来"运动的年青一代很快就会发现，在他们生活的新自由主义、金融资本主义社会里，因为政府无所事事、只搞"债务刹车"一类的东西，改变体制是不可能的，即使有朝一日绿党上台当几天德国总理、举起环保大旗登上政治杂耍的舞台也无济于事。

中国的"森林城市"网络

中国不仅在省市两级进行城市绿色生态重构，还于 2017 年开始建设首座纯粹的"森林城市"。[1] 它选址于广西壮族自

---

[1] Karla Lant：《中国正式开始建设世界上第一座森林城市》，2017 年 6 月 27 日发表，见 www.futurism.com。

治区的柳州市。这座"森林城市"的供电完全来自可再生能源，树木每年可吸收1万吨二氧化碳和57吨危及水资源的有害物质。其由意大利城市建筑师斯特法诺·博埃里（Stefano Boeri）设计，初始规模是个只有3万人口的"村庄"。100个物种和100万株植物、4万棵树将环绕各建筑物，每年可产生约900吨氧气。

城市和建筑物的绿化进程总的来说正在加快。从2004年至2018年，总共有200多个城市申请参加"国家森林城市"评定，其中138个已经获得"国家森林城市"称号。[1] 过去5年里，每个参与创建的城市年均新增造林面积1.3万多公顷，[2] 预计到2025年，将有大约300座城市获得"国家森林城市"称号，加入"国家森林城市"网络，以便交流经验。到2035年，这一网络将成为"美丽中国国家计划"的有机组成部分。[3]

15%的国土成为国家公园和生态保护区，重新使用传统的农业方法

21世纪初，中国已建成1757个自然保护区。[4] 除此之外，

---

[1] 2004年，原国家林业局启动国家森林城市创建活动，由此拉开了中国森林城市建设的序幕。据《人民日报》2017年10月11日报道，"截至目前，国家森林城市已达137个"，与本书所说"138个"略有出入。另据《人民日报海外版》2024年1月6日报道，"截至目前，全国共建成国家森林城市219个"。——译注

[2] 参阅《中国到2025年将建成300座森林城市》，2018年7月9日发表于《中国日报》，见www.chinadaily.com.cn。

[3] 同上。

[4] Jared Diamond、LIU Jianguo:《全球化世界里的中国环境》，2005年。

还有数千个特别保护区。这是一个按照科学划分的生物保护和发展区域的体系，包括简单的禁猎区、禁渔区、禁伐木区和水资源保护区到特殊的"森林原生资源保护区"。今天，自然保护地的总数达到 1.1 万个。[1]2016 年，中国陆域面积的 15% 已经成为这类保护和发展区（美国大约 7%），[2] 并呈上升趋势。中国的森林面积从 1990 年的接近 17% 提高到了 2017 年的 22% 多。[3]

同时，中国重新大规模使用传统的农作方法，以提升整体生态状况。比如，中国在整个南方地区的水稻田里恢复传统的养鱼业，既改善了动植物的生存状态，又减少了除草剂、农药和化肥的使用。

联合国：中国是唯一一个"沙退人进"的国家并抵销了全球的森林损失

直到不久前，中国每年大约有 2000 平方公里的土地沙漠化，造成巨大损失，包括应对沙尘暴和被迫让 100 万人口从无法居住的地区迁移出去。这些问题很大一部分源自中国自身：早期工农业过度用地用水。

今天，中国是世界上唯一一个成功应对不断严重的沙漠化，并做到"沙退人进"的国家。一般来说，中国人都赋予历

---

[1] 参阅《中国为全球绿地拓展做出了最大贡献》，2019 年 2 月 28 日发表，见 german.china.org.cn。

[2] 据《人民日报》2019 年 11 月 4 日报道，中国已建立各级各类自然保护区 1.18 万处，占国土陆域面积的 18%、海域面积的 4.6%。——译注

[3] 参阅 Marcel Kunzmann《社会主义在中国的理论、体系与实践》，2018 年第 2 版，第 94 页。

史上的"万里长城"以积极的含义,现在中国称此项目为"绿色长城",也是从中发掘出一种民族认同。1978 年以来,中国人已经在戈壁滩周围植树 700 亿棵,可以说覆盖了中国的整个西北部。[1] 到 2050 年,这一数字将上升到近 900 亿棵,总长度 4500 公里,纵深数百公里。[2] 这是"人类历史上最大的自然保护项目",其全面性远非其他项目可比 [3];而且在联合国看来,这是全世界"向沙漠要土地"的典范。[4]

根据中国共产党的一项决议,到 2050 年,中国国土的绿化面积将达到 25%(将近 250 万平方公里),今天这一比率已经达到 23%。[5] 即使是美国航空航天局也在 2019 年初证实,中国的绿化努力居世界首位,排名第二的是印度。[6] 这些努力包括:扩大森林面积(在全世界增长最多)、动员全民植树造林、重建湿地、退耕还林以及建成 1.1 万个自然保护地。新植树木正在接近 1000 亿棵,对二氧化碳的吸收效果非常明显,气候和降雨有大面积改善,这些地方已经收获苹果、核桃、枣

---

[1] 参阅《绿色长城》,2018 年 10 月 4 日发表,见 genzsch.wordpress.com。

[2] Georges Hallermeyer:《中国式气候保护:绿色长城——中国的世纪项目》,原载《新莱茵报》,2019 年 8 月 13 日发表。Hartmut Barth-Engelbart:《中国式气候保护》,2019 年 9 月 1 日发表,见 www.barth-engelbart.de。

[3] 参阅《南德意志报》,2016 年 12 月 22 日。

[4] 联合国环境规划署视频:《联合国环境规划负责人:中国绿化沙漠的努力鼓舞世界》,2017 年 7 月 10 日发表,见 youtube.com;联合国环境规划署网站文章《2018 年 9 月 30 日之前的项目执行情况表》,见 wedocs.unep.org。

[5] Uwe Kerkow:《中国的绿色长城》,2020 年 1 月 16 日发表,见 www.heise.de。

[6] NASA:《美国航空航天局的研究表明,中国和印度在绿化地球方面居领先地位》,2019 年 2 月 11 日发表,见 www.nasa.gov。

和栗子。[1]

由此看来，中国总是能够实现或经常提前实现历次五年规划中的本国环保目标，并在大气、土壤、水污染防治、垃圾处理（包括节庆时候），长江保护修复等方面完成联合国的气候目标，这几乎不令人感到奇怪。[2] 中国的努力也符合人类的核心利益。不过，像在沙漠地区扩大森林面积这样的事听起来简单，实际上是一个异常复杂的项目，需要跨学科的分析、科学指导以及众多公共和私人机构长达几十年的携手合作。还需要在这类计划中对公民进行引导，例如引导每人每年种几棵树。[3]

以库布齐沙漠为例：它是中国的第七大沙漠，距离北京最近。有史以来，它就是北京和河北大规模沙尘暴的发源地之一。经过几十年的植树造林，这一局面得到了有效控制和改善，仅在这一地带就新增森林面积 3200 平方公里。这一项目也被联合国环境规划署视为典范。[4]

今天，这些新增森林大部分不再需要浇水，而是变成了自我稳定保水的体系。沙漠化得到了有效遏制，由狂风吹到城市的沙尘比过去少了 2 亿吨。甚至曾经受到沙尘暴波及的日本和

---

[1] Uwe Kerkow：《中国的绿色长城》，2020 年 1 月 16 日发表，见 www.heise.de。

[2] 参阅中国网《中国实现 2018 年的目标》，2019 年 1 月 21 日发表，见 german.china.org.cn。

[3] 参阅 Marcel Kunzmann《社会主义在中国的理论、体系与实践》，2018 年第 2 版，第 94 页。

[4] 参阅中国网《库布齐沙漠的绿色奇迹》，2019 年 5 月 20 日发表，见 german.china.org.cn；联合国环境规划署《库布齐生态修复项目回顾：沙漠绿色经济示范工程》，2015 年，见 wedocs.unep.org。

韩国也因此获益。以前受到威胁的居住区又成了宜居之地。

在全世界每年因乱砍滥伐和资源掠夺而丧失大约1000万公顷的森林、2019年全球热带雨林起火的同时，中国每年却新造森林400万公顷，明显降低了大气中的二氧化碳含量。[1] 上面提到的美国航空航天局也证实，太空照片显示中国明显变绿，中国大步走在全球绿化事业的最前面。

因此，人类有理由希望中国在上述道路上继续取得成功，世界大多数国家也已经看到并承认中国的这一成就。德国绿党和左翼政党政治家们本应对此欢欣鼓舞，但是他们依然认为，与狼一起嚎叫要简单得多。[2]

以人为基础的中国生态革命：环保动员和对企业破坏环境行为的严惩

人类必须进行生态革命，而生态革命要取得成功，无疑必须彻底改变帝国主义的生活方式和我们西方人的具体行为方式。中国的事实生动地告诉我们，如何才能赢得国民对如此超大规模工程的支持：所有相关方，从各级政府、政界、政党及其领导人到企业及其高管，当然还有每家每户，都必须共同参与。我们后面还将谈到中国如何利用社会信用体系来鼓励各方养成面向未来、有利环保的行为方式。

---

[1] 参阅中国网《库布齐沙漠的绿色奇迹》，2019年5月20日发表，见german.china.org.cn；联合国环境规划署《库布齐生态修复项目回顾：沙漠绿色经济示范工程》，2015年，见 wedocs.unep.org。

[2] 在使用这类比喻的时候其实应当向大自然说声"对不起"，因为狼还是聪明、合群、愿意合作的动物呢。

具体到企业及其高管的行为，工业区附近居民越来越成为揭露环境过失的主导力量。中国报纸[1]不仅大量报道有关政治过失的事件（后面还将写到贪污腐败受到公众谴责并且大量减少的情况）[2]，而且经常报道居民检举企业破坏环境的新闻。政府也明确号召百姓提高警惕并举报污染环境的行为。《中国日报》援引一位政府高级代表的话说："企业污染环境的保护伞必须拆除。"[3]

多数情况下，在这类报道发表后会马上采取行动：中央政府和省市政府的环境部门会成立专门小组立即奔赴现场，认真调查，一旦查实就会进行惩罚，并宣布在半年或一年后将检查问题是否已经整改到位。

环保部调查委员会的一份报告说，2016年和2017年共接到居民举报3.8万件，对5700家企业进行调查，4300名企业高管、高级公务员和党组织负责人受到处罚。处罚的典型方式是：禁止或限制相关人员乘坐高铁和飞机，限制贷款。这些是真正让高管们感到难受的措施，而不像德国只是罚款，罚款金额自然由企业来出。报告还提到共有460名高管被逮捕，处罚金额折合美元共计7700万美元。[4]违背环境规定的企业高管不仅可能被禁止个人（个人，而不是企业！）贷款，还会面临如下主要惩罚措施：

---

[1] 提到中国报纸，我大多指的是《中国日报》。该报与《今日美国报》类似，相对而言比较客观，而且考虑到国际受众，背景资料比较丰富。
[2] 参阅《中国日报》，2018年7月6日第5版；2018年7月13日第4版。
[3] 参阅《中国日报》，2018年7月6日第8版。
[4] 参阅《中国日报》，2018年7月10日第5版。同时，在生态中国（Ecological China）的网页（genzsch.wordpress.com）上可以查阅中国广泛生态革命中的众多典型案例。

——一年内禁止乘坐高铁一等座；

——一年内禁止乘坐飞机商务舱；

——一年内完全禁止乘坐飞机。

这些都是能使当事人感到"切肤之痛"的惩罚，更何况如果情节严重，当然也会被判刑。

值得一提的是，自 2015 年以来，从地方到中央政府层级的国家公务员和公共责任者也会因环境过失而被问责，他们的升迁与其环境业绩密切相关。[1]

这与德国对待环境问题的松懈形成鲜明对比，德国人根本不知道还有对环境犯罪可以入刑这一说，汽车行业尾气排放造假的丑闻就是一个例证。[2]

从循环经济到"蔚蓝地图"

这一系列引人瞩目的措施和项目正在使中国经济变成"生态循环经济"。2009 年中国推出"循环经济促进法"，更是将这一思想置于法律的基础上。在世界银行看来，中国在促进物质循环利用方面已经超过多数发达工业国家。[3]

"蔚蓝地图"软件则确定了一个更大的框架：这是一张引起轰动的互动地图，上面可以查到 2006 年以来中国所有公开的环境数据，还有 10 万条地方环境监测记录，31 个内地省

---

[1] 参阅 Marcel Kunzmann《社会主义在中国的理论、体系与实践》，2018 年第 2 版，第 91 页。

[2] 参见本书中篇第五章。——译注

[3] 参阅世界银行《中国循环经济促进法》，2017 年 1 月 27 日发表，见 ppp.worldbank.org。

份、340 座城市、9000 家企业及其对环境的影响的数据，4 万条关于企业环境过失的报道，还能看到用户本地的空气质量和水质量以及天气数据等，都是用户在当地出行时用得着的参考数据。[1]

该软件受到全世界环境运动参与者的追捧，不过模仿起来却并非易事，因为无论是美国还是欧盟，其环境数据的数量和质量都远不能与中国相提并论，更不要说公开利用了。

通过游戏学习生态行为和生态意识：植树软件"蚂蚁森林"

正如前文所述，中国已经成为世界植树造林冠军，并因此成为执行气候保护的《巴黎协定》和完成联合国千年发展目标及可持续发展目标的世界冠军。

也如前面所述，阿里巴巴的支付软件支付宝已经变成了拥有 5 亿多用户的蚂蚁金服。不过这不是我们的兴趣点，我们关心的是中国最大的信息技术和互联网公司是如何为国家减排战略服务的。阿里巴巴推出蚂蚁森林软件，蚂蚁森林可以说是蚂蚁金服的小妹妹，该软件的目的是激励人们在消费和日常生活中表现出环保意识。[2]

蚂蚁森林软件于 2016 年底推出，到 2019 年就拥有了 3 亿多注册用户，他们可以通过环保行为积攒"种树积分"。获得

---

[1]《蔚蓝地图软件——环境软件》，2018 年 8 月 14 日发表，见 genzsch. wordpress.com。蔚蓝地图可在 wwwen.ipe.org.cn 上查到。
[2] 参阅《软件奖励可持续消费行为》，2019 年 3 月 21 日发表，见 genzsch. wordpress.com。

积分的行为包括：

——步行、骑车或乘地铁上班，不开车；

——在线交费，不用纸；

——购物时不用塑料袋；

——购买生态脚印较小的产品：在超市里运用蚂蚁森林软件读取某产品的二氧化碳排放量和生态脚印信息。

经过一段时间的积分后，用户将得到一棵虚拟树，之后用户还要为树"浇水"。再经过一段时间后，虚拟树变成真实的树，阿里巴巴将和其非政府组织伙伴或联合国合作机构一起在中国规定的地区（大多是在与沙漠化斗争的区域内）栽一棵真实的树。

这个游戏让我们想起日本以前的拓麻歌子或现在的宝可梦。不过中国的实践证明，用游戏中的关怀原理不仅能做毫无意义、消磨时间的事情，还能在游戏中让现实世界变得更好。通过蚂蚁森林，截至2019年，人们已经在507平方公里的土地上种植了5500多万棵树，价值8000万美元，共计减少150万吨二氧化碳排放量。

蚂蚁森林受到联合国开发计划署的嘉奖。2017年，联合国环境规划署成为蚂蚁森林的合作伙伴。

我们当然又可以想象西方媒体的批评：这一切都是为了采集数据，为了完善监督和独裁！当然，他们会说，宝可梦是不会收集数据的。

"每天为未来"

中国的年轻人有必要参加世界范围内的"星期五为未来"

学生运动吗？在我们了解了中国在环境和气候保护方面的努力之后，我认为这样的想法是很荒唐的。中国把建设生态未来变成了一个全社会的项目：人们积极植树，举报环境违法事件，不糟蹋环境，这一切不是在一周的某一天，而是发生在每一天。中国的学生们不必为了迫使本国政治家关注环境和气候保护而罢课游行，中国的关注已经转变为全民的国家计划。年轻人可以通过敞开的大门走出去，并积极投身环保事业。

中国的消费者不必为选择更为生态的产品而绞尽脑汁，也不必为让这些产品在超市上架而斗争。在中国，创新企业已经融入国家生态和气候战略，它们会向商店提供生态产品，其生态意识至少与消费者一样先进。企业勇做开路先锋，这样，顾客就可以依据软件的指引，在超市的货架上选择可降解材料制成的商品，而不是塑料制品。"用草代替塑料"已成为现实。[1]中国已经是世界上可降解商品和材料的最大进口国之一。

国家机构和非政府组织还定期在报纸或网络媒体上刊登大幅广告，以提高大家的生态、资源和健康意识，起到"小贴士"的作用：

——"放一放手机！"

——"控制你的游戏瘾！"

——"不要暴食，快餐增肥！"[2]

——"拒绝乌龟汤！拒绝餐厅供应！需求停止，杀生才会停止！"

---

[1] 参阅《用草代替塑料》，2018 年 11 月 12 日发表，见 genzsch.wordpress.com。

[2] 《中国日报》，2018 年 7 月 11 日第 17 版。

——"保护鲨鱼！拒绝鱼翅汤！需求停止，杀生才会停止！"

——"不买犀牛粉！不做非法交易！需求停止，杀生才会停止！"

——"不买象牙！不做非法交易！需求停止，杀生才会停止！"[1]

——"不买鳞甲产品！人类是这类濒危动物的唯一威胁！只有人类能拯救他们！"[2]

写这些话的大多是年轻的网红，他们告诉大家，损害环境的消费行为是多么的"不酷"。

与此相适应，中国与挪威、智利和韩国结成保护南极的联盟，自愿大幅度减少对磷虾的捕捞。[3] 有报道称，中国还与其他生态技术先进的国家共建生态公园，一起为零能耗房屋和城市研制新的自然材料。[4] 中国还用3D技术批量打印由可再生及自然材料建造的房屋，费用极低，质量极佳，装备齐全，环保特色鲜明。[5]

我们还可以举出更多的例子，而且每个星期我们都会读到新的、出人意料的消息。

---

[1] 《中国日报》，2018年7月6日第16版；2019年7月14日、15日第7版。

[2] 参阅《中国日报》，2018年7月8日第7版。

[3] 参阅《中国日报》，2018年7月11日第10版。

[4] 比如在港口城市青岛就有数个规模巨大的生态公园。参阅Frank Schumann的文章《争做生态先锋》，原载《青年世界报》，2019年12月23日第3版。

[5] Larry Romanoff:《中国发明史：现状与未来》，2019年10月24日发表，见www.globalreserch.ca。

联合国：中国是唯一一个提前三年实现《巴黎协定》目标的国家；中国"生态文明"的目标

据联合国披露，中国在 2017 年即实现了《巴黎协定》为 2020 年制定的目标。[1] 因此，有关中国是"世界最大环境污染者"的谎言应当被丢进历史的垃圾箱。

事实上，中国的生态革命已经上升到宪法的高度，政府、公共管理机构、企业和公民的动员程度令人吃惊。

美国知名神学与哲学家约翰·B.科布（John B. Cobb）在《中国与生态文明》一书中这样解释中国的生态革命：

中国作为世界历史最悠久的文明古国之一站了起来，说道：不！前进的方法多种多样，我们所有人都可以从进步中获益，而不必将地球变成一个人吃人的社会进而彻底摧毁它。[2]

国际可持续发展研究院创始院长、主席，中国环境与发展国际合作委员会（CCICED）顾问，加拿大人亚瑟·汉森（Arthur Hanson）表示，对生态文明的诉求已经广泛传播。2018 年 11 月，他在 CCICED 北京年会上说："中国努力将大自然置于优先位置，以此重建人与环境之间的关系。"[3]

---

[1] 参阅《中国提前 3 年完成碳目标》，2018 年 3 月 28 日发表，见 unfccc.int。

[2] John B. Cobb：《中国与生态文明》（在印尼雅加达与安德烈·弗尔切克的谈话，2019 年）。

[3] 参阅《CCICED 年会上的绿色创新》，2018 年 11 月 4 日发表，见 genzsch.wordpress.com。

其他国际专家，比如我们上面多次提到的人类学家、历史学家、生态学家和普利策奖得主贾雷德·戴蒙德（Jared Diamond，其最著名的著作已经译成德文）也确认，"中国采取的环保措施是迅速而有力的"。[1]

即使是没有亲华嫌疑的《纽约时报》也在2018年写道："向环境污染宣战4年之后，中国成为赢家。"[2]

2019年6月，联合国助理秘书长乔伊斯·姆苏亚（Joyce Msuya）称赞中国在治理大气污染方面取得的成就："中国用不到一代人的时间在减少空气污染方面取得的成绩是令人难以置信的。"[3]

2019年，中国在世界环境日全球主场活动中这样报告其2012年启动的"蓝天保卫战"取得的战果：据《中国空气质量改善报告》，中国在短短6年时间里，将城市空气中有害气体的含量平均减少了50%以上。[4]

---

[1] Jared Diamond：《崩溃：社会如何选择失败和生存》，企鹅出版社2005年出版，第377页。

[2] Michael Greenstone：《向污染宣战4年之后，中国成为赢家》，2018年3月12日发表，见nytimes.com。

[3] 参阅《中国大都市上空的蓝天》，2019年6月11日发表，见genzsch.wordpress.com。

[4] 侯黎强：《大城市空气污染物和温室气体排放降低》，2019年6月6日发表，见www.chinadaily.com.cn。

第十一章 "专制的新发明!"日常行为和行为提示:哲学、宗教、消费行为与反腐——"诚信中国"

生活哲学:儒家价值观、尊重差别、互相学习与合作

中国对本国文化史的意识正在复苏,这一点基本不让人感到惊讶,因为中国在历史上没有侵略和占领过他国。在这一复苏过程中,中国唤醒和发展了有着两千多年历史的儒家哲学思想和价值观。唤醒的主要目的是,为人们的日常行为找到符合伦理、生态标准并被社会认可的切实可行的方向。[1] 儒家学说在本质上是以整体论的世界观为基础,即社会是一个系统,而理性与情感、身体与灵魂、传统与创新、历史与未来,所有这些都融为一体,其联结的纽带是关于公正与和谐的社会秩序的理想。

因此,中国人日常行为方式和生活价值观中,一个常见的情景是,探索合作的可能性:如何实现双赢?在哪里、通过何种方式可以互利合作?与此相关的是,不断寻求互相交流和向他人学习的机会:我们怎样才能做得更好?你们能给我们提出什么建议?

---

[1] 参阅《中国日报》,2018年7月10日第4版。

中国的和谐观强调和平共处、接受差异，还包含互利合作。[1]

2015年，时任中国总理李克强在达沃斯世界经济论坛上的讲话就是一个反映中国当代哲学用于国际政治领域的例子：

面对多元的世界文明，我们主张要共同促进和谐相处。文化多样性……是我们这个星球最值得珍视的天然宝藏。……不同文化之间、不同宗教之间，都应相互尊重、和睦共处。同可相亲，异宜相敬。国际社会应以海纳百川的胸怀，求同存异、包容互鉴、合作共赢。[2]

有人可能会以怀疑的眼光提出反驳，认为这听起来颇像"星期日演讲"，即不花一分钱的夸夸其谈，"廉价的演说"。的确，我们西方人对政治家们的"橱窗演说"已经太过习以为常。不过，假如我们的政治家能在国际听众面前至少口头上提一提国与国之间应该和谐共处，尊重文化和宗教的多样性，尊重不同意见，加强合作与相互学习，而不总是教训他人，规定别人或威胁别人应该怎么做，那么我们也会很知足。坦率地说，如果他们能说出这样的思想和语言，那真的是能感动我们，也会使我们转而认为，他们还是完全具备让世界变得更美好的潜力的。

---

[1] 详见张帆《中国的机构演变——政府与市场的竞争》，2018年出版，第243页及以后诸页。

[2] 作者在注解中称，此段引文出自世界经济论坛的官方网站《中国总理李克强2015年在达沃斯的致辞》（www.weforum.org），但细致比较，引文并未做到完全准确。因此，此段译文现在采用2015年1月23日发表于《人民日报》的李克强致辞的中文原稿。——译注

对未来的乐观，宗教与宗教宽容

我们前面谈到，中国人面对变化与创新时既追求速度又显得从容不迫，这背后的原因是他们对未来的普遍乐观。我们也多次提到了中国人善于融入社会，提到中国长期稳定的社会环境为个体的生活和投资规划、职业发展前景（包括创业前景）提供了保障。

事实的确如此。根据市场研究公司益普索[1]做的一项国际比较调查，2018 年，94% 的中国年轻人对未来持乐观态度（美国：64%；德国：56%），中国成年人对未来持乐观态度的比例为 88%（美国：56%；德国：47%）。[2]

世界上各大宗教和众多宗教流派，中国都有。它们基本上在中国多元、宽容、和平地共存。这也包括伊斯兰教，过去和现在都是如此。在中国的一些大城市，比如古老的帝都西安，清真寺很多，当代穆斯林文化也显得平和，这些构成了城市景观的重要组成部分。

中国没有国教，也没有强大的教会。一般而言，当代中国人没有特别的宗教信仰，他们与宗教的关系是一种轻松的、立足于现实生活的、实用主义的关系。中国人拥有历史传承下来的，同时符合现代需求的伦理观和价值体系，也寻求某种精神生活，但是没有激进的迷信，没有传教意识，更没有因为宗教

---

[1] 益普索（Ipsos）集团是一家全球知名的市场研究咨询上市公司，总部在巴黎。——译注
[2] Viola ZHOU:《为什么中国是世界上最乐观的国家，答案在这里》，2018 年 10 月 2 日发表，见 www.inkstonenews.com。

冲突而大打出手的倾向。

也正是由于这个原因，20世纪90年代在中国发生的一系列伊斯兰恐怖分子血腥袭击事件让中国人深感震惊。从文化的角度看，中国对暴行达到如此规模没有什么心理准备，尽管中国对80年代阿富汗战争时期原教旨主义民兵即塔利班的残忍性无疑是熟知的。90年代，新疆西部边界看来没有实行严格管控，为恐怖分子渗透提供了可乘之机。

在中国的核心地区，历史上起主导作用的是古老的、"正常的"佛教，这种宗教对人比较友好，对其他宗教也比较宽容。[1]因此，今天在汉族聚居的城市里看到的寺庙大多是佛寺，它们一般都对外开放，不需要警察保护，而且有僧侣进行佛教活动。

有一次，我造访了港口城市天津的一座寺庙，因此有机会与几位中国人聊起宗教和信仰。在其中一个佛殿里，我小心翼翼地观察一位上了年纪的中国妇女，等她出来，我便问："您刚才是给什么佛烧香呢？"她回答："这是我们本地的佛，保佑海员的。""您跟航海有什么关系吗？""有的，我出生在一个海员家庭。我时不时来拜这个本地佛，点一炷香，请佛爷保佑我们的海员。"那位妇女笑了起来，好像猜出来我对她的话似懂非懂，于是马上又满面春风地加了一句："我想，您一定会尊重我的这点精神需求和拜佛的行动吧？"当然，我怎么会不呢？

这是一种从容不迫的对精神生活的追求，没有传教使命和说服别人的欲望，因此，毫不令人奇怪的是，佛教寺院在中国不像犹太教大祭司阶层那样，占有的都是高高在上、远离大

---

[1] 参阅《中国日报》关于佛教的长篇文章，2018年7月13日第10版。

众、由精英阶层控制的圣物，而是融入日常生活的场所，是老百姓精神寄托的地方，也是巩固和睦共处的人道价值的地方。这种对待宗教和精神生活的人道方式似乎应当成为全世界各个宗教处理相互关系的榜样。

当然，正因为中国是所有殖民主义者、帝国主义者和宗教狂热分子眼中"最肥的肥肉"，因此，当全球宗教极端化浪潮袭来的时候，中国是防不胜防的。比如，从中国的南边，宗教民族主义的印度，有一股热衷使用暴力的极端印度教势力向中国蔓延，而即使在佛教地区，例如西藏，也有准备使用暴力的极端主义者。

反腐与"法治"

中国人经受了殖民恐怖带来的"百年屈辱史"，最后在"文革"期间也经历了失去法制、唯有专制的时代，这些痛苦的历史经验过后，人民内心深处渴望法治社会。在公众的感知和讨论中，法治国家一直占据中心位置，这毫不奇怪。[1]

过去这些年里，中国的法治文化发生了巨大变化。随之而来的是，本世纪初，人们针对1978年改革开放以来产生的负面社会后果和行为后果（比如非法大量敛财、腐败蔓延、环境犯罪等）开始采取措施。到21世纪头十年末，反腐斗争越来越严厉，涉及面越来越广。2007年，时任中共中央总书记曾对全社会发出紧急呼吁，表示，如果不解决腐败问题，就将

---

[1] 张帆：《中国的机构演变——政府与市场的竞争》，2018年出版，第221页及以后诸页，第242—243页。

亡党亡国。[1] 这可能是一个很现实的估计，也可视为"政治急刹车"。

不过，直到 2012 年及随后"习李体制"确定之后，反腐政策才开始真正见效。我从 2014 年以来经常听到的一句话是：反腐这事说了 30 年，但很少动真格的，现在我们终于第一次看到实际行动了。

反腐斗争的重点是地方国家机构和党组织，特别是省和地市级。由于地方有较大的自主性，党政官员和地方企业往往结成腐败联盟。2010 年以来，数百名地方官员和企业家因行贿受贿而锒铛入狱，其中也包括国家最高层的一些知名人士。[2]

据我的中国同行说，中国反腐并非西方谣传的那样是为了"清除党内竞争对手"，处理的一般都是众所周知的案件。

对行贿受贿案件，特别是对共产党干部的财富来源不能理解和他们本人无法说明来源的案件进行司法诉讼，也受到公众热议。老百姓提供的线索多数会得到调查，如果罪证确凿，一般都会判刑。各种专业文献一致认为，这种政治文化的转变和持续反腐，对建立中国百姓的公平感、使他们摆脱对不公平现象的强烈反感至关重要，因此也对中国政治文化的建立和政

---

[1] 原文如此。查阅资料，时任中共中央总书记胡锦涛 2012 年在十八大报告中曾说："反对腐败、建设廉洁政治，是党一贯坚持的鲜明政治立场，是人民关注的重大政治问题。这个问题解决不好，就会对党造成致命伤害，甚至亡党亡国。"所以作者这里的"2007 年"疑似"2012 年"。——译注

[2] 张帆：《中国的机构演变——政府与市场的竞争》，2018 年出版，第 171—172 页。同时参阅《墨卡托中国研究中心中国简讯》，2018 年第 6 期，里面记载的数字如下：5 年（2013—2017 年）内，150 万党员干部受到惩罚，其中有 440 名省部级高官。

治稳定的确立至关重要。[1] 显然，正如批评性学者张帆所说，2010年以来，中国领导层一方面减少老百姓的不平等，一方面坚持反腐战略，把两者成功统一起来。[2] 此后，中国才出现了真正意义上的反腐运动。[3]

反腐运动目前已经标准化、透明化，并从司法政治走入司法程序的轨道，以防止老百姓把举报变成对他们不喜欢的地方官员、企业竞争对手或其他人员进行报复的手段。

中国政府宣布，将把近年来分别处于一般实验阶段的分配政策、司法政策和反腐政策透明化、标准化、可持续化，从而使其分别成为社会、司法及政治的组成部分。[4]

诚信中国

如前所述，自1978年改革开放开始以来，中国老百姓面临广泛而巨大的体制变革、普遍的去调控、巨大的迁徙浪潮，很多人的社会环境和居住环境因此被迫"推倒重来"。这种社会动荡的后果之一便是，老百姓内部的信任度从20世纪80年代中叶以来逐渐下降。[5] 去调控的阶段持续了近25年，对社

---

[1] 张帆：《中国的机构演变——政府与市场的竞争》，2018年出版，第172页。
[2] 同上，第212页。
[3] Werner Rügemer：《21世纪的资本家：金融新手崛起简明读本》，2018年出版，第281—282页。
[4] 同上，第218—221页。
[5] 一个社会"普遍信任度"的测量方法是：对"您认为，您能够相信您遇到的下一个人吗？"这个问题做出肯定回答的占比多高。这个方法在全世界（包括中国在内）得到应用。世界银行资助这个名为"世界价值调查"的项目，使其标准化并具有代表性，当然调查结果也与（转下页）

会道德和个人行为方式也造成了负面影响，现在到了不得不更正的时候了，不然一定会危及国家的发展道路。于是，2005年前后开始，中国重新制定再分配政策、社会平衡政策，改革户籍制度，引进社保制度，开展法治国家建设，推进反腐斗争，到了2012年更是对上述政策大力统筹推进。特别是到了最近几年，各种政策更是纳入"诚信中国"这一国家发展目标的大框架之下。

2008年发生的毒奶粉（三聚氰胺）事件导致6名婴儿死亡，数百名婴儿的健康受到严重损害，这一丑闻加剧了中国的信任危机，持续影响了中国人的不信任感，十年之后仍不能从中国人的记忆中抹去，在公共讨论中仍然被关注。[1]2018年底，狂犬疫苗造成一人死亡的事件再度掀起波澜。[2]从那之后，制药业受到公众的特别监督，生产药品被上升到"诚信中国"的政治高度。[3]

所有这些损害消费者利益的事件都受到公共部门迅速、有效、公开和透明的调查，对故意出售劣质产品的厂家负责人（毒奶粉事件）的惩罚非常严厉，甚至超出了公众预期，这也被视为中国"网络民主"（公众积极参与网上论坛和社交媒体

（接上页）被调查国的经济和社会发达程度紧密相关（参见本书作者埃尔斯纳与代栓平2015年共同发表的《中国经济在增长，信任度却在降低》）。美国密歇根大学等机构也在就此建立数据收集和分析机制。

[1] 参阅《南华早报》援引彭博社的报道《中国父母在毒奶粉丑闻发生10年后仍然不信任国产品牌》，见scmp.com，2019年1月22日。众所周知，德国奶粉是中国游客最钟爱的商品之一。他们经常把商店货架上的婴儿奶粉抢购一空，装满箱子带回国去送给亲朋好友。也许中国的年轻妈妈们应当重新尝试自己哺乳了。

[2] 参阅《中国日报》，2018年10月17日。

[3] 参阅《中国日报》，2018年7月14日、15日第6版。

的讨论）的成就。[1]

信任与信用

围绕"诚信中国"采取的措施，有意识地"信任"与"值得信任"的不同维度和概念联系。拉丁文"credere"的意思很简单，就是"相信"，也指人与人之间的关系，意思是"信任"。它的衍生词"credibilis"，就是"值得相信"或"值得信任"的意思，对应的英文词是"credible"。阐释链的终端是世俗意义的"金融信贷"，西方则只挑选"拒绝信贷"的耸人听闻的例子来报道。[2] 中国使用"诚信"即"credible"这个词，来描述现在进行的新的社会信用积分实验体系（其中所指的行为激励内涵更加宽泛），我们稍后将详细叙述。

涉及狭义的信贷，资本主义国家也有自己的体系，比如德国的"通用信用保险保护联盟"（Schufa）。假如一个人得不到某套住房或某个工作岗位，那么原因可能出于 Schufa 对他的评分，在那里可以看到银行和保险公司对他的信用评价。

在西方，我们的行为评价不仅出现在 Schufa 档案中，还出现在警察局关于我们的犯罪记录中，银行、易贝（eBay）、亚马逊（Amazon）、贝宝（PayPal）上也都有我们作为买家或卖家的评价甚至"排名"，还有考试成绩、工作鉴定，这些评分和"排名"无处不在，有的甚至影响一个人的生存。每个人和每件事都有"信用评级"。美国三大评级机构——标准普尔、

---

[1] 与代栓平教授的邮件往来，2018 年 11 月 13 日。

[2] Julia Rotenberger：《中国拒绝了公民的 1100 多万次飞行申请——原因是表现不好》，2018 年 5 月 25 日发表，见德国《商报》网站 www.handelsblatt.com。

穆迪评级和惠誉国际——对企业和国家的"信用评级"往往会产生全球性影响。

如果个人用户发的文件不能通过"筛查",那么,脸书、谷歌、推特、优兔（YouTube）等一连串平台或者电子邮件供应商也可能对我们的账号进行封杀（最近更是通过私营公司管理的所谓"上传过滤软件"这样做）,当事人对自己到底犯了什么政治错误或者哪封电邮违背了"政治正确"的原则常常是一无所知。

在西方,排名和社会信用体系不是通过政治机构去进行,而是已经"私有化",也就是说交由私营的互联网垄断企业来办理。因此,信息技术巨头今天就已经决定着我们的行为和交流标准,而我们对此可能毫无察觉。

在资本主义世界,社会信用体系是不透明的,由私营公司来主导,这一点压倒一切,实际上是保护收入不均和财富不均。[1] 这与中国的诚信体系有什么区别,还有待研究。

这一全球化、私有化的审查机制带来的一个越来越明显的现实是,信息技术巨头可以毫不犹豫地封杀上万人的账户,比如前不久在古巴、委内瑞拉和中国香港就是如此,原因是这些用户发表的观点与华盛顿的地缘战略相抵触,要不就是与脸书、推特和优兔这些华盛顿的跟屁虫不合拍。[2] 另一个现实就是,推特还与军事宣传部门合作。[3]

---

[1] Florian Rötzer:《资本主义世界中的社会信用体系》,2019年8月29日发表,见 www.heise.de/tp。

[2] 参阅 Sebastian Carles《大众的分裂者：社交媒体》,2019年8月24日发表,见 www.jungewelt.de；或者 Steve Sweeney:《数字化升级》,2019年11月20日发表,见 www.unsere-zeit.de。

[3] 参阅《推特高管为英国负责信息战的部门服务》,2019年10月5日发表,见 deutsche-wirtschafts-nachrichten.de。

抛开政府的控制和审查努力不说，西方经济和社会学界也在越来越深入地研究如何将个体的行为方式与社会财富和生态财富相协调，并越来越认为，如果不想眼睁睁地看着世界崩溃，那就应使二者保持一致。我们已经举过一些行为方式的例子。经济学家称之为"学会优先选择"或者听起来似乎很客观的"助推"——几年前，因为这种对心理行为控制系统的研究，有人甚至获得了诺贝尔奖。[1] 最近，这种行为控制方案甚至作为"国际通行的政策方案"被采用[2]，这是西方而非中国的发明。

当然，正如我们经常看到的那样，中国这次也是用自己的方式建立诚信体系：各地都有平行存在的程序，分别在一段时间内进行实验，实验期间发动公众在社交媒体上积极参与讨论。

比较西方与东方的行为控制体系，我们会立刻发现它们的不同之处：西方的"助推"方案是政府使用的技术性方案，但交由私营的信息技术大公司来执行，目的是无论如何要让用户尽可能没有察觉。其好处是最大限度地避开了公开讨论，但弊端也显而易见，即容易被操纵和滥用。

中国的社会信用积分体系具有多种形式并存、因地而异的特点，比如上海的社会信用体系称为"诚实上海"，重点放在

---

[1] 2017年诺贝尔经济学奖得主是理查德·H. 塞勒。他和卡斯·R. 桑斯坦一起著有《助推：如何做出有关健康、财富和幸福的最佳决策》，2008年出版。该书把心理学和经济学结合起来研究，普及了这样一种观点：经济决策如同一座建筑物，细微的设计变化（助推物）可以影响我们的行为。这一理论被很多国家的政界所用。——译注
[2] 德国经济研究所：《助推：一个新型的基于行为的管控方案》，《经济研究季刊》2018年第1期，总第87期。

垃圾严格分类上。[1] 其他地区有的要求参加当地植树行动，有的则把每年至少一次探望60岁以上的父母作为信用加分。

伴随积分体系的是学术界和公众有关不同积分标准的讨论，有时是原则性问题的讨论，比如：

——哪些行为方式具有社会和环保的重要性，因此应该列入？

——积分的比重怎么分配？

——只考虑正面行为，还是正、负面行为都应该给予评价（分别为加分、减分）？

——是否应设立分级标准（高级、中级和下级信用）？

——应当设立惩罚条款吗？如果应该，在什么情况下设立哪些条款？

中国方案具有广泛性，同时具有实验性的特点，因此可能容易导致个别情况下超出方案设计的初衷，比如某些地区管控过严，或惩罚过度。西方媒体当然专拣这样的例子做文章。

中国网络的审查制度到底有多严？

的确，中国的网络和世界上所有的网络一样受到管理和审查，或者公开，或者通过信息技术大企业隐蔽地进行。[2] 官方

---

[1] 2019年7月开始施行的《上海市生活垃圾管理条例》规定：有关部门应当根据《上海市社会信用条例》相关规定，将单位和个人违反生活垃圾管理规定的信息归集到本市公共信用信息平台，并依法对失信主体采取惩戒措施。——译注

[2] 参阅 Monika Ermert《中国各级政府对网络进行过滤》，2009年5月14日发表，见 www.heise.de/newsticker；Dermot Williamson：《中国的网络消费行为：商业管理、心理恐慌与调整》，2017年发表，见 ssrn.com。

禁止在网上发表 30 类网络内容，主要是：

——色情；

——美化暴力；

——战争游戏；

——种族主义；

——民族主义；

——煽动战争；

——对他人、对妇女、对种族进行歧视或蔑视的言论。

谷歌、脸书等社交媒体不想（也许是"不能"）遵守这些限制措施，不愿（其实怎么"可能"呢？）与华盛顿干涉别国的做法保持距离，因此这些企业连同它们的大多数子公司（WhatsApp、YouTube、Instagram 等）都被中国的防火墙挡在国门之外。西方的"媒体马戏团"于是忙不迭地将此视为"审查和专制"的明证，用挑动意识形态战争的口吻声称，这事发生在中国再正常不过。那么，在这种情况下，普通的中国人是怎么做到对我们的了解超过我们对中国的了解的呢？对此，德国的"言论写手"和"价值写手"从来都懒得动脑筋去思考。[1]

世界上恐怕没有哪一个国家像中国这样广泛、专业和细致地讨论过自由度、管理及其标准的问题。学者们认为，社交媒体上的意见、讨论和倾向都被中国仔细观察并加以"利用"[2]，

---

[1] "媒体马戏团"、"言论写手"、"价值写手"都是作者对西方媒体的讽刺用语。——译注

[2] 杨丰等：《中国的网络管理：内容分析》，原载《当代中国区域管理：帕尔格雷夫手册》（帕尔格雷夫·麦克米伦·施普林格·自然出版集团 2019 年于新加坡出版），第 441—463 页。

但西方媒体则称之为"审查"。例如，有一个关于中国直播伦理和互联网伦理的辩论就是如此。[1] 人们争论的话题是：应当允许一个刚刚13岁的网红女主播用带有性别歧视的内容去争取最大数量的粉丝吗？道德滑坡的风险是否太大？实际上，中国刚刚经历了"文革"，也经历了改革开放初期相当放任自流的状态，对这样的风险特别敏感。[2]

为了发现不适当的内容，中国全面使用所谓的"上传过滤器"。虽然中国在明确而认真地重建道德文明、重构行为规范，但仍然存在网络监督部门和网络"怪才"之间猫捉老鼠游戏的空间。由于中文可以注音，因此网民可以想办法避开对那些"出格的"文字的监管和删除，这些文字包括西方人习以为常、无动于衷的性别歧视、脏话、表达仇恨的语言以及骂人的话。他们只要用同音字取代被禁止的词汇，就可以躲开"过滤"。[3] 这样的文字游戏已经成为年轻网民的一大爱好，并在一定范围内受到容忍。不过，也有年轻人把类似的"玩笑"用来描述真正的强奸事件和色情内容并且认为这样做"非常合适"，他们因此受到了严厉的惩罚。

相比之下，西方网络里，仇恨和暴力语言已经满天飞却无人管束，并且日益转化成右翼分子进行恐怖谋杀的现实！

在西方，色情、战争游戏、谩骂和各类煽动，在可预见的将来不大可能从"自由"的网络中消失，恰恰相反，网络上正

---

[1] 参阅 Monika Ermert《中国各级政府对网络进行过滤》。

[2] Dermot Williamson 在《中国的网络消费行为：商业管理、心理恐慌与调整》中也这样认为。

[3] 参阅《网络审查与草泥马》，2019年2月11日发表，见 genzsch.wordpress.com。

在培育一种仇恨文化、战争文化和暴力文化，这种文化正在演变成类似的现实文化和现实政治，并终将把我们所理解的自由和民主破坏殆尽。已经有观察家认为，我们的金主政治社会体制、危机四伏的新自由主义社会体制正在把这些社会毒瘤作为维护其统治的阀门来培育，另外，在西方衰落的情况下，一部分精英人士有意接受社会对内对外都更加暴力、更加极右的倾向，对此我们暂且不去讨论。[1]

网上正在讨论社会价值和消费行为问题……大数据分析和网络讨论的结果，正在帮助中国更好地对待社会价值，更好地促进消费者和企业管理层履行社会责任，从而使网络社会不断发展。[2]

为了使网络得到更好的发展，中国政府和网民都在不断提出新的互联网管理和审查方案，特别是如何防止网络滥用和机会主义以及限制政治言论自由带来的危险。网民参与讨论的质量和激烈程度在全世界都是无人能及的。社交媒体的参与程度、网民参与设计网络产品的积极程度、老百姓对法律草案的批评和建议，都是最好的证明。[3]

---

[1] 参阅《西方开始没落》，2020年2月11日发表，见 www.german-foreign-policy.com。

[2] 译自 Dermot Williamson《中国的网络消费行为：商业管理、心理恐慌与调整》。

[3] 参阅《墨卡托中国研究中心中国简讯》2018年第6期。

网络空间：大数据、人工智能、物联网——西方的"私人审查"与中国面向未来的成熟民主

如我所述，中国为了大步迈入未来发达的有觉悟的网络社会，首先建设了巨大的数据分析基础设施和网络治理基础设施，拥有了异常强大的社会学分析能力和技术分析能力，数百家全国性和地区性研究机构以及高校派出了数十万科学家参与其中。只有这样，中国才能将占世界人口1/5并且拥有高度复杂的多元文化的社会凝聚在一起，同时组织起一场其广度、深度和速度都无与伦比的、面向未来的结构转型。

最新的数据收集技术（以物联网为手段）和全面的数据采集、分析和调控系统也能够用来观察、分析、控制、操纵或压制个体，这是显而易见的，且适用于全世界，因为所有领先的国家都拥有同样的技术。从技术角度看，中国所做的和能做的与发达工业国并无二致，区别在于：中国拥有全面使用和试验最新技术的公共财力和组织行动能力；而在新自由主义的金融资本主义世界，国家和公共机构缺少的正是这种财力和组织能力，于是，国家将使用最新技术进行监控的任务交给了私营的高科技公司和信息技术垄断企业。因此，西方国家运用网络技术的力度低于中国的原因首先是西方缺乏公共投资力量，而非出于更高的民主认识，也并非出于克制。

无论是在中国还是在西方，大数据/人工智能/网络/物联网这一整套系统的政治和实操意义都肯定会不断提高。无论在西方还是在中国，从正常使用到滥用、审查和压制的界限都是很模糊的，很容易跨越的，但是，无论西方还是中国，也都

不会从纯技术的角度出发决定进行这种跨越。一般来说，中国发明和使用创新技术的速度和广度都胜过西方，但特点是：不断实验，不断修正，并不吝发动政界、科学界和社交媒体积极参与政策讨论。

应该说，西方和中国追求的目标是同一个，即人类如何最大限度地挖掘大数据／人工智能／网络／物联网提供的技术实用性潜力，同时控制这些新技术蕴藏的危险。未来的民主是否成功，取决于一个社会能否识别一项新技术的利弊以及是否在伦理框架下有勇气和能力通过民主程序限制某项新技术的利用。

这条通向未来之路，不仅西方发达工业国家要走，中国也不可避免。但在透明度、讨论、实验以及调整和修正能力方面，中国具备的条件绝不比西方差。

社会"助推"与社会信用积分：西方好，中国坏？

我们再来谈一谈中国最近的社会信用体系。一提到它，西方本能地斥之为"专制"，而不是去认真地想一想，这其中涉及的社会、生态行为方式的问题和机遇其实也是世界各国面临的普遍问题和解决机遇，只是西方自己视之为禁区、不敢触碰而已。这些是人类面临的共同问题，在西方却基本是禁区。

不过，也有西方媒体已经发现了自己对中国社会信用体系的歪曲报道。[1] 真实情况到底如何呢？不妨列举中国体系中几

---

[1] 参阅 Louise Matsakis《西方是如何误解中国的社会信用体系的》，2019年7月29日发表，见 www.wired.com。

个最重要的、出人意料的事实：

——中国并没有制定全国统一的信用积分体系，而是各地分头进行一些实验。中央政府只是在2014年发布了一个框架性文件[1]，要求各级政府制定和试行当地行为规范体系，以便打击腐败和金融犯罪，增强金融信用，推广更加符合社会需要和更为环保的行为方式。中央政府并没有制定统一的标准，原计划在2020年推出这样的标准，但鉴于国内讨论激烈，现在距离这一目标看来仍然遥远。这也说明，中国实验政治哲学的一个理念，即"一个国家，千种体系"在起作用，虽然目前"只有"约20个地方推出了社会信用体系。

——中国的"十三五"规划（2016—2020年）虽然提出了网上社会行为标准，但是在地方和区域信用积分体系如何推行这些标准方面，更强调发挥"小网络"的作用，也就是说，首先让互联网生产商和消费者建立自我管理的机制。

——信用体系首先针对的不是个人，而是政府部门、企业、银行、司法和学术界，最后才是个人。因此，这些体系首先是与反腐政策（针对政界和企业界）、司法政策（针对司法机构）、改善工作条件和环境条件的政策（针对企业）、银行和金融体系（针对评级、商业信誉以及借贷者的行为）明显相关联，是推行"诚信中国"政策的一部分。

——各地信用体系的制定大多非常透明，首先进行公开讨论。讨论的焦点是体系中的各种目标和质量特点，特别是基础数据的可靠性、设定指标的有效性、体系内包含的标准、各项

---

[1] 这是指中国国务院2014年6月发布的《社会信用体系建设规划纲要（2014—2020年）》。——译注

标准在体系内的占比、信用评级的细分标准以及低于标准时的惩罚措施。[1]

我们也可以这样一语道破：

与美国中央情报局或脸书疯狂刺探和利用商业情报不同，中国人清楚自己的信息被收集，并随时可以查看自己的评分。[2]

中国同事曾经很坦率地在大学食堂的小型自动机上给我看他们的积分，并告诉我在得分780（总分1000）的情况下可以有什么样的待遇。

事实上，西方媒体偶尔也会发现对社会负责的评分标准的积极一面，比如"帮助植树"或"孩子长大后定期看望父母"。[3]有时甚至能在西方媒体读到这样的报道：

62岁的村民穆林明（音译）是一个农民……他微笑着把我们请进屋里，给我们递上苹果和花生。"我们这个村原来就不错，不过实行积分体系后，就变得更好了。"这位原来在外

---

[1] Dermot Williamson：《中国的网络消费行为：商业管理、心理恐慌与调整》。

[2] Werner Rügemer：《21世纪的资本家：金融新手崛起简明读本》，2018年出版，第285页。

[3] 参阅H. Steltzner《中国通向统治世界之路》，原载《法兰克福汇报》2018年1月7日；H. Ankenbrand：《雄心联结群山》，原载《法兰克福汇报》2018年2月4日；Andreas Landwehr：《中国为使人们变得更好而推行数字化评分体系》，2018年3月1日发表，见https://www.heise.de/newsticker。

打工的人对我们说。[1]

一位32岁的企业家说：

……我感觉，最近半年来，大家的举止行为有所改善。[2]

事实的确如此。在北京和其他地方，我现在在绿灯过马路的时候不必担心生命危险，因为驾车者不再像过去那样见到行人不踩刹车。早些年我访华归来在德国做报告的时候，总会单独附上一些开车不守规矩等不文明现象的照片，现在我可以放心地把它们删掉了。西方游客一度嗤之以鼻并且喜欢口口相传的中国人的吐痰习惯也已成为过去时。

> 为了加深理解这些问题，推荐读者阅读玛德莱纳·根茨施为本书所写的特约文章《信用积分能否促进社会生态转型》。该文探讨了中国各地各种积分体系的制定、效果和相关讨论情况。见www.westendverlag.de/china。

---

[1] Andreas Landwehr:《中国为使人们变得更好而推行数字化评分体系》。
[2] 同上。

第十二章　"少数民族的拘留营和警察国家！"
　　　　　　中国的民族政策与少数民族政策，台湾、
　　　　　　西藏、新疆……

56 个民族，其中 55 个少数民族的自治及优惠的人口政策

几千年来，中国的面积一直相当于一个洲，并且很早就在农耕、粮食供给和基础设施方面达到了很高的水平，它开通了总共几千公里长的运河，实现了内陆供水统一管理，并建立了统一的国家。自然而然地，中国的民族多样性很突出，甚至比欧洲还突出。如果中国历史上不能有效地维持统一，现实中又不能奉行明确的、明智的国家发展政策——包括深思熟虑而又积极主动的民族政策——，那么，这个大国可能早就分裂成几十个小国甚至数百个互相征战的军阀割据地区了，就像今天的欧洲，周边全是只能提供资源的小国一样。

中国有 56 个民族，其中汉族是人口最多的民族（超过 12 亿人），远超其他民族，人口占全国总人口的 90% 以上。其他 55 个民族都小得多，有的属于最小的民族之列或者只聚居在一个小地方，很多分布于中国国土的边疆地带。他们被承认为少数民族，拥有某种法律地位，相应地享受一定的权利保障，例如本民族语言的教育和推广。中国几个最大的少数民族生活在自治区内，如果聚居地更小，则生活在自治州、自治县内，

都享有特别的自治权。

在较大且较知名的少数民族中，有发源于东北的满族，人口足有1000万。从1644年到1911年辛亥革命，满族人建立的清王朝统治了全中国。另一个最近在欧洲声名渐起的少数民族是维吾尔族，也有千万人口，属于突厥民族（目前多聚居在中亚直至西伯利亚地区，历史上曾大举西进到现在的土耳其），主要信奉伊斯兰教。与满族人不同，维吾尔族聚居于另一个自治区，即新疆维吾尔自治区。此外，中国还生活着整整600万藏族人口[1]，他们大多聚居在西藏自治区，传统上信仰佛教；还有大约600万蒙古族人生活在内蒙古自治区。[2]

除此之外，由于历史上发生在中亚和东北亚的大移民、大量游牧民族的存在以及大家都熟知的过去部分边界随意划分的情况，中国境内还生活着朝鲜族（180万人）、哈萨克族（150万人）、柯尔克孜族（19万人）、俄罗斯族（1.5万人）、乌孜别克族（1.1万人）、塔塔尔族（3500人）[3]等少数民族，还包括京族和其他许多族群，但其中有的族群由于人数太少，不能被认定为少数民族。台湾岛上则居住着几个太平洋先住民的小族群，因为这里曾经是太平洋海员（也就是密克罗尼西亚海员）停靠的最西北的岛屿。

中国认定的许多人口众多的少数民族都拥有相当程度的自治权，所有少数民族还在人口政策上享受优待——为了防止少

---

[1] 根据《中国统计年鉴—2021》，藏族总人口已达7060731人。——译注
[2] 根据《中国统计年鉴—2021》，中国境内蒙古族的人口数为6290204人。但生活在内蒙古的蒙古族人口为4247815人。——译注
[3] 作者本段落提及的少数民族人数是2010年中国全国人口普查的近似数。——译注

数民族人口下降，它们一律不受独生子女政策的限制。

"一国两制"：对台政策

大家知道，1949年中华人民共和国成立前后，原资产阶级保守党——国民党——的武装力量逃到了台湾。该党于1919年在当时的中华民国成立，20世纪20年代中共影响力扩大后，国民党右派接管了权力，并从1924年至1949年在其头目蒋介石的领导下与中共进行内战，后者建立了自己的武装——红军，即后来的人民解放军。红军在毛泽东的领导下于1934年至1935年进行了著名的长征，途中受到蒋介石（此时已升任大元帅）领导的"国军"的围追堵截。主力红军被迫在370天内穿越难以行走的地区，行军1.2万多公里，并损失了90%的战士。内战削弱了中国抗击侵华日军的力量，而蒋介石的军队却对本国人民实行日益严厉的白色恐怖。1949年，解放军获胜，国民党军队逃到台湾岛，但在台湾继续以中华民国的名义存在，并接受美国的武器装备。

中华人民共和国从不承认台湾政权，始终坚持一个中国的立场，不能有两个"祖国"。台湾因此被视为中华人民共和国的一部分，迟早应该在形式上成为它的一部分。实现国家统一的方法是"功能性的"经济融合，以此促进政治上的接近。[1]因此，中华人民共和国把台湾人看作中国公民对待，台湾人在入境大陆和在大陆停留、购物以及从事现金交易方面享受很多

---

[1] 参阅 LIN Gang《台湾的党派政策与海峡两岸关系的演变（2008—2018）》（帕尔格雷夫·麦克米伦·施普林格·自然出版集团2019年于新加坡出版），第137—180页。

优惠政策，并可获得中华人民共和国签发的通行证[1]。2017年7月，《台北时报》写道：

> 中国大陆政府巧妙地绕开我们的政府，直接面向台湾公民。这一策略正在奏效。[2]

台湾居民在入境大陆的时候极少拒绝这些优惠政策，在入境的时候也不会拒绝中华人民共和国签发的入境通行证，因为他们想着以后可能再次前往大陆。他们成群结队地领取这个通行证，到大陆来探亲或购物。

台湾政界的反应很有意思。国民党是一个历史悠久的政党，曾经是右翼民族党并且坚决反共，最近这些年来似乎越来越接受大陆的政策，并持与中国政府合作的态度。2005年，国共两党达成和平发展为一个国家的五点计划[3]。2018年7月，国民党前主席到北京进行了引人注目的参访，会见多位中国领导人并进行友好谈话，《中国日报》发表了多篇图文报道。[4][5]

---

[1] 这里指"台湾居民来往大陆通行证"。——译注
[2] 见《台北时报》，2017年7月20日。
[3] 《中国日报》，2018年7月14日、15日。
[4] 同上。
[5] 应时任中共中央总书记胡锦涛邀请，2005年4月26日至5月3日，中国国民党主席连战率国民党大陆访问团访问大陆。4月29日，胡锦涛与连战在北京举行会谈，这是60年来国共两党主要领导人首次会谈。会谈新闻公报发布"两岸和平发展共同愿景"，表示共同促进"尽速恢复两岸谈判，共谋两岸人民福祉"、"终止敌对状态，达成和平协议"等5项工作。2018年7月12日至14日，连战以国民党前主席的身份率台湾各界人士参访团到北京参访，并会见中共中央总书记习近平等领导人。——译注

民进党是一个较年轻的新自由主义社会民主党，坚决反共，2016年重新成为执政党（多数台湾人选举时摇摆不定）后，奉行日益反对中华人民共和国的政策。现在的台湾居民似已分裂为"中国人"和"台湾人"两大阵营，因此各种情况都可能出现。不过，将台湾从形式上纳入中华人民共和国，估计会引起美国的强烈反应，即使台湾像香港一样得到一个较长的过渡期。

西藏：告别封建佛教、奴隶制和贫困

中国的西藏自治区也是西方媒体持续关注的话题之一。很多西方人把对封建主义的渴望投射到达赖喇嘛这位封建佛教旧体制的早期宗教统治者身上。但是，只要看几个简单的历史事实，就能使西方媒体的夸夸其谈灰飞烟灭，因为它们的报道不过是反映了其心中暗藏的那种对专制社会、对喇嘛教奴隶主政权的虚无缥缈的渴望。[1]

数百年以来，西藏就是中国历代王朝的一部分。19世纪，英国殖民主义者使中国臣服，才将西藏从中国割裂出去。十三世达赖喇嘛在英国的支持下驱逐西藏的汉族官员，1911年辛亥革命暴发后，于1913年宣布所谓"独立"（实际上完全依附英国）[2]。这完全是英国企图将中国肢解、分裂，从物理上、经济上、社会上和道德上摧毁中国的又一步骤。

---

[1] 参阅罗伯特·菲茨图姆（Robert Fitzthum）《下一个敌人》，第8—10页。

[2] 1913年10月，十三世达赖派代表参加西姆拉会议，主张西藏"独立"，参加会议的北洋政府代表对这一无理要求予以拒绝。——译注

在英国殖民主义者的控制下，政教合一的封建佛教建立了野蛮的、与石器时代无异的奴隶制政权，十三世达赖喇嘛与一小撮宗教上层人士和大地主一起，把西藏变成了世界上最贫穷的地区之一，而达赖喇嘛的官邸则聚敛了数不清的黄金。达赖的统治实行奴隶制和农奴制，人民贫困不堪，饱受摧残和饥饿之苦，文盲率高达95%（这意味着统治阶层之外的都是文盲）；老百姓缺医少药，最常见的疾病都可能致死；为征招僧侣而经常发生绑架儿童事件。

1940年，年仅4岁的十四世达赖喇嘛举行坐床典礼。他的世俗老师是加入过德国纳粹冲锋队和党卫军的海因里希·哈勒（Heinrich Harrer）。达赖们的教育是在与世隔绝、与普通人绝缘的环境下进行的，因此可以说是"人工产品"，十四世达赖也不例外。1950年至1951年，人民解放军和平进驻西藏，英国代表被迫撤离。16岁的达赖被中央政府承认为西藏的政治领袖。1951年，北京与拉萨，也就是说毛泽东的代表和十四世达赖的代表签订了关于和平解放西藏的《十七条协议》[1]，协议主要包括以下内容：

——废除奴隶制和农奴制。

——根据中华民族少数民族政策和自治政策，西藏享有实行民族区域自治的权利。

——对于西藏的现行政治制度，中央不予变更。达赖喇嘛的固有地位及职权，中央亦不予变更。

——保障宗教自由，寺庙的土地和财产保持不变，寺庙保

---

[1] 这里指《中央人民政府和西藏地方政府关于和平解放西藏办法的协议》，协议共十七条，因此简称《十七条协议》。下文所列的协议主要内容与协议中文原文大意一致，但字样并非完全重合。——译注

留其收入。

——保留和发展西藏的语言和文字，实行面向全体人民的教育。

——西藏应自动进行社会和民主改革，人民提出改革要求时，得采取与西藏领导人员协商的方法解决之。

十四世达赖喇嘛被允许入选全国人民代表大会，他当选代表后，虽然年轻，甚至还被选为全国人大常委会副委员长。

不过，西藏的大地主与一大部分高级僧侣不时制造叛乱，反对废除奴隶制。他们发现，藏民不再甘心在他们的控制下长期生活在石器时代，不断进行抗议和提出改革要求。50年代中期开始，美国中情局串通他们，在尼泊尔山区偷偷建立了恐怖武装[1]，"多次给中国人造成重创"（见《十四世达赖自传》）。[2] 人民解放军击溃了恐怖分子，并在西藏推行了有利于农民的土地改革。1959年，西藏的封建势力终于撕毁《十七条协议》，携带巨额财富逃往印度，并在印方扶持下，找了一块小地方建立了一个迷你小国，里面有几百个西藏人，还有少量印度当地人，达赖则住在以前英军留下的一处军营，组建了流亡政府。

十四世达赖曾经派代表与毛泽东一方共同签署《十七条协议》，他当选全国人大常委会副委员长以后也曾"为毛泽东突出的个人魅力而倾倒"[3]，1954年，19岁的他在北京参加全国

---

[1] 详见 Shane Quinn《美国破坏中国稳定的70年：美国资助新疆维吾尔族叛乱》，2019年12月23日发表，见 www.globalresearch.ca。

[2] Sebastian Carlens：《中世纪的完结：60年前达赖逃离中国，但未能阻止西藏的现代化》，2019年3月16日发表，见 www.jungewelt.de。

[3] 同上。

人大会议时还曾与毛泽东亲切握手，可是他显然受了同僚的鼓动，要共同阻止西藏刚刚开始的前进步伐，并一起逃到印度。这之后的历史，对于普通的中欧国家"媒体消费者"[1]来说就太熟悉了——媒体把他美化为秘传佛教的领袖，大大满足了人们向往领袖、王公贵族和"半人半神"的隐秘心理。

互联网上，如今不乏大肆鼓噪重新"解放"西藏、恢复佛教的封建政治统治的声音，这种声音与现实完全脱节，也罔顾政教合一统治下普通百姓的实际生活，只不过满足了西方知识分子自以为是的对宗教和神秘主义的向往之情，对纸醉金迷的封建生活的赞美和羡慕之心。在立场中立的观察者看来，这种声音无异是异想天开。

其实，和西方媒体对中国的无数次歇斯底里一样，由美国互联网垄断企业策划的"西藏宣传"已经很难蒙蔽得了全世界的舆论，因为它的触角难以无处不在；也蒙蔽不了普通的西藏百姓，即使它现在费尽心机去美化西藏自己的封建悲惨历史也难以笼络人心；唯一被它迷惑得五迷三道的是西方自己的百姓，因为它把政教合一的奴隶主统治说得天花乱坠、五彩缤纷。只要拉开距离，从外面冷静地观察西方特别是欧洲的现状（包括心理现状）[2]，就不难发现这里广泛存在的一厢情愿荒谬至极，仿佛一面镜子架在我们面前：瞧你们这帮人的样子，未来的世界还能指望靠你们来推动？无论如何，西方对西藏问题和中国问题奉行的政策，其出发点十有八九就是歇斯底里、兴师问罪，并且与当今西藏的文化解放、现代化进程和生活水平

---

[1] 媒体消费者，即"媒体受众"，但略含贬义。——译注
[2] 安德烈·弗尔切克：《欧盟的选举证明：欧洲的衰落不可逆转》，2019年5月30日发表，见 www.jungewelt.de。

的提高几乎毫不沾边。[1]

当然，现代化是把双刃剑：如果让藏民疏远自己的历史将对中国不利；同样地，如果强推现代化也不利。但是别忘了，现在的铁路交通也像子弹头一样，联结着拉萨和北京，藏民只需 40 个小时就能抵达中国大陆的另一端北京。

新疆维吾尔自治区的劳改营？伊斯兰极端主义的反华新阵地？恐怖主义和假新闻

人类历史上，宗教和种族似乎从来都是、现在更是两个可以任意极端化的领域，这样一来，就可以制造紧张与冲突、分裂民族、摧毁国家、煽动战争。"你们的长相和我们不一样，所以你们对我们就很危险，所以我们怕你们，所以我们要打破你们的头，要不你们就会打破我们的头。"这种前人类的思维方式似乎深植于我们的基因之中。如果种族和宗教都不一样，那么这种思维似乎就更不难理解。

近代史中，人类偶尔也会想到不要动辄大打出手，认识到合作也有诸多益处（这是人类大脑新皮质控制的模式），因而，也成功地进行过和平共处、实现启蒙宽容、尊重社会制度多样性和社会制度韧性。

然而，在人口过剩的今天，人们争夺着世界越来越少的资源，不同体制的争斗使人们处于持续紧张状态。在这样的背景下，合作的理念似乎失去了实现的机会。

---

[1] 详见罗伯特·菲茨图姆（Robert Fitzthum）《下一个敌人》，第 8—10 页。

我们在本书导言部分曾谈到新疆维吾尔自治区。两千多年来，除了偶有间断，该地区一直是中国历代王朝的一部分。今天，维吾尔族中信仰宗教的人，大多数信仰的是伊斯兰教。由于中国奉行宽容的宗教、民族和少数民族政策以及宗教信仰自由政策和区域自治政策，伊斯兰教得以在新疆传播开来。但是，他们中的一部分人出现了政治化、原教旨主义化、极端化倾向，并带有了暴力色彩，原因包括：几百年来欧洲和北美帝国主义的殖民压迫，与此同时，西南亚与阿拉伯地区出现了类似趋势，而同一时期世界范围内的基督教和其他宗教也有类似态势。由此可以看出，这一倾向与西方数百年的殖民压迫和帝国主义剥削密不可分，但是西方国家却对此讳莫如深。

这个漫长的、只有少数人了解的过程始于1979年。那一年，极端主义组织塔利班在阿富汗诞生，美国开始对它进行军事、组织和财政支持。几年前有报道称，3000名维吾尔族伊斯兰教信徒在叙利亚为"伊斯兰国"和基地组织充当炮灰，[1] 也有报道说这些维吾尔族恐怖分子有8000到10000人，甚至有的说多达20000人。

今天，恐怖民兵组织在叙利亚或遭重创，或被解散，有报道说，其雇佣军里的维吾尔族人又在中东和东亚地区流窜[2][3]，目的是造成最大限度的破坏，并在此基础上建立起类

---

[1] 参阅一名叙利亚难民致德国总理默克尔的公开信，2019年1月31日发表，见 www.muetter-gegen-den-krieg-berlin.de。

[2] Volker Bräutigam、Friedhelm Klinkhammer：《有枣没枣打一竿子：德国电视一台新闻节目继续进行关于所谓新疆刑讯营的反华宣传》，2019年3月16日发表，见 www.publikumskonferenz.de。

[3] 德语里，"东亚地区"包括东亚、东南亚。——译注

似石器时代的宗教恐怖统治。

20世纪90年代以来，维吾尔族极端分子在中国境内屡屡制造血腥袭击事件，相当长一段时间内，新疆人甚至全体中国人都显然对此感到震惊，并觉得对这种新型的恐怖主义和血腥暴力束手无策。但是，新疆自身也可能为宗教极端主义和恐怖主义提供了某种社会基础：新疆发生的事件表明，中国政府的少数民族政策和民族自治政策似乎由于某种原因难以达到自身的目的（在多民族国家里按照统一的规则实现各民族和平共处和宗教信仰自由），这个原因就是，中国政府长时间放松了对其西部边界的管控。

不过，一两万名维吾尔族恐怖分子与"伊斯兰国"及其他仿佛石器时代出生的恐怖分子共同作战，这几乎没有引起"自由西方媒体"的关注，也没有引发它们对世界所处状态的反思。不过，它们对新疆的血腥恐怖主义不感兴趣，这本身也没有什么好奇怪的。说到底，西方对待恐怖主义向来不从根本上予以谴责，而是从实力政治和地缘政治是否于己有利的原则出发，以实用主义的策略进行评判。美国前总统富兰克林·德拉诺·罗斯福就曾经这样评价他在拉美扶持的刽子手、尼加拉瓜独裁者索默查[1]：

他是龟孙子，但他是我们的龟孙子。[2]

---

[1] 这里指"老索默查"，即安纳斯塔西奥·索摩查·加西亚，长期效忠美国，曾任尼加拉瓜总统（1937—1947年、1950—1956年），实行独裁统治。——译注

[2] 参阅 Wolfgang Lieb《他是龟孙子，但他是我们的龟孙子》，2011年2月3日发表，见 www.seemoz.de。

在美国看来，维吾尔族中的伊斯兰教徒即使当上了恐怖主义的"龟孙子"，在对抗新的"挑战者"亦即新的"世界老大"的冷战中，仍可以派上用场。可惜的是，中国既不是"龟孙子"，更不是"我们的龟孙子"！而这，对中国来说真是双重意义上的倒霉！因此，中国哪里能指望得到西方主流媒体的同情，更不用说支持？！

我们不知道中国政府是否对维吾尔族伊斯兰教做出了反应，如果有反应，也不知道是哪种反应。但是，假如我们是中国政府，我们绝不会也绝不可以对叙利亚境内成千上万的维吾尔族"圣战者"无动于衷。2011年，睿智的美国前国务卿基辛格（他知道和做出的比他公开承认的要多）就曾在《论中国》一书中谈到伊斯兰恐怖主义给新疆"可能带来的影响"，尽管基辛格公开谈论的总是比自己所知道的和自己所做的少得多。[1]

事实是，寻求新疆独立、建立一个名为"东突厥斯坦"的维吾尔"圣战国家"的努力由来已久。自从1949年中华人民共和国成立，就有一些流亡的维吾尔人组织企图让新疆独立，这其中包括"突厥斯坦伊斯兰党"，它已经在中国制造多起袭击事件。美国和欧盟也将其正式视为恐怖组织。不过，美国中情局仍然为其提供财政支持。[2] 该党在叙利亚建立了一个组织，至少拥有数百名职业杀手即"民兵"或"圣战者"（有报道称4000名）。20世纪70年代开始，同样企图成立"东突厥斯坦"、把新疆从中国分裂出去的"世界维吾尔人代表大会"，

---

[1] 基辛格：《论中国》（2011年出版），第506页。
[2] 详见Shane Quinn《美国破坏中国稳定的70年：美国资助新疆维吾尔族叛乱》，2019年12月23日发表，见www.globalresearch.ca。

就把总部设在慕尼黑，其立场是通过美国政府设立的"自由欧洲电台"（后改称"自由电台"）传播的，该电台总部也曾设在慕尼黑，现在搬到了布拉格。[1]

不过，美国军方的一份研究报告作出的结论是，新疆"流亡政府"的计划基本上没有胜算，除非得到外部的帮助。[2] 无论中国在新疆反恐方面采取什么措施，西方媒体都自动地将之视为错误、独裁、非人道和警察国家的表现。我们都知道大的石油公司的垄断运作方式：总是一个公司打头阵，引发下一轮的油价上涨，其他公司跟着涨价，如此循环反复。媒体垄断公司的运作大同小异：一家媒体捅出来一个消息就算确定了基调，之后就开始一轮接一轮地转引，到最后谁也不知道消息是从哪里来的，只是异口同声地认定这就是事实"真相"。

在维吾尔人问题上，不得不提的是，德国的《日报》曾经大出风头。这也难怪，该报相比其他媒体大有优势——它有一位华裔记者，名叫菲利克斯·李（Felix Lee）。在他的笔下，新疆突然间死了，至少可以说几乎死了：在新疆这个"大劳改营"里，突然之间笼罩着"墓穴一般的死寂"。[3]

虽然人们早已听到从新疆传来的消息——那里正在建设"丝绸之路经济带"，乌鲁木齐是其中的一个货运枢纽，同时也是一条北京直通新疆的铁路线的终点站，沿途只需 30 个小时——，但李记者就是要这样写。当然，这样突飞猛进的变化不会让传统的维吾尔人全都喜欢，但在经济腾飞的大中亚地区

---

[1]《起底东突厥斯坦（1）》（2019 年 11 月 15 日）和《起底东突厥斯坦（2）》（2019 年 11 月 26 日），见 www.german-foreign-policy.com。

[2] 同上。

[3] Felix Lee：《新疆一片死寂》，《日报》，2018 年 7 月 17 日第 1、4、5 版。

（包括中国的西部邻国在内）突然建立起关押百万人（甚至传说有 300 万；而新疆的维吾尔族人只有 1000 万）的劳改营，这话怎么听都像是天方夜谭。

《日报》还用半个版面刊登了一张大照片，给人的感觉是：新疆总是昏暗无光的，或者说至少在空气中总有一层厚厚的黄色雾霾。我觉得，这照片要么是在雾天的落日时分拍摄的，要么就是做了黄灰色滤镜加工，因为其情景堪比美国经典科幻片《响尾蛇》中曼哈顿陷入后人类时代的惨状——同样昏暗无比，永远不见阳光。照片下方赫然写道："这里是世界上最大的关押一个少数民族的地方。"在押者有 100 万到 300 万人之多，但当地无人察觉，可能是因为大家都在谈论"一带一路"怎么给西方那些乡巴佬带去高速的互联网、基础设施、电动汽车和更高的收入，而在神不知鬼不觉之下，竟有"1/10 的人"被关进了"劳改营"。

报道称，它的信息来源是美国的一家委员会出具的报告，但读者没法考证。实际上这只是一个非官方的专家小组。而菲利克斯·李自己在新疆之行中并没有发现那些大规模的拘留所，因此也没能找到更可靠的证据。不过，这些小节都无关紧要，因为记者采写的故事听起来很有道理就行，这不，连大赦国际的表态都显然有些不好意思了，只好写道：这些拘留营是"看不见的"。[1]

一些经验丰富的、持批评立场的深度调查记者为了寻找可靠的事实而在网上对上述报道进行溯源，发现了很多自相矛盾

---

[1] Felix Lee：《新疆：一个暗藏拘留营的地方》，大赦国际网站（www.amnesty.de）2019 年 5 月 10 日发表。

之处。对此我们已经做了一些报道。[1] 还有两位德国记者对国际上可以找到的资料进行了整理,得出与德国电视一台晚间新闻、《日报》及其他媒体完全不同的结论。[2]

现在,网上有影像资料(德国电视一台网站的档案栏目里也能下载[3])显示恐怖分子在新疆肆无忌惮进行打砸抢和炸弹袭击的行为。也有证据表明,圣战分子们就是要砸毁新疆的国家机构,并以石器时代[4]地狱一般的恐怖统治取而代之,[5]而叙利亚和伊拉克这些中东国家成千上万心灵受到重创的人刚刚从这样的地狱中被解救出来。

中国邀请世界各国政府派代表去新疆参观,西方政府和媒体对此一概拒绝。[6] 不过,众多正在与极端伊斯兰教做斗争的国家和联合国的代表接受了邀请,并在新疆进行了实地考察。结果是,像大赦国际一样,这些代表既没有发现"看得见的拘留营",也没有发现看不见的拘留营。

西方媒体于是更加怒不可遏,掀起一波又一波的反华浪潮,甚至连低级的手工操作一类的报道错误都视而不见。至

---

[1] Ben Norton、Ajit Singh:《不,联合国没有报告说中国为维吾尔族穆斯林大规模设立拘留营》,2018 年 8 月 23 日发表,见 thegrayzone.com。

[2] Volker Bräutigam、Friedhelm Klinkhammer:《有枣没枣打一竿子:德国电视一台新闻节目继续进行关于所谓新疆刑讯营的反华宣传》。

[3] 例如,《中国发生袭击事件:31 人在乌鲁木齐死于炸弹爆炸》,2014 年 5 月 22 日发表,见德国电视一台网站 www.tagesschau.de。

[4] 在此我也想对石器时代的人们说一声"抱歉",因为你们与近当代形形色色的宗教原教旨主义分子的可怕程度和嗜杀成性相比,顶多只及一半,而我还不停地拿你们来作比喻。

[5] Volker Bräutigam、Friedhelm Klinkhammer:《有枣没枣打一竿子:德国电视一台新闻节目继续进行关于所谓新疆刑讯营的反华宣传》。

[6] 德国媒体人中流行一句话:"我怎么能通过调查破坏自己的故事?"表面上看是笑话,实际上很多人就是这么做的。——译注

于事后这类报道漏洞被人揭穿，似乎也与它们毫无关系了，因为它们笃信古希腊罗马人的那句名言："Audacter calumniare, semper aliquid haeret."而这句出自普鲁塔克的名言意思是："尽情地诽谤吧，总有一些会留在人们的记忆里。"

再举个例子。德国公法媒体的急先锋们有一次风闻维吾尔族艺术家艾衣提（Heyit）遭中国政府迫害致死的消息，于是立即大吹大擂，但第二天，这位艺术家活生生地出现在一段标明日期的视频里，并且说自己活得好好的。尽管如此，这些媒体压根不去想纠正这个假新闻，更不用说为自己一落千丈的新闻调查水平去道一声歉了。

国际上对有关维吾尔族人假新闻的溯源工作早已完成，简而言之，事实真相如下：[1]

信息源头是一位名叫盖伊·麦克杜加尔的女士，她自称是非正式的"联合国消除种族歧视委员会"的美国代表。她在未经该委员会授权的情况下一个人接受了路透社（亿万富翁罗伊·汤姆森男爵一世留下的通讯社）的采访。众所周知，这位女士多年来是金融投机家乔治·索罗斯的宠儿，而索罗斯通过其众多的基金会和非政府组织（比如"开放社会基金会"）参与了全世界的"颜色革命"。在那次采访里，麦克杜加尔声称自己代表这个（非正式的）联合国委员会说话，并称委员会掌握着超过 200 万维吾尔族人被关押的"信息"。她称自己的信息来源是非政府组织"人权观察"的香港办事处。而"人权观察"又是由美国国务院或者美国"国家民主基金会"资助的。

---

[1] V. Bräutigam、F. Klinkhammer：《拙劣的新闻工作：德国电视一台传播针对中国的假新闻》，2018 年 8 月 20 日发表，见 www.linkezeitung.de。

几天之后，联合国消除种族歧视委员会主席和联合国人权事务高级专员办公室先后正式辟谣说，类似"信息"并不存在，联合国也没有这种说法[1]，不过这在西方媒体看来也不值得报道。[2] 于是，这则假消息继续大行其道。

此外，已经证明，如果到网上查询"维吾尔族人拘留营"，得到的链接并非联合国的机构，而全部指向美国政府的网页。[3] 间或也有中国反对派人士的名字出现，但仔细一查，他们或者是表面上喜欢被介绍成反对暴力的非政府组织的代表，实际上主张中国应该接受殖民占领的人（如香港的学生黄之锋），或者是靠支持美国发动战争和建立拘留营而喜欢出风头的人。

但凡中国有一丝国家图存的意愿（我们可以认为中国有这样的意愿），它就不会坐视"伊斯兰国"和基地组织的浪潮彻底淹没新疆，并与其幕后支持者一起把新疆变成又一个阿富汗—伊拉克—利比亚—叙利亚。中国的应对之策不是像别的国家那样在世界各地大建秘密监狱和刑讯中心，而是发展经济和提高生活水平。这其实是资本主义社会过去一百年里早已用过的方法，即通过适当提高经济收入使工人阶级融入社会，只不过当今资本主义国家对此已经力不从心罢了。

我们认为，上述两位深度调查的德国记者面对假新闻的汪洋大海所做的如下思考值得注意："中国史无前例的发展不仅让人民吃饱穿暖，还给了人民受教育的机会，让他们自我尊

---

[1] Ben Norton、Ajit Singh:《不，联合国没有报告说中国为维吾尔族穆斯林大规模设立拘留营》。
[2] 同上。
[3] 同上。

重,并对未来充满信心,它会无缘无故地将一个少数民族全部打成罪犯吗?它不知道,那样无疑将是中国作为一个多民族国家的终结吗?"[1]

事实正好相反,中国报纸上随处可见有关民族多样性以及各省各地区民族传统风俗的正面报道。[2]

两年来,中国通过加强边防措施已使炸弹袭击事件降至零。除了建设基础设施和与"丝绸之路经济带"接轨,中国政府还在新疆发起职业技能教育培训攻势,而且确实建立了教育培训中心——那自然要求参加者在中心住读一段时间。但这一切都是为了发展,"教育"包括反宗教极端主义和传统迷信的教育,"培训"包括职业培训。以前,在资产阶级的理想之中,这两项内容不也是属于国家发展和腾飞的应有之道吗?

众所周知,我们的历史书认为,普鲁士国王弗里德里希·威廉一世不顾企业主和家长双方的主观意愿(前者要求保留童工作为廉价劳动力,后者声称需要孩子工作挣钱)而推行全民义务教育是一件功德无量的事。那么我们为什么不再仔细看一看实情,不再认真思考一下联合国等机构的评价呢?我相信,这样做一定不会白费力气。

---

[1] Volker Bräutigam、Friedhelm Klinkhammer:《有枣没枣打一竿子:德国电视一台新闻节目继续进行关于所谓新疆刑讯营的反华宣传》。
[2] 《中国日报》,2018年7月13日,第19页。

第十三章 "新帝国主义！"另一种方式的全球化：南南合作、联合国、巴黎协定、上合组织、"一带一路"、对外投资、中国成为新的移民接收国

"我只想说中国，中国，中国！"[1]1969年，当时的联邦德国总理库尔特·格奥尔格·基辛格（Kurt Georg Kiesinger）在基民盟党代会上讲出了这句话，目的是煽动对共产中国的恐惧。其实，对中国的恐惧由来已久：德意志帝国时代，他们把来自远东的"矮人"带来的威胁称为"黄祸"[2]，1919年、1933年和1945年德国又掀起"红祸"论并将对此的极度恐惧感持续植入德国人的政治世界观的基因之中，甚至有了"宁死不红"之说。而现在，"黄祸"与"红祸"合流，还要在经济上崛起，而且新的亚洲世纪将把世界重新带回到历史上正常的国际秩序。这将不可想象！而我们今天恰恰处于这个节点。基辛格当初肯定没有想到他的那句话在何种意义上是正确的，但当时已经基本清晰的是，中国将重返世界舞台，并将打乱过去150年的国际统治秩序。

---

[1] Karen Andresen：《我只想说中国，中国，中国》，2004年11月16日发表，见 www.spiegel.de。

[2] "黄祸"主要针对中国等远东国家，19世纪末，德意志帝国末代皇帝威廉二世是"黄祸"的重要鼓吹者，他命宫廷画师所作的那幅臭名昭著的画即命名《黄祸》并被广泛传播，在世界上对这一种族歧视理论起了推波助澜的作用。——译注

中国的发展援助与南南合作

从历史上看,中华人民共和国自成立之日(1949年10月1日)起,就把自己视为发展中国家(其实这是殖民专制的结果),并将自己与其他发展中国家,特别是非洲国家的关系发展成为"南南合作"。但开始的时候,这种关系较少体现在发展援助方面,因为中国自己还在与饥荒做斗争,财政上负担不起。所以,当时更多的是建立政治关系,支持反殖民和民族革命解放运动,与刚刚获得独立的非洲和阿拉伯国家开展合作并为拉丁美洲的解放运动提供道义支持。

尽管从事民族解放运动的那几代人已经成为历史,但中国与这些国家的友好关系似乎形成了传统。因此,中国在20世纪90年代和21世纪前十年实现自我稳定后,开始重续并发展与非洲、阿拉伯地区和部分拉美国家的这一传统,并受到这些国家的欢迎。显然,这一传统从来就没有完全中断过,现在,"中非合作论坛"就已经存在了17年,每年举行一次会议[1],每次都有具体的发展政策和投资成果发布。

直到不久前,中国才正式从发展援助资金的净接受国变成净出资国,当然,这使中国更加受到非洲、阿拉伯地区、中亚和南美及中美洲国家的欢迎。可以预见的是,不久中国将超过美国,成为为发展中国家出资最多的国家。[2]

这其实也并不特别困难,因为所有新自由主义的发达工

---

[1] 原文如此。中非合作论坛峰会每3年举行一次,不过各种级别的会议每年都会举行多次。——译注

[2] 《墨卡托中国研究中心中国简讯》,2018年第6期,见 www.merics.org。

业国提供的发展援助多年来都在减少，理由是这些开支都是根据多边协议、需要公开透明并接受联合国核查，因此舆论并不欢迎，只好少量提供。因此与军事开支（所谓的"军事援助"）相比，这些国家的发展援助预算本来就很有限。除了瑞典和丹麦以外，这些发达资本主义国家几十年来从未兑现过对联合国做出的承诺——将国内生产总值的0.7%作为发展援助的预算，例如2014年德国的发展援助支出只占其国内生产总值的0.4%。

中国现在将发展援助称为发展合作，这一战略首先不能从传统意义上来理解。考虑到西方国家主导的新自由主义全球化给世界贫穷国家带来的经济、社会和生态领域的灾难性后果，西方国家的那点点发展援助资金从来就是杯水车薪，也可以说是九牛一毛，而且只会让资本主义世界的主要国家受益。从客观上看，它们设计发展援助的目的也从来不是帮助贫穷国家迎头赶上，而不过是对后者在全球权利中受到的日益严重的损失进行一种小小的补偿。在新自由主义者看来，这种损失越大，"发展合作"就越应该朝两个方向设计：

一、作为西方企业在贫穷国家做生意的敲门砖；

二、让资金慢慢流入发展中国家中央和地方各级"精英"的腰包，使少数掌权者变成富翁，有能力购买奢侈品、投资华尔街或用于巩固独裁政权。

这样一来，多数情况下，"受援国"当然不可能受益于结构性的利益。[1]

---

[1]《德国发展援助资金落入非洲精英的腰包》，原载《德国经济新闻》，2020年2月23日。

中国彻底打破了这个传统体制，开始促进共同发展（详情后述）。中国知名经济学家、世界银行原首席经济学家林毅夫对这种"共同发展"的中国初衷——我们尽可以称之为"新的全球化"[1]——进行描述时使用了"解放思想""实验先行""相互学习"这样的字眼，并且称中方为此成立了新的专门的发展银行和基金，因为发展中国家对新自由主义的"华盛顿共识"连同它的工具——世界银行和国际货币基金组织——已经失去了信任。[2] 林毅夫说，"对崛起国家核心利益的忽视（也就是我们所经历的西方地缘政治）催生了中国行动"。[3]

的确，我们可以说，中国的"一带一路"带来了一种新的替代性全球化，这对于近年来实际进行的逆全球化、世界经济的明显脱钩以及特朗普破坏下造成的国际贸易下滑，都是一种反作用力，因而也可以称为"再全球化"。[4] 这背后还有多少出人意料的新鲜东西，我们将详细分析。

中国几十年来对非洲国家的一贯政治声援，双方对发展中国家相同发展任务的共同理解，特别是中国最近这些年提供的

---

[1] 陈向明：《全球化的复活：中国的内外战略能够在它的周边亚洲国家甚至更远的国家催生经济发展并促进融合吗？》，原载《剑桥地域、经济和社会杂志》2018 年第 1 期（总第 11 期），第 35—58 页。
[2] 林毅夫、王燕：《中国对发展合作的贡献：思想、机遇与资金》，发表于沙希德、王燕主编的《中国与全球经济》，第 826—851 页，E. Elgar 出版社 2017 年出版。
[3] 参阅 Solvecon Forex 报告，2019 年 3 月 19 日发表。
[4] GAO Bai：《中国的"一带一路"倡议：对逆全球化的反作用力》，发表于王辉耀、苗绿主编的《中国与全球化手册》，E. Elgar 出版社 2019 年出版；Vassilis Fouskas、Bulent Gokay：《欧洲大西洋主义的解体与新集权主义：全球权力转移》，帕尔格雷夫·麦克米伦出版社 2019 年出版。

越来越多的财政支持,这一切显然都没有被非洲忘记,特别是没有被反殖民主义的非洲斗士的孙辈忘记。因此,中国这些年在非洲大受欢迎就毫不奇怪了,更何况,与西方媒体所臆想的不同,中国不只对非洲的廉价资源感兴趣,更有意帮助非洲实现工业化。所以,即使那些非洲"精英"因为西方的资助而中饱私囊,但面对基础设施的提升、摆脱贫困和经济急起直追这些美好前景,也难经得起中国的诱惑。

中国的外交政策:不靠军队,而是靠合作协定和基础设施投资

美国在全世界设有超过900个军事基地,其中绝大多数设在俄罗斯和中国周边;美国不断在全球各地举行军事演习,进行军事干预;美国在军备竞赛中永远一马当先,广泛破坏事先达成的国际裁军条约。[1] 中国的外交政策恰恰与此相反,它主要按照国际法签订国与国之间的条约,实际上只考虑经济利益,不试图对其他国家的发展策略施加政治影响。中国开始时以基础设施投资和服务换取原料,当对方发展到一定程度,便越来越多地以原料、工业物资和服务平等地换取原料、工业物资和服务。随着非洲在中国帮助下推进工业化,中非不仅可以在各个工业领域进行贸易,也可以在同一工业领域开展贸易。

对22个较大发展中国家的研究表明,与中国的贸易促进

---

[1] 几十年来,这些事实可以在每年的斯德哥尔摩国际和平研究所(SIPRI)的报告里查阅到。最近的一个报告见《西方军备共同体》,2019年12月13日发表,参阅 www.german-foreign-policy.com。

了这些国家的工业增长，中国已成为全球南方经济增长的推动力。[1] 而西方的发展援助从未做到这一点。

在这一背景下，中国放弃了几十年来在国际事务中一贯坚持的高度克制的外交，转而采取与自己国际地位更为匹配的外交行动。当然，中国希望走和平发展道路[2]，并继续按照国际法上的和平共处五项原则进行外交。

联合国机构里的中国

众所周知，中国很晚（1971年）才重返联合国。但是，我们从前面的环境和气候政策、沙漠化治理以及少数民族政策（例如针对维吾尔族的政策）等例子中已经看出，中国在各个经济和政治领域，因而也在联合国的各个下属机构（如联合国环境规划署、联合国开发计划署等）里变成了最积极落实联合国决议的国家之一，也因此，各国外交官和联合国代表都喜欢前往中国出差。

这些成绩包括联合国气候问题决议即2015年的《巴黎协定》（中国提前完成）、联合国千年发展目标及可持续发展目标（特别是在脱贫方面，全世界贫穷人口下降主要是因为中国的努力）、遏制沙漠化的计划、保障少数民族权益的政策，以及打击人体器官交易的具体政策（中国作出了突出贡献）。[3]

---

[1] Tam Nguyen Huua、Deniz Dilan Karaman Örsal：《地平线上一个新的、友善的霸主？中国世纪与全球南方的增长》，2019年11月13日发表于《经济学电子杂志》第60期。

[2] Marcel Kunzmann 在《社会主义在中国的理论、体系与实践》2018年第2版，第95页及以后诸页中有详细叙述。

[3] 《墨卡托中国研究中心中国简讯》，2018年第6期。

联合国代表一波接一波地前往中国，参观学习，惊讶不已，赞叹不已。

1990年以来，中国也参加联合国的军事维和行动。派出执行维和使命的中国士兵大约有2500人，主要部署在南苏丹、利比里亚、马里和黎巴嫩，其中有的在美国指挥官的领导之下。[1] 此外，中国也是为维和使命出资最多的国家之一。

在联合国，中国已经成为代表发展中国家的一个重要的声音，它制定的决议草案一般都会得到多数支持。最近，有一名中国人出人意料地当选为联合国一个较大的下属机构的最高领导人，即联合国粮农组织总干事，西方虽然反对但也无济于事，当选过程出乎意料地快而且几无悬念。[2] 这被视为中国与其他发展中国家关系良好的证明。[3]

中国目前在联合国的政策和其国内政策一样，日益聚焦人类的核心问题，为此它提出了构建"人类命运共同体"的中国方案，并将这一理念写进了联合国文件。[4]

联合国、上海合作组织、金砖国家和东南亚合作

如今，联合国一再证明自己在有效维护和平方面的高度无

---

[1] 《中国日报》，2018年7月7日、8日第17版。

[2] 2019年6月23日，中国农业农村部副部长屈冬玉当选联合国粮农组织新一任总干事，成为该组织历史上首位中国籍总干事；2023年7月2日，屈冬玉再次高票胜选连任。——译注

[3] Jörg Kronauer：《北京的影响在扩大》，原载《青年世界报》，2019年6月26日第6版。

[4] 参阅 Marcel Kunzmann《社会主义在中国的理论、体系与实践》，2018年第2版，第99页。

能：它既不能有效保障和平，也不能阻止战争暴发，更不能防止一些所谓"志愿国"滥用联合国的军事使命、为自己的地缘战略利益服务。（不过，今天帝国主义对一些资源丰富的国家发动干预战争，大多并没有得到联合国的授权。）而且，联合国也一再因为部分会员国拒绝缴费（或拒缴会员国费用，或拒绝向自己不喜欢的联合国下属机构缴费）而失去行动能力。因此，很长时间以来，联合国已经不再是国际法的守护者，而传统国际法是基于两次世界大战的教训诞生的，并且在大约40年的时间里反映了自由资本主义对国际事务较为谨慎的态度。

在联合国近年来的历史上，中国的核心负面体验是在2011年3月联合国通过第1973号决议[1]时投弃权票。这个决议饱受诟病，因为它允许以某种（不确定的）形式由"志愿国"对利比亚进行干预。随后，北约国家对利比亚进行空袭，将这个不听西方使唤的国家炸成今天这个军阀混战、专制横行的野蛮社会，而被炸之前，利比亚曾经是阿拉伯世界最后的独立世俗主权国家之一，并且将其石油收入大量投入其他非洲国家的发展。卡扎菲之所以招致杀身之祸，是因为他想摆脱美元的控制，表现出与中国合作的兴趣，更主要的是将其石油财富用于北非的战略性发展。中国得出的结论是：安理会再也不能

---

[1] 2011年3月17日，联合国安理会15个理事国以10票赞成、5票弃权的结果通过第1973号决议，决定在利比亚设立禁飞区。中国、俄罗斯两个常任理事国和印度、巴西与德国3个非常任理事国投了弃权票。据3月19日《人民日报》报道，中国外交部发言人表示：中国反对在国际关系中使用武力，对决议中的一些内容是有严重保留的；考虑到阿拉伯国家和非盟的关切和立场以及利比亚当前的特殊情况，中方和有关国家一道对决议投了弃权票，没有阻拦决议的通过。——译注

发生这样的事情（俄罗斯也得出类似的结论）。

早在1996年，中国就提出建立"上海五国"的倡议，这可以说是一个加强传统（联合国）国际法的联合国游说组织。在此基础上，2001年上海合作组织（简称"上合组织"）诞生，创始成员为6个亚欧国家：中国、俄罗斯、吉尔吉斯斯坦、哈萨克斯坦、乌兹别克斯坦和塔吉克斯坦。上合组织的目标是恢复国际法的地位，建立多极世界体系，严禁成员国之间以及在国际关系中使用或威胁使用武力，不支持分裂主义和极端主义，寻求双赢合作以及平等和尊重文化差异。当然，上合组织没有建立军事基地。2019年6月，该组织在吉尔吉斯斯坦首都比什凯克召开了第19届年度会议。

2017年，巴基斯坦和印度这两个拥核国家加入上合组织，这两国之间的关系一直不睦，现在还很紧张。当然，印度和中国之间也并非都是和谐之音。2014年印度民族主义和极端印度教的代表纳伦德拉·莫迪当选总理以来，印度便自视为中国在印度太平洋地区的竞争对手，定期与美国、日本和澳大利亚在太平洋和印度洋进行联合海上演习。2017年6月，印度军队明显在锡金侵入中国的西藏地区。[1] 中国官方的反应是援引金砖国家和上合组织的原则："印度必须结束在中国领土洞朗与中国的军事对峙，这既符合印度的自身利益，也符合成员国的共同利益。"[2]

加上印度和巴基斯坦的人口，上合组织代表了世界人口的一半。伊朗得到观察员的身份，并将在联合国对伊朗制裁结束

---

[1]《中国日报》，2017年7月14日。
[2] 同上。

后成为正式成员。[1] 由此看来，上合组织显然严格遵守了联合国的决议。

在西方比较广为人知的"金砖五国"（巴西、俄罗斯、印度、中国和南非）汇聚了世界上最大的门槛国家[2]，其发展政策和地缘战略同样明显各不相同，例如博索纳罗总统领导下的巴西、中国、莫迪领导下的印度、南非的发展目标、道路和方法就大相径庭。在这一背景下，金砖国家还能在国际政治中扮演什么角色呢？[3] 但是无论如何，五国之间的合作在继续；不管怎样，2014 年它们成立了自己的发展银行——"新发展银行"，还有一个货币基金，两个机构共同取代世界银行和国际货币基金组织，且已被纳入"一带一路"更大的项目融资体系。在支付方式这一技术性问题上，"金砖五国"也不再依靠经常被政治化，因而对第三国来说不够可靠的美国"环球同业银行金融电讯协会系统"（SWIFT），而是开始使用"俄罗斯银行金融信息系统"（SPFS）。

金砖国家都赞同中国倡导的不干涉主权国家内政和承认国家之间多样性的政策，因此尽管它们定位和发展方式不同，但并不妨碍它们挖掘共赢潜力，并将此潜力纳入"一带一路"的项目。

---

[1] 2005 年 7 月，上合组织接纳伊朗等国为观察员；2023 年 7 月，伊朗正式成为上合组织新成员。——译注

[2] "门槛国家"，是德国人广泛使用的一个概念，指因为科技等方面的进步即将成为工业化国家的发展中国家，相当于中国所说的"新兴经济体"。——译注

[3] 参阅 ZHAO Huanyu《中国与全球经济治理：金砖国家能否起作用？》，原载王辉耀、苗绿主编的《中国与全球化手册》（E. Elgar 出版社 2019 年出版），第 20 章。

美国早已将太平洋宣布为头号利益地区，它在东亚的军事存在也达到前所未有的程度。尽管如此，中国在其邻国中影响越来越大，甚至在中国南海沿岸国家和整个东南亚也是如此。据亲政府的美国布鲁金斯学会调查结果，即使在美国主导的东盟（ASEAN），中国的影响也日益扩大，更不用说在中国自己最近倡导成立的"区域全面经济伙伴关系协定"（RCEP）之内。[1]

中国—俄罗斯：从形势所迫的共同体到战略伙伴关系——新的军事平衡

中国与俄罗斯的关系是个很特别的战略联盟，可以说是被美国及其最重要盟友欧盟、加拿大、日本和澳大利亚自2015年开始对俄罗斯发动的制裁战和经济战逼出来的。起因是乌克兰独立广场的"橙色"政变和同年顿巴斯以及克里米亚脱离基辅"政变政府"。中国帮助俄罗斯迅速而有效地抵销了西方制裁带来的影响，俄罗斯因此不仅在经济上和技术上能迅速站稳脚跟，避免陷入危机，而且在军事技术方面把自己的防卫技术推向世界顶尖位置，并与在该领域同样跃入世界顶端的中国结成战略伙伴关系[2]。

今天，俄罗斯可以毫不费力地把能源销售给中国，不再

---

[1] Jonathan Stromseth：《试验场：中国在东南亚影响力的上升与地区回应》，布鲁金斯学会报告，2019年11月，见 www.brookings.edu。

[2] 中俄关系不断提升，2019年6月5日，中国国家主席习近平对俄罗斯进行国事访问期间，双方发表联合声明，宣布"将致力于发展中俄新时代全面战略协作伙伴关系"。——译注

依赖与西欧之间的天然气交易，也因此不必再担心像北溪 2 号管线那样受到西欧国家或者美国的讹诈。2019 年 12 月，长达 3000 公里的名为"西伯利亚力量"的俄中天然气管道开通[1]，这是世界上最大规模的能源输送项目。中国的银行向俄罗斯银行提供了特殊贷款条件，这个战略伙伴关系还正在催生更多的内容。如同一些小媒体对 2019 年 6 月第 19 次上合组织年度峰会所作的令人吃惊的报道那样，习近平与普京现在定期会晤，平均大约每两个月一次。可以说，西方迫使中俄两国走到一起，形成了现在的战略贸易结构、价值链、研发项目以及军事、经济、财政和货币政策合作，这一进程已经不可逆转。

在军事技术领域，中俄两国实际上已经旗鼓相当，并且因为共同受到西方 800 多个包围着中国和俄罗斯的军事基地和不断在中俄两国陆地边界和海岸线附近举行的军事演习的威胁，形成了完美的战略互补。鉴于两国联合起来的军事技术和军事战略防卫能力，假如美国现在果真威胁要毁灭中、俄当中的任何一方，那么这将无异于西方的自杀，也无异于对人类的毁灭。

中华人民共和国成立 70 周年的时候，首次展示一枚洲际导弹，按其速度和精准度可以轻松抵达华盛顿；俄罗斯拥有功率最高的超音速轰炸机和导弹防御体系；中国现在拥有最先进的航空母舰（即它下水的第二艘航母）[2]；俄罗斯、中国和伊

---

[1] 2019 年 12 月 2 日，中国国家主席习近平在北京同俄罗斯总统普京视频连线，共同见证中俄东线天然气管道投产通气仪式。这条管道起自俄罗斯东西伯利亚，由布拉戈维申斯克进入中国黑龙江省黑河。俄罗斯境内管道全长约 3000 公里，中国境内段新建管道 3371 公里。——译注

[2] 指"山东舰"。——译注

朗这三个受到美国生存威胁的国家第一次共同举行海上联合演习……所有这一切都可以被视为向美国发出的明确警告，告诉它不得热衷于军事冒险，而且就算冒险也没有胜算。还有，与20世纪80年代的苏联不同的是，俄罗斯与中国不会因参与军备竞赛而自取灭亡，相反，存在这一危险的只有美国。

现在，西方实际上都在热烈谈论，俄罗斯和中国联手打造的防卫技术装备即反导系统、短程和中程导弹、打击美国航母的导弹、预警识别美国隐形轰炸机的导弹等，都已超过西方的水平，在超高音速领域也领先于西方。美国的航空母舰虽然曾在20世纪和21世纪狂热军备竞赛时期被称为"金牛犊"，但已经成了"军事恐龙"；投入数万亿美元研制出的隐形轰炸机能够被中国的量子通信技术及时发现，昔日象征帝国军事实力的这一庞然大物今天已经显得平淡无奇，易受攻击，完全在中俄的掌控之中。[1] 不过，中国的超高音速导弹几乎都是射程为1000—1500公里的中程导弹，并不能打到美国，因此不能被视为进攻型武器，但是如果美国从数百个设在中国周边的军事基地或者从航母上发动袭击，这些导弹则完全抵御得住。

需要强调的是，美国远在特朗普执政之前即2002年，就退出限制军备条约，[2] 开启了武器更新换代的进程。这是冷战以来第一次规模最大的军备竞赛，美国满以为它能够赢得这场竞赛，重新登上世界霸主的宝座。

但是今天，美国及其北约盟友已不再具备赢得新一轮国

---

[1] 参见 Thomas Stötzel《中俄的超音速导弹向军事战略家敲响了警钟》，2019年12月2日发表于德国《经济周刊》网站 www.wiwo.de。
[2] 2001年12月13日，布什总统宣布美国退出美苏1972年签署的《反弹道导弹条约》（简称《反导条约》），6个月后生效。——译注

际军备竞赛的能力。中俄联合起来,武器装备更胜一筹,以至于某些战争已经打不起来。因此,美国越来越将重心转向经济战、技术战和制裁战。2019年12月,特朗普宣布建立太空军,作为美军新的军种,这种谋求世界霸权的重大举动表明,美国压根儿就没有吸取历史的教训。

不过,这一切对美国来说已经无济于事。打肿脸充胖子迷惑不了任何熟悉情况的人。美国发动的所有进攻行动,不论是经济进攻还是军事进攻,甚至包括美国自以为在阿富汗、伊拉克、利比亚和乌克兰取得的"胜利"(参见乔治·沃克·布什2003年发表的讲话《任务完成》)[1]在内,带来的唯一结果是美国明显加速向世界第二的位置衰落。也许正是在这一背景下,特朗普宣布并实施了一系列从世界各地撤军的决定(谨慎一点说,这些决定既令人吃惊,又令世界不知所措)。

由于中俄伙伴关系的建立,第一场冷战中的所谓"威胁均衡"又得到了恢复。就像在第一场冷战中一样,这是第二个最坏的局势。而最坏的局势是有利于美国的"威胁不均衡"。人们不禁要说,如果能接受俄罗斯或者中国一次次提出的和平、合作和谈判的建议,那多么简单!对话、谈判、显示出不摧毁对方的诚意并找到利益均衡,这样的国际关系曾经短时间出现过,但现在,这件看似容易的事情实际上比登天还难。

---

[1] 2003年3月20日,美国以伊拉克藏有大规模杀伤性武器为由,绕开联合国安理会,单方面对伊拉克实施军事打击。2003年5月1日,小布什参访在加州圣地亚哥以西几英里的亚伯拉罕·林肯号航空母舰,并发表题为《任务完成》(Mission Accomplished)的演讲。但2019年1月12日,小布什承认2003年宣布伊拉克战争"任务完成"是个错误。直到2011年12月18日,美军才全部撤出。——译注

中国成为新全球化的倡导者——"一带一路"

"一带一路"的全球性意义、全球性关注和跟踪式分析

当今世界讨论最多的主题莫过于"一带一路"。无论是学界还是新闻界都在密切关注[1]，无论是中国还是世界都在持续收集资料，还有世界各地的众多研究机构、观测中心都在分析或监视。"一带一路"是中国的"项目集群"，有人说，这"也许是人类历史上最雄心勃勃的基础设施项目"[2]；也有人说，"当今世界，要论发展项目的全面广泛、包罗万象、波及地域和财政保障，无出其右"。[3]

2013年，"一带一路"的创意正式诞生、对外宣布并开始实施。在6年时间里，它以令人目不暇接的速度由创意变成了现实——世界范围内，特别是发展中国家内振兴的现实。现在，它在全世界有数百个项目，编织了一个贸易交流和基础设施建设的崭新网络，推动了"一带一路"伙伴国，特别是发展中国家的基础设施建设和经济发展，而发展中国家不仅指非洲、拉美、中亚国家，也包括东欧、南欧这些"最宽泛意义上"的发展中国家。因此，专家称"一带一路"为"全球增

---

[1] 要了解概况，可参阅 Peter Frankopan 的《"一带一路"：当今世界的过去与未来》，Rowohlt 出版社2019年出版；Jörg Kronauer 的《对手：中国崛起为世界大国和西方的抵抗》，2019年出版。

[2] Jörg Lichter:《中国的"一带一路"：西方的失败》，2019年3月1日发表于德国《商报》网站 www.handelsblatt.com。

[3] Pepe Escobar:《习近平实现中国梦的路线图》，2017年10月21日发表于《亚洲时报概要》，见 www.asiatimes.com。

长、脱贫和实现更大经济稳定性的关键因素"。[1]

2019年底,这一"世纪项目"[2]已覆盖137个国家和30个国际组织,为此签署了197个国际法协定。[3] [4]

我们在这里不必要,也不可能对该项目做面面俱到的介绍。报章杂志和博客每天都在对各种项目的细节进行大量报道,而且不论这些报道的视角是客观的还是主观的,是准确的还是扭曲的,但整体上说,内容之广泛、报道之迅速,都令人应接不暇。今天的报道很快就成了明日黄花,而这恰恰也是中国发展状况的写照。

在铺天盖地的信息中,最为全面、细致,也是相对客观的信源之一是美国马萨诸塞州波士顿大学的"全球发展政策中心"。该中心自"一带一路"启动后,即编纂每两周一次的新闻简报——《中国全球综述》,对全世界的相关报道和科学研究成果进行介绍。[5] 著名的约翰斯·霍普金斯大学也跟踪"一带一路"在非洲的进展,并为此创办了"中非研究倡议"。[6]

---

[1] 参阅 Solvecon Forex 报告,2019年2月16日发表。

[2] Stephanie Olinga-Shannon、Mads Barbesgaard、Pietje Vervest:《"一带一路"倡议:亚欧人民论坛框架文件》,跨国研究所2019年10月29日发表,见该研究所网站 www.tni.org。

[3] Pepe Escobar:《"蓝点"与中国的"一带一路"相比微不足道》,2019年11月9日发表,见 www.globalresearch.ca。

[4] 据《人民日报》2023年12月30日报道,中国推动高质量共建"一带一路",已同150多个国家、30多个国际组织签署合作文件,搭建了世界上范围最广、规模最大的国际合作平台。——译注

[5] 《中国全球综述新闻简报》(Global China Round Up Newsletter),见 www.bu.edu/gdp。

[6] 参阅 www.sais-cari.org;F. Schmid《全球资本主义背景下的中国》第51—55页,2017年出版;F. Schmid《特朗普对中国的经济战》,原载《全球经济战。中国的崛起。西方的崩溃?isw 第115期报告》第30—31页。

毫无疑问,"一带一路"是世界上最大规模的互有关联的投资计划,必然成为全世界最大的研究热点,也必然成为当代透明度最高的投资项目,这都是非常正确的。有意思的是,不仅中国和美国的研究机构跟踪研究"一带一路",连美国最大的企业咨询公司(麦肯锡、毕马威、安永等)、中美及其他各国研究机构和咨询公司共同组建的国际财团也对该项目给予极大关注。它们的研究成果反映在各方不断适应、发展"一带一路"并提高"一带一路"建设的水平之中。

当然,"一带一路"也很容易因为规模巨大、情况复杂而成为一场巨大的财政和生态灾难,比如,随着"一带一路"的建设,贸易量巨增,必须相应地大幅扩建基础设施,而这些基础设施如果必须经过尚未开发的林区,是否要肆无忌惮地开发?事实上,新的贸易通道确实就是要穿过中亚、东南亚和非洲的大片地区,其规模前所未有,当然建设质量也前所未有。所以,各方对项目投资、产品的生产效应和环境效应、基础设施、物流都必须及时分析,随时监控、管理,并且在必要的情况下不断完善。

中国"改革开放 2.0":与 137 个国家和 5 亿人口的合作

有人将"一带一路"与毛泽东 1934 年至 1935 年领导的中国工农红军长征相提并论,称之为一种新型的发展模式。[1]这样比喻的大意是说,中国提供了一种与某个国家主导的霸权式、帝国主义式"旧式全球化"全然不同的选择。[2]"旧式全

---

[1] 参阅 Uwe Höring《长征 2.0——作为发展模式的中国"一带一路"》,2018 年出版。

[2] 陈向明:《全球化的复活:中国的内外战略能够在它的周边亚洲国家甚至更远的国家催生经济发展并促进融合吗?》,原载《剑桥地域、经济和社会杂志》2018 年第 1 期(总第 11 期),第 35—58 页,见 www.academic.oup.com。

球化"在生态、社会、经济上，最终也在政治和道德上走入了死胡同，而最近这些年在特朗普任期内，因为华盛顿遏制中国崛起的战略造成全球性破坏，最终变成了"去全球化"（这或许是必然的结果）。

也有人将"一带一路"称为"中国开放2.0"[1]，意思是说，中国因此产生的效率和承担的风险不亚于1978年开始的改革开放。然而，中国现在开放工业领域，特别是对外国公司和资本开放汽车和金融领域（甚至不再有合资的义务），以及2018年以来进一步降低进口关税（作为对华盛顿经济战和全球贸易下滑的反应），比"一带一路"的开放更深入，风险更大。这就是"开放2.0"。当然，这两者也不能完全割裂开来看。

"一带一路"从根本上说是使欧亚大陆重新融合在一起。正是在这里，从人类纪年开始，就存在古代丝绸之路的诸多路线，也就是说横穿中亚和南亚的贸易通道。但是今天，"一带一路"的范围远超历史，涵盖非洲、拉丁美洲和东南亚，连通陆地和海洋，最近甚至抵达挪威海——让只有6万人口的格陵兰岛也参与进来。[2]

> "一带一路"诸多项目的互动地图可以在 www.bueso.de/neue-seidenstrasse 上找到。

"一带一路"现有项目和计划已经将地球上超过137个国家（2019年初，《商报》还报道说只有大约100个国家）和近

---

[1] 参阅高大伟（David Gosset）在2017年"天津论坛"上的主旨演讲。
[2] 参阅 Werner Rügemer《格陵兰岛：美国军方阻挠中国扩建基础设施》，2018年10月16日发表，见 www.nachdenkseiten.de。

50亿人口（全人类的一半还多）[1]、约世界40%的国内生产总值[2]融合在一起，而且每项指标都在上涨。

有人将"一带一路"具体线路的历史意义与苏伊士运河相比较，并依照习近平提出的"新时代社会主义"称之为"新时代的苏伊士运河"。[3]的确，"丝绸之路经济带"有一条"中线"前不久就开通了，它穿过土耳其。还有一条"挪威海线路"将彻底改变欧亚贸易格局，而不久的将来，横穿中亚的新的快速货运列车线路将使中国中心地带与杜伊斯堡、鹿特丹或汉堡之间的运输时间缩短至8天（目前是11天）。[4]中国还在计划开通新的铁路线或铁路段，例如有一条铁路线将穿过吕根岛[5]，还有多个铁路段经过中亚国家，这些都已有详细计划。[6]

---

[1] 参阅 Pepe Escobar《习近平实现中国梦的路线图》，2017年10月21日发表于《亚洲时报概要》。

[2] 参阅 Michael Dunford 于2017年7月在"天津论坛"的演讲《全球化向何处去？》。

[3] Geoffrey Aronson：《中国刚刚启动"新时代的苏伊士运河"——中国的欧亚铁路"中部走廊"。"一带一路"倡议大张旗鼓地进入土耳其，西方却心不在焉漠不关心》，2019年12月10日发表，见www.globalresearch.ca。

[4] Britta Kuhn：《中国的"一带一路"》，《经济简讯》（*Wirtschaftsdienst*）2019年第12期，第880—881页。

[5] 吕根岛：德国最大的岛屿，位于德国东北部的波罗的海，是德国的旅游胜地之一。——译注

[6] 参阅 Jörg Kronauer《远东不再遥远》，2019年11月20日发表，见www.jungewelt.de；Pepe Escobar《"一带一路"用于中国与哈萨克斯坦边境》，2019年12月5日发表，见www.globalresearch.ca；Valentin Raskatov《"一带一路"：中国首趟货运列车抵达梅前州》，2019年11月13日发表，见de.sputniknews.com；Jochen Dieckmann《远东在超车道上》，2020年出版。

以政府间协定和基础设施投资取代贿赂精英——没有政治干预的贷款

开展"一带一路"国际合作的主要手段是签订公开、透明的国际法协定。在此框架下,中国的国有银行和基金主要资助伙伴国的公共基础设施建设,其次是支持对外直接投资和民营企业对伙伴国的投资。这与"旧式全球化"经常出现的腐败机制形成鲜明对比。这种机制通过贿赂外国中央和地方各级"精英"换取原料,使"旧式全球化"时常变为单方面的剥削机制,极少为贫穷国家的发展和崛起真正发挥作用。

中国对伙伴国的贷款多数是长期贷款,偿还机制灵活,利息低于市场水平。[1] 美国亲政府的布鲁金斯学会也认为中国的信贷政策是"友好的",[2] 其他研究机构则称之为"耐心的"贷款,就是前文所述"耐心资本"的意思。

与西方国家及其工具——世界银行和国际货币基金组织——所不同的是,中国一般不是发放双边贷款,而是通过其他方式,比如通过国际财团借贷,或者通过较大的多国联合组织,以便降低风险和利息。

最重要的是,中国的贷款不设立经济政策的规定和政治前提条件[3],这意味着,除了保持对项目的质量把关,绝不像国际货币基金组织和世界银行习惯的那样,提出紧缩政策、私有化、减少社会福利和不利于老百姓的再分配措施等新自由主义

---

[1] 详见 Marcel Kunzmann《社会主义在中国的理论、体系与实践》,2018年第 2 版,第 100 页及以后诸页。

[2] 同上。

[3] 参阅 Michael Dunford 于 2017 年 7 月在"天津论坛"的演讲《全球化向何处去?》。

政治条件。[1] 中国与中东欧国家的合作也是如此，不附加任何政治前提条件，尽管这些国家多数属于欧盟。看来儒家"和而不同"的哲学思想也已成为"一带一路"的原则。[2]

对世界经济的积极效应

我们已经谈到"一带一路"对世界经济的影响。学术界对"一带一路"的密切观察，也包括对"一带一路"的效果进行分析，这方面有以下主题：基础设施投资和私营企业投资的效果、财富分配效应、生态和社会效果、对全球贸易总量的"净效应"（即"一带一路"伙伴国之间的贸易量减去贸易转道之后对第三国的负面影响）。

世界银行的专家发现，截止到2018年，71个参与调查的"一带一路"伙伴国之间的贸易总量将增长超过4%[3]，这相当于全球贸易总量增长了2%至3%。由此可见，中国在"一带一路"伙伴国的投资促进了贸易总量的增长，而不是像多数人以为的那样，用投资取代贸易。[4]

---

[1] 参阅 Marcel Kunzmann《社会主义在中国的理论、体系与实践》，2018年第2版，第101页；Jörg Kronauer《殖民国家从何谈起》，原载《青年世界报》，2019年5月2日发表。

[2] 参阅 ZHENG Chongwei、肖子牛、周文、CHEN Xiaobin、CHEN Xuan《21世纪海上丝绸之路：一条和平的前进之路》，施普林格·自然新加坡出版社2018年出版。

[3] Suprabha Baniya、Rocha Gaffum、Nadia Patrizia、Michele Ruta：《"一带一路"的贸易效应：影响力分析》，世界银行政策研究工作文件，2019年1月10日。

[4] 参阅 Philipp Harms、Konstantin M. Wacker《对外直接投资与跨国公司特刊：导言》，原载《经济学电子杂志》2019年第15期，2019年2月12日出版。

中国承受不住财政压力？

中国在充当世界工厂的岁月里积累了巨额外汇储备，最高的时候达到约 4 万亿美元。但是最近 10 年来，中国重新强调国内经济发展，有计划地降低贸易顺差，并加强对外投资，使外汇储备降至 3 万亿美元左右。过去，中国一般用外汇储备被动地（尽管比较安全）购买美国国债，帮助解决美国的财政赤字，但这本质上是一种纯粹的华尔街金融投机行为。[1]

今天，中国一方面有意减少，另一方面积极利用外汇储备。原则上说，中国央行可以从银行技术上帮助国有银行，特别是有国际业务的、与"一带一路"建设相关的专业银行和基金进行实际投资，[2] 也可以利用通行的杠杆化原则，将外汇储备升值为数倍的信贷额。有学者在公开场合提到，中国预备为"一带一路"投资 15 万亿美元。[3] 也有研究表明，仅仅中国进出口银行发放的信贷最近就已超过 1 万亿美元大关。[4] 这样看来，中国的融资潜力极大，只是新闻媒体很少报道，而且这个潜力也还没有充分利用起来，有待未来几年派上用场。而中国这样使用外汇储备，也比继续投资美国国债将获得更高的实际利息。

我们这里谈到的投资规模还没有被全世界充分认识到。但是，我这样讲，西方媒体喋喋不休的中国"不堪重负"的警告是否可以放松一点呢？至少迄今为止我们没有发现像西方所预

---

[1] 参阅杰克·拉斯穆斯《特朗普似曾经历的对华贸易战错觉》，2018 年发表。
[2] 同上。
[3] 参阅高大伟 2017 年在"天津论坛"的主旨演讲。
[4] 参阅《中国全球综述新闻简报》，2019 年 4 月 25 日。

言的那样，中国因不专业的金融操作或"不堪重负"而使"一带一路"计划陷入停滞或全线崩溃的任何迹象。如本书前面所述，中国的金融体系受到专业化领导和管理，不进行不受约束的国际投机，不是通过投资银行、影子银行无节制购买衍生而产生危险的杠杆作用，并将人民币汇率的控制权掌握在自己手里，因此这样的体系是能保持长期稳定的。[1]

其实，金融稳定首先还不是将外汇储备通过杠杆化升值到多少万亿美元的数量问题，中国也不会像西方国家臆想的那样，把自己变成全世界的金融乐园。需要中国投资的国家很多，关键是要有一个透明的、集体理性管理的国家甚至国际金融体系。

与"一带一路"有关的最重要的银行有：

◇亚洲基础设施投资银行（简称"亚投行"，德国和英国也已参加）；

◇国家开发银行；

◇新开发银行（金砖银行）；

◇中国进出口银行。

此外还成立了一系列专门的基金：

◇丝路基金[2]；

---

[1] 参阅杰克·拉斯穆斯《特朗普似曾经历的对华贸易战错觉》，2018年发表；Ali Kadri《沙特宫廷政变，石油市场，中国与美国》，2017年发表，第40—41页。

[2] 丝路基金：2014年11月8日，在北京举行的"加强互联互通伙伴关系"东道主伙伴对话会上，中国国家主席习近平宣布，中国将出资400亿美元成立丝路基金，为"一带一路"沿线国家基础设施、资源开发、产业合作和金融合作等与互联互通有关的项目提供投融资支持。——译注

◇应对全球气候变化措施的基金；
◇南南合作援助基金[1]；
◇中拉合作基金[2]；
◇与非洲、阿拉伯国家合作的基金，欧亚基金，等等。[3]

总的来说，这些银行的资金配备状况已经超出"旧式全球化"的世界银行和各种开发银行。[4]

作为对中国全球联网行动的回答，西方国家，特别是欧盟，也发出了面向东南亚和非洲的合作倡议，例如推出所谓新的设施联通战略，但所提供的资金仅为数十亿美元之内（2017 年的欧盟—非洲峰会上，欧盟仅答应出资 40 亿欧元），而且多数要延至 21 世纪 20 年代中期才能全部兑现（如给亚洲的 1230 亿欧元需要到 2027 年才能完成）。[5]因此，很明显，这些资金一时半会儿并不能带来实体经济的具体发展前

---

[1] "南南合作援助基金"现已升级为"全球发展和南南合作基金"。2015 年 9 月 26 日，习近平主席在纽约出席联合国发展峰会时宣布，中国将设立"南南合作援助基金"，首期提供 20 亿美元，支持发展中国家落实 2030 年可持续发展议程。2017 年 5 月 14 日，习近平在北京第一届"一带一路"国际合作高峰论坛开幕式上宣布向南南基金增资 10 亿美元。2023 年 8 月 24 日，习近平在约翰内斯堡出席"金砖+"领导人对话会时宣布，中方已经成立总额 40 亿美元的全球发展和南南合作基金。——译注

[2] 中拉合作基金：习近平主席 2014 年 7 月 17 日在巴西利亚出席中国—拉美和加勒比国家领导人会晤时宣布，全面启动中拉合作基金并承诺出资 50 亿美元，主要用于能源资源、农业、制造业、高新技术、可持续发展等领域合作。——译注

[3] 参阅 Michael Dunford 于 2017 年 7 月在"天津论坛"的演讲《全球化向何处去？》。

[4] 同上。

[5] 参阅 J. Lichter《中国的"一带一路"：西方的失败》，2019 年 3 月 1 日发表于德国《商报》网站 www.handelsblatt.com。

景,也不能带来基础设施投资前景,而欧盟,特别是默克尔夫人和梅夫人[1]前往非洲参加峰会的主要目的是阻止非洲难民前往欧洲。[2]

2019年,美国发起名为"蓝点网络"的印太基础设施倡议[3],但没有说明具体的金额。从本质上看,这貌似一个纯商业的、由私人银行出资的项目,但已公开宣布,其任务之一便是从质量和可持续性角度评估"一带一路"各个项目。[4]

发展中国家的"债务陷阱"?

西方媒体和图书作者批评"一带一路"的一个主要观点是:它可能使伙伴国因无法偿还贷款而陷入对中国不可逆转的贷款依赖,即沦为"债务奴隶"。据此理论,中国乘发展中国家之危,让它们债台高筑,还不起利息和本金,于是只得用新贷还旧债,或者有朝一日不得不出让本国基础设施的控制权。[5]

看来,有些人是把"旧式全球化"以及世界银行和国际货币基金组织制造的全球债务陷阱的现实景象自动投射到中国身上,认为中国未来也必然造成这样的惨景。他们当中,一部分

---

[1] 指当时的英国首相特雷莎·梅。——译注
[2] 参阅J. Kronauer《殖民国家从何谈起》,原载《青年世界报》,2019年5月2日发表。
[3] 2019年11月,美国、澳大利亚和日本在泰国曼谷举行的"印太商业论坛"上联合发起"蓝点网络"计划,被解读为对冲中国"一带一路"倡议的系统性尝试,选择蓝色更是为了突出其与"一带一路"的竞争,因为在他们的认知中,"一带一路"经常以红色为标志。——译注
[4] Pepe Escobar:《"蓝点"与中国的"一带一路"相比微不足道》,2019年11月9日发表,见www.globalresearch.ca。
[5] 参阅Uwe Höring《长征2.0——作为发展模式的中国"一带一路"》,2018年出版。

人可能上了这种"心理投射"的当而毫不自知[1]，另外一部分人可能是因为他们对"天外有天"缺乏想象力，认为这个世界哪有搞发展合作而不剥削对方的？

如前面所说，中国与发展中国家的团结具有悠久历史传统，迄今还没有出现过"债务奴隶"的先例。中国也向世人反复证明，对本国借贷人出现的任何"贷款困境"，它有能力运用灵活的金融管理体系予以解决。[2]

此外，有关国家既然加入新的融资工具即国际银行和基金（比如亚投行和金砖银行），大多就拥有表决权，在必要时可以提出异议，这也使得成为"中国债务奴隶"的可能性为零。如前所述，中国的贷款大多建立在多边基础上，因此公开透明。反过来看，中国充分相信关于国企和民企境外投资的国际法的有效性，相信国家间所签协定的有效性，相信伙伴国会遵守协定、愿意合作，而且这些伙伴国还经常包括与美国战略关系更为密切的欧盟和（或）北约成员国。而美国、英国及其在欧盟的盟友、澳大利亚、加拿大和日本一再非法没收那些不听话国家及其企业和私人（包括中兴、华为和中国移动）的银行存款、黄金储备和其他财产，按理说，这种肆意妄为的惨痛经历也一定会使得中国在国际投资方面变得更加小心谨慎。当然人们可以预计，在这一背景下，美国和欧盟的银行不会参与"一带一路"多达几十亿美元的资金转账。

---

[1] "现在栽赃到中国头上的正是西方自己以前的所作所为。"（见 Solvecon Forex 报告第 3 页，2019 年 3 月 19 日发表。）

[2] 参阅 Jörg Kronauer《殖民国家从何谈起》，原载《青年世界报》，2019 年 5 月 2 日发表；Jörg Kronauer《对手：中国崛起为世界大国和西方的抵抗》，2019 年出版；Willy Sabautzki《向中国的国家自信致敬：试批"中国债务陷阱"之谎言》，isw 研究所，2019 年 5 月 22 日发表。

波士顿大学的"全球发展政策中心"以及其他无数专门研究"一带一路"的机构出了不少报告,称中方已经就一些贷款条件进行再谈判,或者重新融资,或者允许部分国家延迟还贷,甚至免除了某些发展中国家的债务。[1] 中国认为,无论是自己还是伙伴国距离债务陷阱都很遥远。[2]

最后还要看到,各种关于"一带一路"的文献里,充满了如何加强管理的官方文件、思考、分析和建议,这都有助于各国保持还债能力(国际上甚至成立了一个"债务可持续框架")。[3]

"一带一路"是一个年轻的项目集群,项目包罗万象、广泛复杂,融资方式多种多样,参与的银行、基金和伙伴国众多,其中有的伙伴国又往往缺乏项目管理的专业经验,在这一背景下,不断进行融资调整是理所当然的。这不仅涉及单笔贷款可能无法偿还的问题,还可能涉及某个伙伴国因为陷入困境而不能偿还很多笔贷款的问题,最后也可能涉及中国的贷款总额,尽管从总体来说,中国有能力在一定时间段之内在宏观经济的层面上处理好这一问题。

最近,联合国的一些下属机构(如联合国开发计划署、联合国环境规划署、联合国粮农组织)也越来越多地成为"一带一路"的项目合作伙伴,帮助监测项目的质量和效果,[4] 或者

---

[1] Agatha Kratz、Allen Feng、Logan Wright:《有关债务陷阱问题的新数据》,这篇文章列出了2015年以来40多个这方面的案例,2019年4月29日发表,见www.rhg.com。

[2] 《中国全球综述新闻简报》,2018年8月1日,第2页。

[3] 《中国全球综述新闻简报》,2019年7月18日,第2页;2019年7月31日,第2页。

[4] 《中国全球综述新闻简报》,2018年11月15日。

参与部分贷款接受国必须进行的再融资进程，这都应该看作令人欣慰的信号。

生态监控：绿色丝路[1]

现在，所有的"一带一路"项目都必须遵守严格的生态标准，并接受项目生态监测。整体来说，"一带一路"将全球物流"模式分工"（国际货运中的各种交通载体分工）的重点由海运转移到了铁路运输，因为海运既慢又严重损害生态。海运虽然便宜，却是全球"模式分工"中最大的污染物排放源，因此对环境有灾难性后果，所以正越来越多地被取代。目前，"一带一路"的铁路运输还仅仅是将海运的5%—10%转移到了铁路运输，[2]但这一比例在不断提高。被部分取代的还有虽然快速，但同样有损生态且十分昂贵的空运。[3]

"智能城市"或者"智慧城市"也是"生态丝绸之路"的组成部分，特别是铁路沿线的城市。[4]我们前面提到的作为重要交通枢纽的新疆维吾尔自治区首府乌鲁木齐就是这样。

无论是国际上的跟踪分析，还是日益智能的调控机制的运用结果，都表明"一带一路"的项目质检越来越严格，例如，除了避免债务陷阱、打击腐败和全面提升效率之外，中国还把

---

[1] 详见 ZHOU Lihuan、Sean Gilbert、WANG Ye、Miquel Munoz Cabre、Kevin P. Gallagher《让绿色"一带一路"倡议从语言变为现实》，波士顿大学全球发展政策中心工作文件，2018年10月出版，见 www.bu.edu。

[2] 参阅 Valentin Raskatov《"一带一路"：中国首趟货运列车抵达梅前州》，2019年11月13日发表，见 de.sputnik news.com。

[3] 参阅 Marcel Kunzmann《社会主义在中国的理论、体系与实践》，2018年第2版，第100页。

[4] 参阅高大伟（David Gosset）在2017年"天津论坛"上的主旨演讲。

重点放在全面提升生态质量上，如防止乱砍滥伐、保护热带雨林等。[1] 联合国开发计划署和中国国家开发银行还共同制定并公布了生态可持续发展的融资标准国际框架。[2]

不过，这类消息你在西方媒体上拿着放大镜也难找到。我们不禁要问：平常不断猛批中国的西方，碰到这类关乎人类的根本问题时，都到哪里去了？或者更具体地说，西方是如何推动联合国的努力的？放眼整个西方，可以与中国相比的倡议在哪里？不仅如此，西方还全面阻挠这样的倡议——2019 年 12 月在马德里举行的第 25 届联合国气候变化大会毫无成果，就是一个骇人听闻的证明。

以中国在非洲为例

中国与非洲大部分国家的密切合作也是西方媒体对中国最大的批评点或者说"恐惧点"之一："债务奴隶""新帝国主义""强权政治""环境破坏""资源窃取""土地掠夺"……如此这般不一而足，但全都是西方自己在帝国主义殖民统治时期推行全球化的常态，现在却成了它攻击中国的保留话术。

如前所述，中国与大多数非洲国家有着团结友好的悠久传统，而非殖民与被殖民的关系。[3] 可以说，当初中国站到了"历史正确的一边"，是播了种，现在终于开花结果了。

2015 年到 2018 年之间，中国企业在非洲直接投资约 3000 亿美元。今天，非洲 1/3 以上的基础设施投资来自中国，

---

[1] 《中国全球综述新闻简报》，2019 年 7 月 31 日，8 月 14 日，8 月 28 日。
[2] 联合国开发计划署和中国国家开发银行：《协调"一带一路"可持续发展的投资与融资标准》，见 www.cdb.com。
[3] 参阅 Eom、Janet、Hwang Jyhjong、Atkins、Lucas、CHEN Yunnan、ZHOU Siqi《美国和中国在非洲的情况比较：用数据说话》，约翰斯·霍普金斯大学，《政策概述》2017 年第 18 期。

而且统计结果表明，中国的公共基础设施投资主要聚焦解决非洲发展的瓶颈问题。[1]

美国对中国在非洲活动的研究也得出了引人注目的成果。比如，约翰斯·霍普金斯大学的研究机构"中非研究倡议"得出的结论是："中国在非洲的投资以满足基础设施建设需求为重点。"[2]

美国卡内基基金会的结论是，中国在非洲的活动将为非洲可持续脱贫作出贡献。[3]

美国咨询公司麦肯锡尽管对中国体制和政治绝无好感，但2017年对活跃于非洲的1000家中国公司（从总共约1万家中国公司中挑选）进行调查和问询之后，得出了出人意料的结果：[4]

◇ 中国在非洲的企业中，近90%的员工是当地人，也就是说是非洲人；

◇ 中国企业现在用的非洲雇员总共已达数百万名（如按1万中国企业计，最多可达1000万名）；

◇ 2/3的公司为非洲员工提供培训和继续深造的机会；

---

[1] 参阅 LIN Wang《中国对发展合作的贡献……》，2017年，第10页及以后诸页。

[2] 上述 Eom、Janet 等人与 Mthuli Ncube、Charles L. Lufumpa、George Kararach 合著《基础设施、政治经济和非洲转型议程》，收入 M. Ncube、Charles L. Lufumpa 主编的《非洲基础设施》一书，英国布里斯托尔，美国伊利诺伊芝加哥，政策出版社2017年出版，第662—664页。

[3] 参阅 Marcel Kunzmann《社会主义在中国的理论、体系与实践》，2018年第2版，第104—105页。

[4] Kartik Jayaram、Omid Kassiri、Irene Yuan Sun：《近距离观察中国在非洲的经济活动》，2017年6月，见 www.mckinsey.com。

◇ 1/3 的企业已将新技术带到非洲国家；

◇ 非洲人在中国公司的管理层占比 44%（个别公司甚至达到 80%）；

◇ "中国企业的生产目的是满足非洲市场需求，而不是为了出口"；

◇ "74% 的中国公司在非洲进行了长远投资，而不是单纯完成贸易合同或建筑工程"。

麦肯锡的报告总结道：

总的来说，我们认为，中国在非洲的日益活跃给非洲各国的国民经济、政府和雇员带来了非常正面的效果。

其他的调查研究也得出相应结论：

◇ 大约 40 万非洲人在中国读大学，16 万多非洲人拿到了中国的大学毕业文凭[1]；

◇ 中国的农业公司和农业专家保障非洲的农业生产，并致力农业现代化；

◇ 中国与非洲国家顶多只在纺织业存在竞争，中国企业主要生产对双方互补、对当地市场需要的产品，如电子产品，而且价格比美欧产品低廉，这样可提高当地人的购买力；[2]

◇ 中国的官方发展援助提高了非洲受援国的财政自主性，

---

[1] 《中国龙在非洲狮家做客：为什么中国在非洲的影响不断扩大》，见 www.deutsch.rt.com；还可参阅 Marianna Schauzu《土地掠夺：中国成为非洲的新殖民主人？》，原载《马克思主义文献》2018 年第 2 辑，第 114—121 页。

[2] 同上注 Schauzu 作品。

使其能够更多地投资卫生和教育领域；[1]

◇在非洲生产的产品上，"中国制造"的标签将逐步被"非洲制造"所取代。[2]

美国对中国进行所谓"土地掠夺"的研究结果显示：[3]

◇没有证据表明中国在非洲进行"土地掠夺"。很多不是非洲国家的国家都在非洲拥有土地，如果非要说"土地掠夺"不可，那中国仅仅排在第19位，远远排在主要"掠夺国"美国、英国、沙特、新加坡、荷兰、印度和马来西亚等国之后。

◇中国企业在非洲拥有的土地仅为24万公顷，而不是像西方所宣称的600万公顷。

我们再来看看所谓"资源窃取"，结论是：

◇非洲远远算不上是满足中国资源需求的最重要伙伴，中国对非贸易包括原材料贸易在内，在中国外贸中占比才不到10%。[4]

◇正因为上述原因，中国对非洲的公共投资绝大部分并不是用于资源开发，即使把沾点边的都算上，占比也不到30%；中国的公共投资主要流向基础设施、信息技术和教育领域。[5]

---

[1] 参阅 Matilda Dunfjäll《21世纪的中非关系与对外发展援助。中国对次撒哈拉非洲国家的援助与教育和卫生领域的公共开支》，原载《中国政治学评论》，第375—402页。

[2] 《中国龙在非洲狮家做客：为什么中国在非洲的影响不断扩大》。

[3] Marianna Schauzu：《土地掠夺：中国成为非洲的新殖民主人？》；Jörg Kronauer：《殖民国家从何谈起》，原载《青年世界报》，2019年5月2日发表；Marcel Kunzmann：《社会主义在中国的理论、体系与实践》，2018年第2版，第104页。

[4] 参阅 Marcel Kunzmann《社会主义在中国的理论、体系与实践》，2018年第2版，第103页。

[5] 同上。

◇ 就资源而言，中国的大多数公共投资所投向的国家恰恰是资源匮乏的国家，如赞比亚和坦桑尼亚。[1]

中国人为什么在非洲格外受到欢迎？还有以下事实：

◇ 2015 年，"非洲晴雨表"[2] 在非洲 36 个国家进行了一项具有代表性的调查，结果显示，63% 参与调查的非洲人对中国在非洲发挥的经济和政治作用表示欢迎，认为中国对非洲的政治影响是积极的。问到原因，他们表示，除了中国投资基础设施和促进经济发展之外，还包括"中国人对非洲人的态度不同"以及"谈判时平等相待"。[3]

◇ 德国基民盟[4]的阿登纳基金会驻塞内加尔代表处向德国总部发来报告："中国在塞内加尔享有良好的声誉，它的工作效率和在当地的投入受到赞扬……当地媒体对中国的报道十分积极……，（而整体上）反对西方的情绪却在增长。"[5]

今天，我们到处都能读到"非洲崛起"的消息，人们对"正在觉醒的大陆"及其资源和潜力议论纷纷。不过，非洲经历了几十年的等待和倒退，经历了 20 世纪五六十年代反殖民解放斗争和 80 年代以来美国主导的新自由主义全球化，现在

---

[1] 参阅 Marcel Kunzmann《社会主义在中国的理论、体系与实践》，2018 年第 2 版，第 103 页。

[2] "非洲晴雨表"是由西方的国家研究机构和私营研究机构（贝塔斯曼公司、美国国务院）共同创办和资助的公司，类似于欧盟的"欧洲晴雨表"机构，对中国并无好感。

[3] Marianna Schauzu:《土地掠夺：中国成为非洲的新殖民主人？》，原载《马克思主义文献》2018 年第 2 辑。

[4] 基民盟，即基督教民主联盟，德国主要政党，默克尔曾任该党主席。——译注

[5] J. Kronauer:《殖民国家从何谈起》，原载《青年世界报》，2019 年 5 月 2 日发表。

有谁在真正帮助非洲推进工业化呢？——当然是中国！

中国这样做，实际上也是在帮欧盟的忙，因为这样可以缓解因贫困而移民欧洲的浪潮，比欧盟自己的所作所为更有效。[1] 欧盟自己只知道设立难民收留营和为利比亚警察配备巡逻艇，除此之外就是办一个什么欧非峰会，而且在会上只知道高谈阔论，既没有新意，也极少推出项目，更重要的是拿不出几个子儿。当然，非洲国家的部长们也是要去参加会议的，但是，不管是肯尼亚外长还是尼日利亚外长，哪里会不明白，欧洲不过是在修筑"堡垒"来防止移民，默克尔也是迫于内政压力才前往非洲？！因此，他们也明白，在什么领域、与谁合作，才能真正给非洲带来进步。

一带一路"治理"：论坛，跟踪分析，不断改进

中国不像美国那样，越来越背弃自己以往创立的、世贸组织框架下的多边主义，从双边关系的角度来处理国际关系（比如跨大西洋贸易和投资伙伴关系协定等）。今天，不管是进行融资，还是举办合作论坛或年度会议，中国都越来越高举多边主义的旗帜。中国每年不仅分别与非洲、欧洲或拉美等"一带一路"伙伴举行协调会，还定期召开整个"一带一路"项目的年会。2019年4月，第二届"一带一路"国际合作高峰论坛在北京举行。[2] 中国与中东欧国家之间则存在"16+1"的模式（*后面详述*）。

---

[1] 参阅 Solvecon Forex 报告，2019年4月26日发表，第3页。

[2] 世界媒体对此峰会的背景分析甚多，例如波士顿大学全球发展政策中心2019年4月24日的《中国全球综述新闻简报》就是如此。另参阅安德烈·弗尔切克《北京的"一带一路"峰会和西方报道如何诽谤中国》，原载《全球研究通讯》，2019年4月26日。

除了上面提到的不断灵活调整融资方式以外，必须批评中国的是，在开始实施"一带一路"的时候，因为中国遵守自己的也是国际法规定的不干涉别国内政的原则，也给了个别地方腐败体制和腐败文化以可乘之机（加上中国自己的监管过于宽松），曾导致劳动和环保标准得不到遵守。

中国自己的调查指出，1万家进军非洲的中国企业中，90%是中小企业，这些企业的老板往往没有足够的境外投资的专业知识，对必须遵守的劳动和社会福利标准以及当地的规定或者不够了解，或者重视不够。[1]

如何帮助非洲国家变成具有竞争力的工业国，持续挖掘当地的生产潜力，而不是基于自身优势急急忙忙地干脆把当地撂在一边，这对中国的小企业来说如同走钢丝。而西方工业国迄今对这种发展政策方面的平衡根本没有予以考虑。中国企业让非洲人民在短期内得到了物美价廉的电器产品，同时帮助当地人发展高质量的生产。[2]

西方媒体对中国在安哥拉、加纳、乍得和刚果（金）开采石油、铜、钴和黄金过程中出现的个别生态问题大肆渲染。[3] 不过，由此得出中国投资"一带一路"损失惨重并使中国国内经济不堪重负、"'一带一路'泡沫"很快就会破裂[4]的结论，只能说是西方的一厢情愿。

---

[1] 参阅 DING Xiaoqin《不加干涉的发展》，2018年2月7日发表于《青年世界报》。

[2] 同上。

[3] 参阅 DING Xiaoqin《不加干涉的发展》；或 David G. Landry《"一带一路"的泡沫开始破裂》，2018年6月27日发表，见 www.foreignpolicy.com。

[4] 同上。

中国在积累了一些海外投资的经验教训之后，制定了更加严格的规则，[1]比如，最近成立了专门的中国非洲研究院[2]，对"一带一路"在非洲的投资进行跟踪分析和监督。[3]

中国在欧盟

在欧盟眼里，中国活跃于非洲、拉美[4]和东南亚[5]，已经是大逆不道，而中国在欧盟投资，更是媒体制造恐慌的绝好素材。这就要大讲特讲"中国向欧盟打进楔子"，要把"中国威胁论"的工具箱全部打开！[6]

难道说，欧盟建立的那个货币—经济—社会联盟把自己分裂得还不够惨吗？建立这个联盟，本身就缺少基本经济学常识，只是新自由主义者、货币至上主义者的凭空想象，而且

---

[1] 参阅 Marcel Kunzmann《社会主义在中国的理论、体系与实践》，2018年第2版，第103—104页。

[2] 中国非洲研究院2019年4月9日在北京成立。2018年9月3日，习近平主席在中非合作论坛北京峰会开幕式讲话中宣布，中国决定设立中国非洲研究院。中国社会科学院为中国非洲研究院的主办单位。——译注

[3]《中国全球综述新闻简报》，2019年4月25日。

[4] 我们在本书中没有单独论述中国在拉美和加勒比地区进行"一带一路"建设的情况，尽管中国国家开发银行和进出口银行在那里的投资总额已经超过了世界银行、国际货币基金组织和（同样由美国主导的）美洲开发银行向该地区发放的贷款。如果想了解拉美和加勒比地区"一带一路"建设的详情，可参阅《全球发展政策中心对话：中国拉美金融》，2019年2月21日。

[5] 如需要加深这方面的印象，可参阅 Thomas Berger《老挝、泰国和中国在北京"一带一路"论坛上签署高铁线路协议》，原载《青年世界报》，2019年4月29日第9版。

[6] 参阅《中国用金钱向欧盟打进一根楔子》，见奥地利电视台网站 www.orf.at。

实际操作时只是出于意识形态需要而对经济落后国家生拉硬拽，现在搞得一塌糊涂！这个"货币联盟"[1]本就是不切实际的幻想，实施后果不其然，成了成员国中"落后分子"（它们不遵守财政纪律，不执行新自由主义的财政紧缩政策，永远达不到降薪标准！）的"酷刑"。欧元在欧元区以外的价值、统一的贴现率，对大多数弱势成员国来说太高，而对德国和其他少数几个强势成员国来说又太低。占了这么大的便宜，德国当然心甘情愿地向"结构基金"[2]支付补偿金。这是自关税同盟（1957年起）以来欧洲一体化的一个基本业务，但是它是以牺牲德国出口业务为代价的。

难道说，欧盟官僚机器对弱小成员国的财政和社会政策方面的发号施令使欧洲分裂得还不够吗？那是像专制主义者一样，给它们上财政紧缩方面的"欧洲课"；那是傲慢的"三驾马车"[3]强加给希腊的人道灾难；那是"双速欧盟"、"欧盟南北对峙"和德国拒不执行基本的转移支付……

现在，那些被甩在后面的欧盟成员国——包括中欧、东欧和南欧的一些国家——已经被边缘化，失去了经济上的行动能力，也没有总部经济，只好接受德国大企业的主导。像希腊电信就被德国电信控制，希腊各个机场被德国法兰克福机场公司控制，而东欧的汽车厂家属于德国公司，也就成了水到渠成的事实。

---

[1] 欧洲一体化的标志之一是建立欧洲货币联盟，2002年7月，欧元成为欧元区唯一的合法货币。——译注
[2] 结构基金：欧盟对经济结构差的地区设立的扶持基金。——译注
[3] "三驾马车"指的是国际货币基金组织、欧盟委员会和欧洲央行。——译注

德国国内也是如此：不管我们在下一个30年里多交多少团结税[1]，不管我们修建多少高速公路和长途公路、将多少村庄粉饰一新，德国东部都不可能在经济结构上赶上西部。不管在德国还是欧盟，柏林的政治决策人面对的都是40年来新自由主义的故步自封带来的灾难。

而中国带来了什么呢？它带来的是，长期平等合作的建议、符合国际法的透明的条约、富有吸引力的长期贷款、基础设施投资、劳动岗位以及实体经济的发展（而不是像欧盟结构基金那样，不知落入了哪些腐败分子的阴曹地府！），让那些落后国家终于有了"升级"的愿景，也就是说有可能走上一条发展的阳光大道。下面是中国在欧洲的一些大项目：

——横穿北马其顿[2]的东西通道[3]；

——建设斯科普里公共交通系统；

——希腊国家电网公司ADMIE（中国公司占股24%）的现代化改造；

——为塞尔维亚修建一座钢铁厂和数座热电厂；

——修建贝尔格莱德至布达佩斯的高铁线；

——整顿不景气的希腊比雷埃夫斯港（欧盟"三驾马车"强迫希腊将该港口私有化，却没有找到西方投资者），中远集

---

[1] "团结税"：德国统一开支巨大，为了帮助东部地区重建，德国人和德国公司要多缴纳所得税，称为"团结税"。"下一个30年"：德国1990年统一，作者在德国出版此书是2020年，恰好过去30年，所以作者质疑是否还要交30年的"团结税"。——译注

[2] 原文为"马其顿"，但2019年2月12日，北马其顿政府宣布正式更改国名为"北马其顿共和国"，故译为"北马其顿"。——译注

[3] 参阅《南德意志报》，2017年10月17日。

团收购该港51%的股权[1]，花巨资（至少40亿美元）进行现代化改造，现在运营非常成功。比雷埃夫斯港已成为地中海最大的集装箱水陆转运港，货物转运量是以前的数倍，创造了大批工作岗位，让整个地区恢复了活力，并将在不久的未来在比雷埃夫斯港和雅典之间开通首条快速列车线[2]。

在欧盟的核心国家，也很容易拉出一个类似的清单：

——将意大利两个港口——的里雅斯特和热那亚——扩建成"一带一路"的终点站；[3]

——将德国内河港口杜伊斯堡扩建成"一带一路"在欧洲的枢纽，每周有200多趟中国集装箱列车[4]行驶1.1万多公里后抵达[5]，这些列车正在逐渐地满载而归（希望有朝一日能完全取代可怕的集装箱货轮[6]）；

——"一带一路"的货运也给德国铁路公司带来了活力，[7]而在新自由主义体制下，德国铁路公司和柏林的政治家

---

[1] 原文如此，但据新华社报道，2016年，中远海运收购比港港务局67%股权。——译注

[2] 详见Fred Schmid《欧盟与中国：未来更多的是对手而不是伙伴》，慕尼黑isw研究所，2019年4月14日发表，第3—4页；Solvecon Forex报告，2019年3月26日发表，第3页。

[3] 详见《争抢"一带一路"》，见www.german-foreign-policy.com。

[4] 同上。

[5] 参阅Michael Verfürden《"中国城"杜伊斯堡——鲁尔区希望如何从丝绸之路2.0中获益》，原载《商报》，2018年9月24日；Marcel Joppa《从中国到鲁尔区："一带一路"可以作为成功方案吗？——专访杜伊斯堡市市长》，2019年4月6日，见de.sputniknews.com。

[6] 游艇工业发展壮大，自然独领世界环境污染之风骚，带领欧美退休老人前往企鹅岛以及北极和南极的最偏远角落，用残羹剩饭感染企鹅，最近距离地观察北极熊的灭绝，并积极加速两极冰雪的融化。

[7] 参阅Jens Kastner《德铁打赌说"一带一路"将有更多列车满载驶回中国》，2019年6月29日发表，见asia.nikkei.com。

们已经使该公司的货运每况愈下。[1]

2015年到2018年间，中国和中国企业在欧洲（也和欧洲一起在欧盟之外地区）的公共和私人投资达到大约3800亿美元。连贝塔斯曼基金会在最近发表的一份研究报告中也对欧盟常见的"中国境外投资威胁论"缓和了口气，说西方国家的国际投资仍然高于中国，只不过投资的方式不同，或许还有投资的针对性和有效性也不及中国。[2]

欧盟委员会和部长理事会这些官僚机构对这类消息的反应和往常一样保守、专横和傲慢。比如，欧盟的官僚们对匈牙利发起了不公平竞争诉讼，指责匈牙利"未经招标"就把布达佩斯至贝尔格莱德的高铁线路的项目交给了中国。

现在，欧洲一体化大业已经失灵，成员国四分五裂，政治管理已归于失败，这使欧盟高层也得到了报应：希腊突然之间拒绝参与欧盟在联合国一年一度对中国人权状况的谴责，这被视为"打破了欧盟的多年禁忌"。[3]葡萄牙和匈牙利随之效仿。匈牙利还多次拒绝在欧盟针对中国的所谓人权声明上签字（这是一个哗众取宠的、自以为是的帝国主义声明）。[4] 2019年，意大利作为第一个七国集团成员加入"一带一路"计划，颇有离经叛道的意味。欧盟当然向这些国家施压。已经有东欧国家

---

[1] 参阅 Arno Luik《空中架线失灵——德铁有计划的失败》，德国 Westend 出版社（美因河畔的法兰克福）2019年出版。

[2] 参阅 Thorsten Mumme《对中国"一带一路"的恐惧没有道理》，2019年9月2日发表，见 www.tagesspiegel.de。

[3] 参阅 Jens Bastian《中国有想象力的一次破门得分》，原载《南德意志报》，2017年10月17日。

[4] 参阅《中国用金钱向欧盟打进一根楔子》。

代表抱怨布鲁塞尔企图让他们疏远中国。[1]

上面已经提到，中国与中欧、东欧及南欧参与"一带一路"的国家组成了"16+1"的对话方式（16国当中的大多数是欧盟成员国），每年召开年度会议，协调投资项目。2019年，希腊加入，这一合作机制成为"17+1"，意大利可能步其后尘。2018年，第7届"16+1"合作机制会议在索非亚召开，共签署20个新的合作项目。[2] 2019年，第8届年会在杜布罗夫尼克举行。

"16+1"合作模式涉及多个维度，但具有亚洲维度的"流畅"特点，不像欧洲机制既机械僵化又流于形式。它把多边与双边灵活地结合起来，[3] 因此受到欧洲伙伴的认同，特别是在他们与欧盟的一体化机制进行对比之后。

连一向老实保守、富裕和中立的瑞士也表现出想成为"一带一路"伙伴国的兴趣。幸运的是，瑞士还没有沦为布鲁塞尔财政紧缩"酷刑政策"的奴仆。[4]

哪些人可能因此感到恐慌呢？看来，就是在节庆仪式中赞美"伟大的欧洲"、实际上践踏欧洲在欧亚的现实利益、将"欧洲一体化"只理解为自身局部利益的人！他们牺牲"落后分子""后院"——一句话，南欧和东欧的"懒人"——的利益，反对欧盟内部进行有效的、互补的合作！

---

[1] 《墨卡托中国研究中心中国简讯》2018年第6期，第9页。
[2] 参阅 HU Yongqi《中国加强与中东欧国家的经济关系》，原载《中国日报》，2018年7月9日第3版。
[3] 宋黎磊、Dragan Pavlicevic：《中国多层次的多边主义：试论中国与中东欧的合作框架》，原载《中国政治学评论》，2019年，第277—302页。
[4] 《中国全球综述新闻简报》，2019年4月25日。

谁在真正帮助欧盟边缘国家急起直追、实现真正的"趋同",从而尽可能保持欧盟的长期稳定呢?中国总理李克强在2019年的欧中峰会上一语中的:中国与中东欧国家的合作"有利于欧盟内部的均衡发展,也有利于欧盟的团结"。[1]说完这话之后,李克强前往杜布罗夫尼克参加"16+1"机制年度会晤。

中国在德国

我们已经列举了一系列事例,说明科技的方向正在发生逆转:德国企业未来将越来越多地从中国的科技知识中获益,比如前面提到的博世中国。这样看来,德国官方和媒体因中国在欧盟和德国进行直接投资而煽动对中国的恐惧,是逆潮流而动,而且和以往一样,不论是出于意识形态原因还是因为束手无策甚至两种原因兼而有之,都违背德国经济利益、不合时宜,更不符合事实。

但是,这种中国威胁论已经产生了效果:中国对德直接投资2019年已经明显下滑,中国在英国的投资相当于在德国的两倍还多。德国禁止中国收购爱思强、库卡、50赫兹和勒菲

---

[1] 作者原注称,此话引自《人民共和国促进欧洲一体化》(《青年世界报》,2019年4月9日第9版)。译者查阅4月10日《人民日报》头版报道《李克强与欧洲理事会主席、欧盟委员会主席共同主持第二十一次中国—欧盟领导人会晤》,发现其中写道:"李克强介绍了即将在克罗地亚举行的第八次中国—中东欧国家领导人会晤情况,指出'16+1合作'是中国与欧洲次区域之间的合作,有利于缩小欧洲国家发展差距,有利于欧洲一体化进程。"措辞大同小异。——译注

金属旋压公司[1]，部分原因就是国家强行干预，而绝非遵守市场经济规划。[2] 过去几年政坛上形成了强大的"跨大西洋派"，从西格马·加布里尔、海科·约瑟夫·马斯、让-克洛德·容克[3]到现任经济部长彼得·阿尔特迈尔，都是如此，他们忙不迭地创造了新的阻挠中国投资的保护主义工具，即只要中国公司收购德国公司的10%就出手进行干预，[4]这其实是现代资本主义民族主义对投资的控制。

本来，保护主义的条件反射完全可以像我们前文所讨论的那样，促使我们较为理性，制定出一套积极的、有利于生产结构调整的工业政策，使德国恢复集体行动能力，与中国进行平等互利、全面双赢的合作谈判。不过前提是，我们得具备开放自信、面向未来、解决问题及共同合作的基本立场。

但是，中国在德国的投资情况，可以说事实胜于雄辩：

◇ 2018年，有近8000家德国企业在中国投资，累计投资约600亿欧元，而在德国投资的中国公司只有约2000家。[5] 2016年，中国对德投资约100亿欧元（2018年足足有

---

[1] 爱思强（Aixtron）：一家专门为半导体芯片制造业生产设备的德国制造商。库卡（Kuka）：德国工业机器人公司。50赫兹：德国电网巨头之一。勒菲金属旋压公司（Leifeld Metal Spinning）：德国一家机床公司。——译注

[2] 参阅2018年8月2日德国《商报》；详见F. Schmid《全球资本主义背景下的中国》，2017年出版，第50—51页；《新的工业战略：国家要求对公司并购实行更多控制》，德国经济通讯社，2019年12月8日。

[3] "跨大西洋派"：重视大西洋两岸即欧洲与美国关系的派别，意指亲美派。加布里尔：曾任德国副总理兼经济部长。马斯：曾任德国外长。均来自德国社民党。容克，卢森堡人，曾任欧盟委员会主席。——译注

[4] 参阅Jens Bastian《中国有想象力的一次破门得分》，原载《南德意志报》，2017年10月17日。

[5] 参阅《中国日报》，2018年7月11日第1版。

110 亿欧元）。[1] 目前，中国累计约 250 亿欧元的投资仍然只占外国企业在德投资的 1%。直到不久前，德国和整个欧盟在中国的投资仍是中国对欧盟投资的数倍。[2] 这种不对称直到 2018 年才开始有所改善。但德股 30 家德国上市企业的股值中，中国企业所购股值占比不到 3%，美国的这一比率约为 35%，比中国高 10 倍还多[3]（所有亚洲、太平洋地区投资者加在一起持德股总股值的 3.5%）。所以有报道说，"中国投资与媒体大肆'预警'的相反，……（在德股中）还只是扮演一个配角"[4]。

◇ 由此可见，德国和欧盟把干预工具聚焦于中国直接投资没有任何客观理由，显然是出于意识形态的原因，是因为在内心深处本能地认为与"东方"进行着"你死我活的斗争"。对那些彻头彻尾的"跨大西洋派"——例如来自社民党的前经济部长加布里尔——来说，"共产主义的东方"是当然的敌人，因为最迟从 1918 年开始[5]，这一敌意就已经深深植入社民党人的政治基因，他们比许多普通老百姓都恨东方。

◇ 中国企业投资参股德国企业后，多数都很有成效，对实体经济的影响从根本上说比美国投资银行、对冲基金或私募股权企业等投机性质的金融机构要积极得多，后者收购企业的目的往往是将其打碎，然后把最值钱的部分再高价出售，而且最典型的负面影响是，大量削减就业岗位。与之相比，了解内情

---

[1] 参阅《施泰因加特晨间简讯》，2019 年 3 月 26 日、6 月 6 日。
[2] 参阅 H. Steltzner《中国通向统治世界之路》，原载《法兰克福汇报》，2018 年 1 月 7 日。
[3] 《施泰因加特晨间简讯》，2019 年 6 月 3 日。
[4] 同上。
[5] 这里指列宁成立第一个社会主义国家政权——俄罗斯苏维埃联邦社会主义共和国。——译注

的德国各个行业协会都对中国的投资予以积极评价，例如，福伊特集团总裁、德国经济亚太委员会主席赫伯特·林哈德就表示："被中国企业收购的德国公司，日子过得都非常之好。"[1]

德国股票保护联合会也因此曾批评（当时的）经济部长加布里尔在"爱思强案"中应美国要求马上采取行动，直截了当地称其为"美国经济利益的帮凶"。[2] 在这一案例中人所共知，美国以安全利益为由压制德国的愿望最终得逞。

德国工业联合会主席团成员于尔根·海雷欧斯（Jürgen Heraeus）在谈到"库卡案"时说："假如库卡对德国来说如此重要，那么肯定会有几家德国或欧洲的企业表示感兴趣。我认识好几家中国人入股的公司。你们所说的担心都没有成为现实。恰恰相反，看看普茨迈斯特[3]，被收购之后在中国人领导下，该公司发展得很好。"[4]

我们再听听赫伯特·林哈德的话："关于中国人只盯上技术的担心被证明不符合事实。恰恰相反，在很多案例中，中国投资者表现得负责任并且富有远见。"[5]

雇员方面甚至表示："现在，如果来的是中国投资者，而不是美国的吸血鬼，那么德国企业的员工委员会会感到高兴。"[6]

---

[1] 德国《商报》，2016 年 6 月 10 日。
[2] F. Schmid：《全球资本主义背景下的中国》，2017 年出版，第 50—51 页。
[3] 普茨迈斯特是混凝土输送泵生产巨头，2012 年，被中国三一重工控股子公司"三一德国"联合中信基金百分之百地收购，在德国引起强烈反响。——译注
[4] F. Schmid：《全球资本主义背景下的中国》，2017 年出版，第 50—51 页。
[5] 同上。
[6] Werner Rügemer：《中华人民共和国及其全球意义（第二部分）》，原载《世界经济》，2019 年 5 月 20 日发表。

◇慕尼黑经济研究所（Ifo）2019年的研究结果显示："相比其他国家的投资者，人民共和国的企业收购的企业负债更高，要高出6.5%，而且其平均利润率在收购时接近于零。其他国家关注的是利润为正数的企业……中国企业之所以这样做，可能与其长期投资眼光和更好的融资条件（通过中国国有银行融资）有关。"[1]

该调查显示：

中国企业甚至经常选中债务较高、生产率较低的德国企业；

中国企业付出的价格并不高于其他国家的买主，这意味着它们并不像媒体所宣称的那样，因进行战略性并购而获得中国政府的补贴；

和其他国家的投资者相比，中国企业收购的公司往往资本生产率更低，而工资增长率更高。[2]

和希腊比雷埃夫斯港的情况一样，面对处于困境的德国企业，往往只有中国投资者既愿意又有能力收购、拯救、整顿，并对其进行长期投资，使其起死回生。中国工业投资的目的几乎从来都是保障和稳定德国公司，并让其升值。中国企业一般都不惧怕收购因资金不足而需要长期投资的、其他（西方）私人企业不愿问津的德国公司，原因是，在中国体制的框架下，企业一般都制订长远规划，视德国企业为自身技术的有效补充，因此愿意把被收购的企业做强做大。所以，对德国工业界

---

[1] 《中华人民共和国推动欧洲一体化》，原载《青年世界报》，2019年4月9日第9版。

[2] Clemens Fuest、Felix Hugger、Samina Sultan、Jing Xing：《中国在国外并购投资的动力是什么？以大数据为证据》，《EconPol Working Paper》第33期，2019年11月。

来说，有什么比得到中国这样既对技术感兴趣又具备长期行动和投资能力、积极进取的伙伴更好的事情呢？[1]

中国私人对外投资总况：不是剽窃技术，而是双向技术转让——告别"非理智"投资

如此说来，所谓"技术剽窃"的古老历史已经转化为新的"给予与获取"的历史，在可预见的将来，西方将在越来越多的领域受益于中国在世界领先的研发成果，而不是相反。[2] 这方面的例子已经不胜枚举。中国已经摆脱了"模仿大王"的形象，而需要说明的是，"模仿"本身其实无论对于中国还是对于其他任何一个追求进步的国家来说，也从来不是简单易行之事，因为"模仿"也需要花费大量的学习时间，需要我们常说的强大的"吸收能力"。

无论如何，中国已经成为创新输出国，完全可以与发达资本主义工业国一起合作，共同为全球创新共享作出理想的贡献[3]，就像它与第三世界这些发展中国家和"一带一路"伙

---

[1] 参阅 Christian Rusche《中国在德国的并购》，《Wirtschaftsdienst》2020 年第 2 期，第 144—146 页。

[2] 近年来，国际上的大型出版社纷纷推出中国理工大型系列图书，中国的专业书籍成了畅销书。为此，施普林格·自然出版社和工程与应用科学期刊共同庆祝中国春节，见施普林格网站 www.springer.com 报道，2019 年 2 月 15 日。

[3] 参阅 KE Dickie Liang-Hong、Enrique de Diego《中国创新与中国企业家走向海外：从假冒品和模仿大王到创新输出国》；ZHAO Weilin《中国创新驱动的增长及其对全球创新正在产生的影响》。均收入 WANG Huiyao、LU Miao 主编的《中国与全球化手册》，E. Elgar 出版社 2019 年出版，第三章、第四章。

伴国合作一样——中国通过对外直接投资为这些国家的工业化作出了贡献，也积极支持它们从体制上增强现代化和发展实力，[1] 包括为这些国家引进法治和提高管理能力。要知道，在过去几十年的所谓"发展援助"过程中，西方从来对这类治理问题要么不感兴趣，要么心有余而力不足。

自 2017 年 10 月中共十九大召开以来，中国私人对外直接投资的规定得到修改，即要求本国和投资目的地国共同受益，并且有助于改善与投资目的地国的关系；为此中国对外直接投资要有利于双向技术转让，有利于共同创新和取长补短；投资领域应当有利于通过引进技术改善中方落后状况。

在这一背景下，中国的对外投资结构正在进行调整。首先要告别那些投机性的、风险过高的、带有意识形态色彩的"非理性"投资。为此，中国中央政府正在针对中国企业和投资者"非理智的"、"冒险的"对外投资采取行动。这里面涉及单纯的房地产交易和购买酒店、足球俱乐部、连锁电影院、好莱坞制片公司、传媒企业、娱乐业企业等业务[2]，当然还包括投资纯粹的金融投机工具（如有价证券一类复杂的金融衍生品）。有报道说，中国投资公司海航出售了其手中持有的希尔顿酒店集团 26% 的股份，也减少了在德意志银行中的占股。[3] 为达到此目的，中国不惜以撤资的中国企业的股价大

---

[1] 参阅 PAN Chunyang、WEI William、Etayankara Muralidharan、LIAO Jia、Bernadette Andreosso-O'Callaghan《中国对外直接投资是否提高了"一带一路"国家的体制水平？》，原载《可持续发展》2020 年第 1 期（总第 20 期），第 415 页及以后诸页，见 www.mdpi.com。

[2] 详见路透社经济新闻，2017 年 7 月 19 日。

[3] 参阅《商报》，2018 年 7 月 5 日。此前也有报道猜测，海航集团可能因陷入贷款困境，不得不减持德意志银行的股份。

跌为代价。[1]

这些举措一方面减少了中国在某些"非理性"、"非理智"、投机性强和接近意识形态领域的投资，另一方面必将提高在"理性"领域和效益更高的工业领域的投资，[2] 改善中国的对外投资结构。此外，从西方那些具有象征意义的、意识形态色彩严重且具有潜在冲突可能的领域（特别是媒体企业）退出，也有助于缓和中国与投资目的地国之间的紧张关系。[3]

中国是帝国主义吗？

这是西方国家，包括这些国家的所谓"左派自由知识分子"在内，都喜欢向中国作出的指责。但是，我要提醒他们：中国在国际上的投资——无论是公共基础设施投资，还是个人投资——从没有伴随过任何军事威胁或军事行动，对这一事实，评价多高都不过分！要讲什么帝国主义，还是先搞清楚这一点再说！

中国在非洲的投资经受了考验，结果显而易见：它的对外经济活动遵循的目标和沿用的机制，都与我们所了解的帝国主义截然不同。[4] 中国的民间对外投资也显然不是因为国内的资本生产过剩，从而不得不乞求在国外寻找有利可图的投资，追

---

[1] 参阅《商报》，2018年7月5日。此前也有报道猜测，海航集团可能因陷入贷款困境，不得不减持德意志银行的股份。

[2] 《中国宣布抑制"非理性"对外投资》，路透社，2017年9月14日发表，见www.reuters.com。

[3] 参阅《中国日报》，2017年7月14日第1版。

[4] Ncube、Lufumpa、Kararach：《基础设施、政治经济和非洲转型议程》，收入 Ncube、Lufumpa 主编的《非洲基础设施》一书，2017年，第662—664页。

逐投资效益最大化。恰恰相反，中国的私人投资利润随时可以通过多种方式实现，也得到有效管理，还和其他领域一样，被置于政治的主导之下。也就是说，中国的私人投资在国外首先也要遵守投资公共财产和基础设施的原则，雇用并培训当地员工（比如在非洲就是如此），而且要远离那些"非理性"、无效益的投资领域。

中国的私人投资利润是一个"有依赖性的变量"，而不是"独立变量"。"独立变量"永远是根据国际关系来作出具体的政治决断，出发点是通过国际合作来促进伙伴国的长远发展。如果中国决定通过友好合作或者签订国家条约去帮助某个非洲国家发展经济，那么中国的私有企业必须服从这一目标，而不得以利润最大化为目的另搞一套自己的对外政策，然后再迫使中国政府去跟进。中国的驻外机构也不是为了给本国的冠军企业做开路先锋（或者说，遇有问题就用枪炮开路）。[1]

世界上持此观点的评论家不乏其人。伦敦经济学院的阿里·卡德里（Ali Kadri）就认为，中国不是帝国主义国家，其行为也非帝国主义方式。他说，这是西方知识分子虚构的故事，他们没有理解中国发展过程中出现的广泛争论，还固执地认为帝国主义的对华侵略是"民主"和"人道"的，要求中国要么搞"纯粹的社会主义"，要么就啥也不做。[2]

在卡德里看来，中国当今的优势再次推动了全球性的国家

---

[1] "冠军企业"：德国的中小企业常是某个领域的世界冠军，作者的寓意是中国中小企业也在这样发展。"用枪炮开路"，指西方帝国主义的霸道行径。——译注

[2] Ali Kadri:《沙特宫廷政变，石油市场，中国与美国》，*Real-world Economics Review* 2017 年第 82 期，第 29—46 页，重点参阅第 34 页及以后诸页。

独立运动，中国组织了更多的贷款，这使发展中国家在传统工业国面前作为投资需求国分量更重，选择余地更大。

卡德里进一步指出：中国体现了国际关系中人们期待已久的一个文明拐点；中国对其他国家没有任何战争威胁，也没有发动任何军事行动；而美国和欧盟对中东、乌克兰、克里米亚和黑海地区、阿富汗及其他国家进行干预和发动战争，其中一个目的就是干扰"一带一路"。

波士顿大学全球发展政策中心也把所谓"'一带一路'帝国主义论"作为主题进行了研究，并得出很有意思的结论："一带一路"首先不是地缘政治工具；其经济指向远远大于政治指向；与美国的类似计划相比，"地缘政治的因素更少"。[1]

我们认为，中国的"一带一路"和对外投资更多的是与发展相关，而不是要通过资本输出强制性地消化资本生产过剩，正因如此，"不加干涉的发展"才有可能。[2] 用一位讲求实际的银行家的话来说，就是："美国喜欢强行更换外国政权而臭名远扬，而中国与美国不同，是因为实施经济项目而声名远播。"[3]

中国成为新的移民接收国

最后我们要提到的这一点很特殊，不久前提及它肯定有人感到吃惊，现在在讨论了上面的诸多话题之后，又显得顺理成章。本书前面已经提到目前有数十万非洲青年在中国上大学，事实上在中国的不仅仅是非洲人。比如，我作为德国大学教

---

[1] 波士顿大学全球发展政策中心《工作文件》，2018年3月27日。
[2] DING Xiaoqin：《不加干涉的发展》，2018年。
[3] Solvecon Forex 报告，2019年3月26日发表。

师，在过去几十年里都习惯于把自己的学生派到美国去读一个学期，或者一个学年，但现在我发现，中国不知从啥时候开始对想出国留学的德国大学生来说突然就变成了一个很有吸引力的选项，我甚至都没有足够地感觉到，这个"价值转变"是何时以及怎样发生的。

事实上，中国已经成了一个移民接收国。不仅有很多具有专业技能的华裔，特别是来自美国的华裔，回到他们的祖籍国（因为中国有很好的职业发展机会，或者也因为美国对华裔越来越不信任），还有数十万来自众多发展中国家和世界各大洲的年轻人在中国学习。除了这些暂时在中国上大学的人以外，中国还有许多非洲人"社区"，那里居住的是非洲雇员，他们有可能获得短期或无限期居留许可。而中国也像美国一样，开始发放长期居留和工作"绿卡"。中国经济发展的活力和人口减少的趋势使这样的政策既有可能，也有必要。中国接收的移民也包括一部分来自世界各地的难民。

从全球统计来看，中国还只是一个人均收入刚刚达到中等水平的国家，但正如本书试图分析、理解和阐明的那样，中国即便如此，还是以它特有的方式，无论从技术、就业、生态还是从提高生活和福利水平的角度，都已经让这个国家成为对全球移民极富吸引力的一个中心。

这是一个既古老又全新的世界中心（但愿这个世界重新成为多极世界！）。它敞开怀抱，向我们走来——来看、来学习、来理解、来谈判、来合作。这让我们不禁想起中世纪的汉萨同盟。如果我们能像汉萨同盟那样，把人类和睦共处的最美好品德和传统在国际上重新发扬光大，兴许人类还有机会度过21世纪末，而且多少活得像人的样子。

下 篇

"要害是体制,笨蛋!"

据说,1992年,克林顿用一句话就赢得了选战,成为美国总统。这句话是:"要害是经济,笨蛋!"("It's the economy, stupid!")当时,面对对手——因海湾战争获胜而被视为英雄、连任呼声极高的老总统布什,克林顿只用这一句话反驳他就立竿见影。我现在套用这句话,但改为"要害是体制,笨蛋!",当然不是要战胜谁,但希望获得同样的效果。

第十四章　　很多积木，很多图案：
　　　　　　"马赛克"与充满活力的"体系"

　　我们应该把事情做圆满，或者说"把马赛克的画面拼完整"，或者用心理学的话来说，理解众多单一现象组成的全景，看到其中的意义、内在关联和未来的愿景。

　　这看似简单，一下子抓住了要害。但也要注意其复杂性：这是一个"体系"，而"体系"就不是部分、元素、零件和各种维度的简单组合，"体系"中包含各种各样"非线性的东西"、"体系"形成和发展时的临界值（如到一定临界值时，体系就会动摇甚至崩塌）。这让我们不由自主地想到乐高积木游戏：只有当足够多的积木正确地组合在一起，我们才能看清正在搭建的是什么结构；如果搭好后一块一块地拿掉积木，也许整个结构还不会倒塌，但再多拿一块就会散架，这时候就再也看不到马赛克、画面、整体结构、"体系"及其意义了，因为看到的只是一片混乱。

　　在用 10 章的篇幅讲述了很多令人意想不到的事实之后，我们不禁要问：中国这个"体系"是什么？能看到一个轮廓吗？体系中是否存在关联？是否存在一个目标、一种意义，或者一些尽管陌生却仍然可以理解的东西？

第十五章 "都是共产主义！"这究竟是个怎样的"体制"？"共产主义""社会主义市场经济""涡轮资本主义""专制"，还是别的什么？——拨开"概念"的迷雾

今天的中国是一个什么样的"体系"呢？它是世界上国土面积最大的国家之一，拥有最悠久最稳定的文明之一，为人类社会贡献了大量发明和知识，但在近代却历经磨难——饱受外国列强蹂躏几近摧毁，直到20世纪50年代还普遍存在贫困和饥荒，然后是美帝国主义发动的国际封锁和捣乱，接着是十年内乱、边境国际代理人战争（如对越战争）、"六四"政治风波。但是从1978年开始，它却仍然具备惊人的力量和精神的清醒，不惧危险、抓住机遇，勇敢面对转折和动荡，自力更生摆脱贫困和落后。到了21世纪，它重新发现自己，走上了其他国家从来没有走过的道路，奔向未知的远方。这到底是一种什么样的"体系"呢？

单个人往往无力回天——除非是"吹牛大王"敏希豪森拽着自己的头发把自己从沼泽中拉出来[1]——，但一个"体系"却完全可以通过长期积累的迂回本领予以实现。

---

[1] 18世纪上半叶，德国有个敏希豪森男爵，发明了很多关于自己的传奇故事，其中之一是身陷沼泽，居然揪住自己的头发，把自己和连同自己一起陷入沼泽地中的马儿拽了出来。——译注

话虽如此，显而易见的是，这个国家，这个体制[1]，在最近几十年里，如同行走在刀刃上。

这个国家曾是世界的"千年老大"，今天即将重回"世界第一强国"的宝座。它似乎永远能够重新发现自己；它有能力迅速地重构自己，摇醒、唤醒甚至推醒自己以及大半个世界；它坚定地走自己的道路，却令人吃惊地不露锋芒。这到底是一个什么样的国度？

我们前面列举了大量事实、文献，也做出了自己的思考和评价。我们分析了这一体制在一些最重要的经济和政治领域里的"深层结构"，因此在本书最后部分，我们可以作出简明扼要的结论。

成百上千的作者也都在尝试"一语中的"——用一个概念说明这个体制。但是，1000个人可能有1001个答案。

这样说来，中国到底是什么？

——是资本主义？甚至是"涡轮资本主义"？是"国家资本主义"（不管它的含义是什么），还是马克思主义者在20世纪80年代描述的"国家垄断资本主义"？中国是否已经崛起为"新的资本主义中心"？[2]

——是"共产资本主义"或者"共产党领导的资本主义"（这种"资本主义"实际上在所有领域都优于西方资本主义）？[3]

---

[1] 作者讲到体系、体制时，用的是同一个词"System"。译者根据上下文的侧重不同，分别译成"体系"、"体制"。——译注

[2] Felix Wemheuer：《中国的巨大变革——社会冲突和在全球体系中的崛起》，科隆，2019年。

[3] Werner Rügemer：《资本主义的两个变种：西方资本主义和中国资本主义的比较》，isw研究所，2017年10月25日，见www.isw-muenchen.de。

还是干脆叫"中国式资本主义"？[1]

——是"专制"（经常加上其他限定语："极权专制""独裁专制""一党专制"，等等）？

——或者取个很有特色的名字，叫"中国主义"（Chinismus）？[2]

——或者称之为"社会主义市场经济"？

——要不，还是叫"市场经济社会主义"？

——或者叫"中国特色社会主义"（尽管处于社会主义的初级阶段）？

——还是完全换一种说法，叫"混合体制"？（意思是，社会主义和资本主义元素兼而有之，但两个"主义"不分高低。）[4]

资本主义？

如果说资本主义体制的主要目的是通过投资获取、保障最大利润，剥削劳动力，在资本竞争中积累资本，而且其机构、政党、政治家和国家官僚机构的行事逻辑就是在国内外保障最大利润，那么我们前面所看到的一切事实表明，中国不能算是真正合格的资本主义国家。

---

[1] Uwe Höring：《长征 2.0——作为发展模式的中国"一带一路"》，汉堡，VSA 出版社 2018 年出版。

[2] Grzegorz Kolodko：《社会主义，资本主义，还是中国主义？》，原载《共产主义和后共产主义研究》2018 年第 4 期（总第 51 期），第 285—298 页。

[4] F. Schmid 持类似看法，见《特朗普对中国的经济战》，2018 年出版，第 37 页及以后诸页。

我们前面已经看到，中国各领域的企业家明显受到管束。他们必须遵守强势政府做出的规定，服务国家发展目标，为公共财富作出贡献；有时，他们不得不在政府的要求下大幅提高员工的工资和社保水平，改善劳动条件；在国家认为必要时，他们必须与其他企业分享自己的技术；他们还必须不顾自身利益受损，参与落实先进的环保政策。而在国外，他们要拿出部分利润用于建设基础设施，去完成国家的发展政策合作目标，因而在必要时必须放弃通过"非理性"、"不严肃"的投资（这类投资多的是）而赚取最大利润的机会；他们不能最大限度地剥削其他国家，而只能投资那些符合中国国际合作战略的国际项目；他们被责令与带有意识形态色彩的西方媒体和娱乐业的投资项目保持距离，尽管这可能意味着放弃丰厚的利润。

今天，最富有的企业家还必须服从收入再分配的政策，目的是缩小贫富差距。

在满足了上述要求之后，中国的企业家就能够很好地融入国家之中，参与本国快速的创新发展与科研，获取条件优惠的贷款，并不断得到良好的投资和扩张机会，同时企业家本人仍然可以变得十分富有。有人认为这似乎是一种理想的资本主义。

可是，真正的资本主义与此截然不同。传统的资本主义从来没有做到长期、系统地保障生存和发展，包括实现足够的社会均衡、稳定的积累，建设良好的经济基础设施和社会基础设施，并且在必要时拒绝考虑大资本家以及行业组织的个体利益，因为到那个时候，传统资本主义国家绝对做不到理性中立和从长计议，有利于长久生存的理性最终总是让位于现实的、注重短期个体利益的权力体制。

过去40年里正在走向衰落的新自由资本主义就更是如此。它实际上为最富有的千分之一人群建立了一个财阀统治，单个的工业金融资本集团已经成为国中之国，部分集团在国际上的影响已经超过了大多数国家。在此前提下，将长期理性政治置于利润率之上或制定长期的国家发展战略已经变得毫无可能。以维护整个体制生存和效率为目的的最低限度的集体、国家理性，本该对大公司或大型工业领域进行约束，但在千分之一者的利润利益和融资利益面前早已消失得无影无踪。像历史上几乎所有衰落帝国的先例一样，我们看到的是对政治家和政治的各种私人资助以及对（理想状态下应当保持中立或超越个体利益的）国家大部分领域的私有化。换成其他国家，我们的媒体肯定会使用"腐化体制"的概念。

因此，中国不是我们所了解的资本主义体制。资本主义甚至不是中国体制的显著特征，尽管中国显然存在私人资本、私有利润、私人资本利用和资本积累，甚至利用劳动力创造剩余价值。这一切也显然都是发展生产力的工具，目的是实现国家和社会的长期发展。因此而给中国贴上资本主义的标签，将会使我们完全误入歧途。

如果国家垄断资本主义意味着政府与国内最大的垄断公司勾结起来以维护后者的利润最大化，国家被寡头彻底地工具化，那么中国也完全不适合被归入这一档，因为在中国，最大型和最具战略意义的企业中的大多数都是国企。但这些国企与民营企业处于众人关注的竞争地位，这样可以避免国企产生惰性和官僚化，不会变成寡头政治、政治权力中心，如果它们管理和经营不善，国家也会狠心地让它们破产。在中国没有"大到不能倒"这一说，[1] 没有一家企业，也没有任何一个人能够高枕无忧地认为最终会由纳税人买单兜底。

中国的大型国企也面临竞争和创新的压力，原因是，国家扶持中小企业，支持数以百万计的企业完全独立于大公司去经营，支持"大众创业"，支持母公司派生出新公司，也支持每年近千万理工科大学毕业生加入面向全社会的"万众创新"。

要让国家为大企业提供专门的保护伞，因为它们"大到不能倒"？门都没有！大型民营企业如果失败或者卷入贪腐，不仅得破产，甚至可能被国有化，即使是资本大亨也难逃牢狱之灾。而在新自由主义的资本主义世界，很难找到哪个检察官敢于向寡头犯罪发起挑战。垄断企业开办"封闭式工厂"[2]就可以万事大吉？柴油垄断公司？钢铁垄断公司？混凝土垄断公司？被政府和国家保护起来的汽车工业？在中国，这些都没有！在中国，大公司必须时时考虑结构转型、创新、国家发展、提高广大老百姓收入。国家垄断资本主义显然不是这个套路。

本书不断论证，市场经济在中国发挥了其应有的作用，是发展生产力的工具。资本主义体制下的市场经济很容易蜕化成垄断企业的权力体系，继而蜕化成寡头政治的权力体系，但中国的体制不允许市场堕落到这一步。在中国，市场只是一个从

---

[1] "too big to fail"，意思是说当一些规模极大、在行业中扮演关键性角色或者具有体制重要性的企业（比如银行）濒临破产时，政府不能袖手旁观。——译注

[2] 1890—1935 年间，美国为缓和劳资关系，让大公司开办只吸收工会会员的所谓"封闭式工厂"（"Closed Shop"）。——译注

属的工具,而不会变成目的。市场发挥的是调节作用,如果不奏效,可以很快用其他机制替代。不是国家和社会必须适应市场,而是相反。

中国是涡轮资本主义吗?说"涡轮",某种意义上倒是对的,因为结构转型的速度之快,政府要求的经济增速之快,不妨称之为"涡轮"。这种现象的确是"中国涡轮资本主义论者"想要表达的,也正是西方统治者坐立不安的原因所在。从体制上看,中国能够解决发展速度、市场调节和公共用地调整等棘手问题,而资本主义无论如何发展,也不可能迅速做到这些,因为它正在退化,正在失去效率,正在从历史上的进步体制转变成处处掣肘的权力体制。

因此,"涡轮"虽然是一个非常恰当的用词,但因为不是资本主义,所以仍不能称之为"涡轮资本主义"。即使可以说中国挖掘了资本主义市场经济早期的"涡轮潜力",但不能说是一回事,因为中国已经将之发扬光大。

总体上说,中国不是被资本主义老虎所驾驭,而是驾驭了这只资本主义老虎,并把它严格训练成了有利于人民共和国的市场工具。这一过程看样子不会发生逆转,中国不会变成我们熟悉的资本主义体制。因此,我们大概不会将中国定义为"市场经济",但下面这句话说到了点上:"西方必须学会接受这种形式的市场经济。"[1]

---

[1] David D. LI:《中华人民共和国的70年:一个举世瞩目的发展政策的实验室》,《世界经济与发展》2019年第9期,第3页。

"专政"？"网络问政"？"关系经济"？

那些视中国为资本主义国家，同时自己也拥护资本主义体制的人，往往也视中国为独裁政权。从旧自由主义甚至新自由主义和资本主义的传统代表口里，我们经常听到的一句话是：只有市场经济才能保障政治民主。但是行家们知道二者的分野：18世纪的第一批经典作家认为，理想的市场经济由中小企业和中产阶级组成，没有寡头和卡特尔[1]，也不存在寡头和卡特尔的经济、媒体和政治影响（因此也不是后来的资本主义），这种情况是可能促进政治民主的。可是到了后来，资本主义发展得正好相反，出现了像纳粹专制这样的资本主义恐怖政权，于是恰恰是后来的自由主义者也认为，资本主义完全可能与政治专制合流。这一观点被德国基民盟于1947年写进了它的战后第一个党纲即1947年阿伦纲领。[2]

我们已经看到中国正在完成以及是如何完成一件大事的，即充分调动市场，使之快马加鞭，既灵活又富于创造力；促进市场，使之为国家发展服务。它比任何自称市场经济的发达资本主义国家都做得漂亮，因为后者的市场实际上为少数——或者说越来越少的——垄断企业所主导，而政府是无论如何也要确保这些企业的收入地位、财富地位和权力地位的。至于没收

---

[1] 卡特尔（Kartell）：最早产生于德国的一种垄断形式，是多家企业组织的联合体，虽然企业经营各自独立，但以统一协商价格等形式形成垄断，排斥竞争，现在多数国家已经通过反垄断法予以禁止。因此本书除特殊情况外，一般译作"大公司"。——译注

[2] 阿伦纲领是基民盟1947年2月在德国英占区的阿伦通过的。——译注

财产，将其国有化，让其破产或者判刑坐牢，甚至只要发现企业腐败或者进行环境犯罪就停发贷款，这一切在西方简直是异想天开！中国政府给市场的定位是灵活、创新、发挥功能、有用，而这一点，在现实资本主义世界，自美国罗斯福新政和德国20世纪60年代末70年代初实行短暂的凯恩斯主义以来，我们就从未达到过。

这么说，中国搞的是21世纪的新型市场经济。但尽管如此，也是"专制"？我看两者毫不沾边，很多中国事务评论家也如此认为。中国的中产阶级和企业家在政府支持下生机勃勃，以良好收入为标志的、包含数百万独立创业者和中小企业主的中产阶级正在形成，但如果说中国搞市场经济，出现中产阶级和成千上万的企业家，就会导致体制崩溃，我倒看不出任何迫在眉睫的迹象。

政治专制？言论不自由？我们已经看到，中国社会是建立在网状结构的基础之上的，过去是家庭、家族、村集体，个人的"关系"网和"单位"，现在是社区，外加更为方便的数字化社交网络，政府借此系统推动并顺利实现了非凡的社会动员和政治参与，并且参与的领域从居民事务到单位管理，从社会政策到国家大政方针，无所不包。[1]

有人甚至称，中国体制体现的是全面的社会"联通"和物理"联通"，因而可称之为"网络执政"体制。[2] 笔者以为这个特点总结得倒不差。

---

[1] 参阅 HE Shenjing《中国广州的两次中产阶级搬迁潮与新兴权利》，原载《环境与规划A卷》，2012年，第2817—2833页。

[2] Stephan Krüger：《世界市场和世界经济的划时代变化》，2019年3月29日，第60页，见www.mez-berlin.de。

还有人建议，中国体制的核心特征可以这样描述：中国的微观经济学基础是"关系经济"。有的甚至说，"关系经济"是自成一体的生产方式，就像资本主义或社会主义一样。[1]他们还强调，中国企业里设立的党小组可以决定增加企业的研发投资，决定并动员员工广泛参与科技创新，以便争取企业取得更好的业绩。[2]但笔者认为，这个微观视角不足以全面、准确地概括中国"体制"的特点。[3]

不论怎么说，德国金属行业工会的一位中国问题专家的话是适用的："西方将中国现政府说成是自上而下的专制政权，并不能正确反映治理中国的复杂协商过程。"[4]

从劳动诉讼到城市发展规划冲突再到社会政治行动，从奶粉丑闻到社交网络上强烈抨击的环境丑闻，从起诉污染环境的企业到成千上万人对法律草案提出意见再到植树软件，所有这一切都表明中国人的参与热情和不希望被越俎代庖的决心。[5]中国人的讨论热情是惊人的，通过讨论改变现状的潜力也同样惊人。这一发展趋势潜力巨大，未来谁是更好的实质性民主？

---

[1] 参阅 Manfred Nitsch《向中国学习》，柏林自由大学拉美研究所，2019年，见 www.lai.fu-berlin.de；Frank Diebel《关系经济学：孔子与列宁、凯恩斯和熊彼特在当代中国相遇》，原载《干预。欧洲经济学与经济政策杂志》2009年第1期（总第5期），第77—104页。

[2] 关于中国企业员工的监督等行为，可参阅 Kunzmann《社会主义在中国的理论、体系与实践》，2018年第2版，第65—66页。

[3] 作者在本书里把中国在外企设立党组织与"关系经济"联系起来，似不够准确。——译注

[4] Wolfgang Müller，引自 Kunzmann《社会主义在中国的理论、体系与实践》，2018年第2版，第37页。

[5] 参阅 KUANG Wenbao《新媒体公共舆论变成了主流社会观点》，原载这位作者所著的《中国的社交媒体》一书，帕尔格雷夫·麦克米伦·施普林格·自然出版集团2019年于新加坡出版，第25—38页。

是日落西山的资本主义的民主，还是中国体制下的民主？现在还远远不能作出定论。我们前面已经反复阐明这一点，包括提到信用积分制度引起的广泛公开讨论。

专制？如果我们看一下中国的宪法，或是中国共产党章程，那么答案是肯定的：当然，上面明确写着"人民专政"。[1] 但专政对象是谁呢？企业家？马云可能会说：是的，政府对我们提出了某些要求，但我仍然热爱共产党，像爱我的母亲一样（见本书中篇第五章所引马云的名言）。意思是说：我尊重共产党；在美国，我也许会更富有，但我愿意把我的全部资本留在中国，因为我在中国能够发挥更大作用，例如运行淘宝、蚂蚁金服以及"蚂蚁森林"这样庞大的植树工程。

即使是超级富翁一类的企业家也会有把世界变得更美好的愿望和理想，而在中国的体制里，他们似乎更容易实现自己的理想。因此，作为亿万富翁的马云和其他企业家一起为中国共产党提供咨询。至于联合其他企业家成立一个政党，这肯定不在他的考虑范畴之内。[2]

对于腐败、持续"非理性"投资或其他滥用资本和权力的案件，中国的体制也会动用"没收"或"国有化"这样的经典专政手段。有时也可能强制出售，或将企业交给员工管理。单在2018年，就有十多家民营企业被强制出售给国有企业。[3] 自从2007年第一波反腐浪潮和2012年加大反腐力度以来，中

---

[1] 在德语和很多外语里，"专政"和所谓的"专制"是一个词。中国宪法和中国共产党章程里都写着"人民民主专政"。——译注
[2] 参阅 Kunzmann《社会主义在中国的理论、体系与实践》，2018 年第 2 版，第 65—66 页。
[3] 参阅 Kunzmann《社会主义在中国的理论、体系与实践》，2018 年第 2 版，第 65 页。

国政府看来在下更大的决心抑制大企业的"寻租"行为,限制"公司权力",[1] 而且更加得心应手。[2]

上面所说的一切与个人的言论自由有什么关系呢?我前面提到我的一位在北京和上海教书的中国同事,他在大讲堂上课时因批评政府而赢得掌声,而第二天早上他作为政府顾问与政府官员进行交流。他能够做到这一点可能与他的知名度较大有关。有一位对前东德和联邦德国都十分了解的观察家在谈到两种体制在言论自由方面的区别时,打了一个机智而准确的比方:在社会主义的东德,你可以对自己的上司和公司领导说:"你是傻×",但假如你说"昂纳克是傻×",你就会进监狱了。在资本主义的联邦德国,你可以说"默克尔是傻×",但如果你对上司说"你是傻×",那你第二天就会被炒鱿鱼了。这个比喻意味深长,道出了两种完全不同的体制的社会评价和统治机制。民主对专制?谁专制谁呢?

"自由""言论自由""民主""专制",这些都是极其相对的概念,如果作为整体概念而无具体所指,本来就只适合在意识形态战争里充当万能武器。哪些权利和自由、谁的权利和自由更好、更重要?是工作岗位上的权利和自由,还是集市广场上的人们的权利和自由?是报纸老板的自由,还是资本家聘用和解聘员工的自由?是在互联网上撒野的自由,还是足球场上足球流氓的自由?是抽象的自由还是具体的自由?是仅仅强调

---

[1] 公司权力主要是指公司随着规模的扩张和实力的增强,其行为延伸到操纵政治生活,直接影响政府公共政策的制定,影响社会思想、文化、价值观和生活方式的一种能力。——译注

[2] 参阅 Zhang Lanying 等《中国控制公司权力:以种子公司和水分配公司为例》,2018 年。

个人的言论自由还是普遍重视联合国人权宣言里的全部自由？自由的体制和深层结构是什么？权利和义务是什么关系？一部分人的权利会不会限制另一部分人的权利？……体制问题不是抽象决定的，而只能是对这些具体问题的具体回答。

我再换个角度来解释一下。和前面提到的日常行为方式国际调查结果类似，我在日常生活中所接触到的中国人一般较少担惊受怕，显得自信乐观，他们了解世界，乐于参与激烈而高瞻远瞩的辩论。他们亲眼看到自己的国家正在打击腐败、建设更为公平的法治社会，而不是像其他一些国家那样与法治渐行渐远。如果问他们对国家主席习近平所说的要"把权力关进制度的笼子里"是何看法，他们都表示相信。[1] 不过，这一切对我们理解"体制"，理解世界诸多体制的不同又有什么助益呢？

题外话：
"亚洲人注重结果"

对自身民主和价值观的动摇正在西方蔓延。"我们的民主"过去是啥样？现在成了啥样？将来又会变成啥样呢？对此，德国《经济周刊》2020年1月发表了对政治学学者帕拉格·康纳（Parag Khanna）的采访文章，文章很有现实意义。[2] 康纳在采访中向西方人解释了亚洲文化

---

[1] 参阅 David D. LI《中华人民共和国的70年：一个举世瞩目的发展政策的实验室》，《世界经济与发展》2019年第9期，第3页。
[2] Dieter Schnaas:《亚洲人注重结果》，原载《经济周刊》网站，2020年1月12日发表，见 www.wiwo.de。——作者注
帕拉格·康纳：出生于印度的学者，2013年至2018年曾在新加坡国立大学李光耀公共政策学院亚洲与全球化中心进行研究工作。——译注

里有哪些文化价值和政治价值。关于"民主是否与专家治国相对立"的问题,他表示,亚洲的事情"并非这么简单",亚洲人参政的热情很高也很持久,但他们希望看到政府取得实实在在的成果。谈到党内民主和党内选举有无必要学习西方模式,他说,亚洲拥有更好的了解民情的办法,亚洲的"国家元首们比欧洲、美洲和非洲的执政者更受欢迎",讲究实际的政府在亚洲人眼里是富裕生活的保障;政府"看重数据,而不是政治教条,它们的行为有计划,有战略,有智慧"。

道路即目标。这句古老的至理名言据说是从亚洲传出来的。这话没错,但不是全部。现在,西方的政党民主和议会民主已经让很多西方人不再信服,而在世界上大多数国家本来就没多少人相信。

中国呢?

"中国需要外国的原材料,而不是殖民地;它不想扩张,只是想加强内部的力量。中国的行为是新的重商主义,而不是侵略。中国的'一带一路'首先追求的是防守型目标。中国想分散供应链。"

如果我们擦亮眼睛环顾四周,就会蓦然发现,那些以欧洲为中心的、西方资本主义的视角和价值观已经变得多么的力不从心,因为世界已经发生了巨变,而且显然不仅仅是有些人以为的变得更坏。而中国正在以一种新型的、绝大多数欧洲人尚不了解的方式向我们展示:它既是务实的,同时又是"共产主义的"。这不能不令我们深长思之……[1]

---

[1] 参阅帕拉格·康纳《我们亚洲的未来》,柏林,2019年。

共产党的领导？

这一点毋庸置疑。中国共产党无数次站在生死攸关的时刻，站在党和国家生死存亡的转折点上，从长征到中华人民共和国成立，从"大跃进"和大饥荒到"文化大革命"，从改革开放的大冒险到"六四"政治风波再到加入世贸组织，从西方的技术封锁到中国的技术领先，从大规模反腐、自我净化到大众创业万众创新，从环境革命到"一带一路"倡议，莫不如此。比如，中国加入世贸组织时，西方就对中国施压，之前的日本、韩国和中国台湾都得到了全部优惠过渡期，只有中国从入世那一天开始就必须立刻和大规模对外国（主要是美国）的投资开放。

中国面临的最新挑战是：美国及其欧洲盟友和日本、澳大利亚、印度在全球范围内孤注一掷疯狂进行的经济破坏，美国进行的严重军事威胁、伊斯兰原教旨主义造成的威胁，新型冠状病毒的袭击……中国必须驾驭资本主义这只老虎，否则只会被老虎所驾驭，因此中国始终行走在刀刃上。

拥有9000万党员的中国共产党可能是世界上历史最悠久、经验最丰富的政党之一，它似乎永远拥有足够的吸收历史经验、重新校准行动方向的智慧。这个党似乎在历史上多次浴火重生，而始终没有放弃建设富裕、文明、生态、美丽的社会主义的宏伟目标。今天，它似乎仍然有足够的力量把这个庞大的国家从空间和民族上凝聚在一起，从政治上做到中央与地方相协同、国内与国际相协调。不管是教授还是出租车司机，我们在中国听到的都是这个党痛下决心坚决反腐，重新赢得了相比大约15年前显著增强的威望。

中国的体制有效地向我们展示，市场可以促进企业（特别是中小企业）、中产阶级和尖端技术的发展，那么，"共产党的领导"对中国的体制意味着什么？在中国，似乎正在形成一些我们不了解的东西，因为我们习惯了以欧洲为中心进行思维。写这本书，就是要进行思想的"探险"。

如果我们对"共产党的领导"还需要一个证人的话，那么不妨引用德国工业联合会前主席肯普夫（Kempf）关于"关系经济"的一段话（站在他的立场，感受自然不同）：中国政府正在不断扩大其权力，共产党在公司成立党组织，从而对企业决策产生影响，这使他和德国工业联合会的会员公司感到震惊。[1]

尽管如此，我们没有理由幸灾乐祸，反而更有理由相向而行、消除利益冲突引起的恐慌和敌意，寻求妥协而不是让互信丧失殆尽。大多数企业已经明白，欧洲可以从中国的知识中受益良多，现在剩下的是，政界不要允许思想和军事的敌意破坏我们之间可能的合作。很多观察家认为，没有我们，中国照样可以和俄罗斯及其他"一带一路"伙伴国合作，而我们可能已经再也离不开中国。

"中国特色"？"中国主义"？

幸好没有人说中国道路、中国体制是放诸四海而皆准的真理，是中国向其他国家的出口产品。中国共产党和政府更是从来没有这么说过，连西方出版物有时也对中国的这种态度表示赞扬。

---

[1] 《德国工业联合会主席敲响警钟》，原载《商报》，2017年11月16日。

欧洲中心论者的典型思维是，行帝国主义之实，还声称是赐给别人幸福，不管是新老帝国主义者还是自以为是的新老自由主义者，抑或企图自以为是的左派，无不如此。中国已经与这种乔装打扮的价值普世主义一切两断，因为它的后面是高高在上的欧洲白人至上主义和帝国主义思想。

中国、中国共产党、中国政府和中国人民都明白这一点并向全世界表明：中国体制只适用于我们，这是我们基于自身历史和经验找到的自己的道路；我们不搞模式输出。中国人的意思是说，中国体制和当今中国的所有试验一样，都是有中国特色的。

这些历史和经验包括：注重合理规划的 2000 年的文官史；特别注重人情关系的社交网络（一经现代化改造，便表现出合作与创新的巨大潜力）；奋力抵御各类侵略（突出的代表是修建长城）；认识到永远不能再闭关锁国（像清朝的庞大海军舰队那样自取灭亡）；等等。

"中国主义"也不恰当，至少不能说这种"中国式"发展到我们只能用中国人的方式去理解或者作为西方人完全不能理解了。恰恰相反，我们可以理解中国及其体制，因为中国体制虽然有中国特色，但并没有成为以中国自己为中心、只顾观照自己的"中国主义"——要真是那样，才不可理解，或者说对外国人来说不可思议了。

"混合体制"？

一边是共产党，另一边是企业家鹊起、创业潮涌动、市场高度灵活，这不是"混合体制"，还能是什么呢？

自邓小平以来，德国媒体开始使用社会主义市场经济的说法。这是否是一个翻译错误呢？我没有资格评判。我可以想象的是，邓小平的原意是"市场经济的社会主义"。不过自从二战后的南斯拉夫模式得到很多欧洲知识分子的认同以来，"社会主义市场经济"这个概念就在德语里生根，因此，我们很快就把这个概念套到了中国身上。

但是，战后南斯拉夫的"工人自我管理"恰恰证明，要实行"混合经济"，最理想的状态应该是将社会主义的中央计划经济和资本主义的市场经济平等结合，不过由于两种经济体制各自从理论到实践都极其复杂，这种"混合经济"就成了自相矛盾、极不稳定的混合体，早晚会朝一个方向倾斜。

中国则令人惊讶地稳步走在这条大路上，并取得了技术创新、收入和生活水平提高、环境和气候保护严格以及与国际社会日益接轨的成就，在政府强有力的计划之下还能展示市场经济的极大活力，实现多种所有制并存、共享经济繁荣和社会动员能力增长。乍一看，这像一团乱麻，然而，我们已经无须证明，这种体制的多样性和复杂性却在中国取得了成功。

换句话说，"混合"是对的，但从整体上来说，中国最多是一种"市场经济社会主义"，是"带有市场的社会主义"。以上种种对体制特点的描述，包括"混合体制"这一简单的概念，都不足以解释中国为什么能够克服各种外部困难，如此持续、稳定地赶超和崛起。[1]

---

[1] F. Schmid 持类似看法，见《特朗普对中国的经济战》，2018 年出版，第 35 页及以后诸页。

第十六章 "不熟悉，不了解，不需要！"21世纪的新型社会主义，对你我都很重要：与我们想象的、熟悉的都不一样，与传说中的也不一样

再搭几块"积木"

我们再来回顾一下中国体制的一些显著特点，可能有助于我们解密中国体制：

◇ 企业以多种方式被纳入整个体制。[1] 部分盈利必须用于增加研发投入、建设基础设施、保障自然公共财产、为员工涨薪和提供更高水平的社会保障。[2]

◇ 中国的发展与国家和民营经济之间的关系不断调整密切相关，国家在重要工业领域和金融领域中扮演的角色越来越重要。[3]

◇ 中国注重"投资的协调性和社会化"，同时不断进行

---

[1] 参阅 Hardy 等《中国的区域韧性和全球生产网络：一个开放的政治经济视角》。
[2] 详见 Ali Kadri《沙特宫廷政变，石油市场，中国与美国》，2017年发表，第36—37页。
[3] 同上。

"新的、更高形式的经济规划"。[1]

◇工业和服务业领域的战略性部分属于国有，放贷受到国家监管。

◇如前所述，土地的占有形式（不是所有制形式，而是租赁形式）灵活多样，甚至有些人说，模糊不清。[2] [3] "占有土地"的各种权利和义务包括个人所有、城市开发商所有、公司通过合作社所有、村集体所有和农户通过联产承包责任制承包土地。[4] 公共和个人占有形式灵活地混在一起，尽管具体到每种情况都有合同明确规定。

◇同样地，企业形式也是灵活多变。中国的"体制"里目前有如下企业形式：国有企业、集体企业、合作社、混合所有企业、有限责任公司和股份公司、个体劳动者、独立经营者和外资企业。[5] 2013年以来，国有企业也允许个人占股。

◇我们还在书中提到了正在兴起的共享经济的多种形式，包括P2P、C2C。这是基层发起的某种社会化进程。

---

[1] Elias Jabbour、Alexis Dantas：《改革的政治经济学与当前中国的过渡期》，原载《巴西政治经济学杂志》2017年第4期（总第37期），第789—807页。

[2] 参阅Ireland、Meng《后资本主义时代的繁荣》，原载《巴西政治经济学杂志》2017年第4期。

[3] 作者这里所说的"占有形式"，实际上是指土地使用权。按《中华人民共和国土地管理法》，我国实行土地的社会主义公有制，即全民所有制和劳动群众集体所有制；土地使用权可以依法转让。——译注

[4] 同上。

[5] 参阅Ireland、Meng《后资本主义时代的繁荣》，原载《巴西政治经济学杂志》2017年第4期；类似的观点见张帆《中国的机构演变——政府与市场的竞争》，2018年出版，第110页及以后诸页。

◇财富再分配政策发挥重要作用，例如大幅降低中、低收入人群的税率，加强对超级富翁的征税。

◇在工作单位和生活小区都能广泛动员公民积极参与社会治理。

◇从日常哲学和日常行为中也能看到一个新型社会正在形成：崇尚整体思维，寻求社会和谐与利益平衡，求同存异努力合作，乐于学习与沟通，对陌生事物兴味盎然，待人友好而从容（包括对待两性关系），心态开放，处事淡定。由于社会治安良好、收入有望不断提高以及对未来保持超过一般水平的乐观，中国人普遍存在一种从容自在之态。多数人对社会不公明显反感，对高调消费和过度炫富颇为鄙视。

◇公共生活中看不到贫困和被社会遗弃的现象。

◇剩余资本走向海外不一定必须追求利润最大化，因此，中国在发展中国家的投资扮演着另外一种角色，并且不必用军事手段来维护。

◇中国遵从不首先动武的原则，[1] 它的体制更像一个知足常乐的领导体制。[2]

在中国体制下市场的存在、活力与效率——用"生产力"和"生产关系"来解释

中国体制中市场与国家之间特殊的关系问题也由此得到解答。1978 年到 2012 年，在不到 35 年的时间里，中国走过了

---

[1] 参见 Ali Kadri《沙特宫廷政变，石油市场，中国与美国》，2017 年发表，第 36—37、41 页。

[2] 同上。

从一个贫穷的发展中国家到世界领先的工业国（而且仍在不断发展）的典型资本主义发展阶段，发达资本主义工业国为此却花费了大约两百年（而且它们没有中国面对的这样的压力）。现在中国正向世界第一的目标发展。中国的市场得到了充分的调动，超过了以往任何时候、其他任何地方，也带来了人们熟知的一切结果，包括仍在起作用的负面后果。像资本主义国家一样，市场成为中国发展生产力的核心工具。没有生产力的发展，就不可能有生产关系的变化，中国也就不可能从一个讲究权力政治的、表面上的社会主义国家变成不断造福全体人民、追赶世界发展进程的、实质性的社会主义国家。

中国的市场在社会主义框架下不断取得创新、创业和社会动员方面的成就，而发达资本主义工业国家只是在其崛起的短暂阶段可以与之相比，它们最后一次繁荣还是在二战结束后头20年的重建过程中。

中国人均收入虽然仍然很低，却广泛提高了人民生活水平，在技术、环保、社会、教育和文化领域取得了人类历史上史无前例的成就。北京大学某位副校长曾经说，"市场经济在国家的大手下能够有效运转"，[1]中国的现实似乎证明了这句话的正确性，进而也证明，一个国家的整体发展如果不把资本利润最大化作为削尖脑袋往里钻的首要目标，一旦生产关系调整到位，生产力发展的空间有多么巨大。

这样的生产力发展早就不能用我们熟知的资本主义来解释，也不能用"共产主义专制"来说明，"混合体制"甚至"中国主义"也没有说服力。如果把这些概念作为中国体制的

---

[1] 引自 F. Schmid《特朗普对中国的经济战》，2018年出版，第36页。

核心特征,都是似是而非,罔顾现实。

经济学家艾克·科普夫(Eike Kopf)因此认为,中国"社会主义初级阶段"的自我定义是正确的,并指出,中国将2049年前确定为"社会主义初级阶段"并且迄今为止所取得的成果是人类历史上的重要变革,其意义可以与16世纪的市民新教的宗教改革相提并论,也不啻是通向"更高文明形态的过渡阶段"。[1]

仔细审视中国的社会主义

在排除了上面各个选项之后,我们可以简单明了地说"社会主义初级阶段"是最可信的定义,这个定义总体上包含以下内容:

——不存在土地、自然和资源的私有制;

——具有战略意义的大型现代化生产领域掌握在国家手中,国企推动民企参与部分竞争;

——金融和信贷业也是具有战略意义的大型现代化行业,同样属于国有,不受国际投机业的摆布,并得到国家货币政策的保护;

——中国企业家不能有组织地进入政治权力;

——政府支持工人有组织地行使在企业中的话语权和参与权;

——在工作单位和居住小区动员公民参与社会治理;

---

[1] 艾克·科普夫:《中国的变革——一种文明新形态的形成》,科隆,2019年。

——社交媒体的舆论具有重要政治意义；

——实行再分配政策和相应的税收政策；

——共享信息技术基础设施及信息技术服务、共享全部信息，亦即信息公开；

——广泛发展共享经济，促进其不断增长；

——在所有国内和国际发展领域严格实行环境保护；

——加强投资管理，注重投资对实体经济的效用，反对"非理性"、纯投机性和意识形态化的投资；

——对有益于社会和环保的伦理与行为方式进行公开讨论。

"社会主义初级阶段"——我们所不了解的社会主义——也不是传统的以欧洲为中心的社会主义

于是我们转了一圈，又回到中国官方的自我定位："有中国特色的社会主义初级阶段"。

在这个意义上，我们也可以说中国体制是一种"混合"体制，因为它有多种所有制、公司制、生产组织形式，还有国家框架规划下的市场。

我们看到的是一个更高效的模式，不管是与正在衰落的新自由主义金融资本主义相比，还是与传统的以欧洲为中心的社会主义模式相比，都是如此。欧洲中心式社会主义主要是国家自上而下地进行设计，从历史上看几乎不可能持续发展下去。即使存在外部条件极其不利的因素，但它本身相对官僚，鲜有活力，无法动员民众反而扼杀民众的积极性，最终因为顶不住西方的军事和金融打击而名誉扫地，成为人们如今讳莫如深的历史。

况且，与当今中国不同的是，欧洲中心式的国家社会主义模式未能摆脱模式输出思想。当然，中国也是从历史中吸取了教训。

一些西方观察家由此认为，中国体制形成的新挑战，在于它不仅对发展中国家，而且对西方的一些核心国家展示出日益强大的吸引力。[1] 特别是中国在维护和平与安全方面的努力以及对世界技术、社会和生态进步具有的重要意义得到越来越多的认可。

今天，中国有能力冲破几十年来对现实社会主义的污蔑与禁忌，这主要是因为，中国证明，21 世纪的社会主义不再是静止的、官僚的贫困体制，而是能够超越现实资本主义并给人类带来希望的体制。

---

[1] 参见 F. Schmid《特朗普对中国的经济战》（2018 年出版）使用的研究文献和媒体文章的一系列引文，例如第 37 页。

第十七章　说长道短论中国：问题和前景

惩罚与死刑[1]

如果我们不像媒体人那样先入为主地认为中国就是"专制"体制、逢中必反,而只是站在一个天真的、对详情一无所知的观察者的立场,那么我们会问:为什么中国还需要死刑呢?不能把这项专利留给美国吗?欧洲、美国、日本侵略中国的血腥历史,中共军队与无恶不作的国民党军队浴血奋战的残酷内战历史,都早已过去。现在,中国比以往任何时候都更加稳定,也在大量投入培训(包括对"圣战者"的培训),建设基础设施,在这个时代,即使发生类似"文革"时期出现的严重流血事件,或者出现有人企图用暴力推翻中共政权的危急情况,也不需要用死刑来应对了。

如果问中国人"为什么还要死刑",我们会听到儒家的伦理解释,即杀人偿命,历来如此。不过,伦理观念也是可以发展的。如果中国人问我,我会建议:废除了吧。我这样说同样是出于伦理的原因,而且中国现在已经很安全。也许我是孤陋寡闻,对待死刑问题显得天真,但会不会比局内人的观点更正

---

[1] 最高人民法院大法官胡云腾在《中国法律评论》2023年第4期发文表示:坚持保留死刑、限制死刑、防止错杀这三个基本立场构成了中国特色死刑制度的三大支柱。——译注

确一些呢？

西方媒体几乎总是认为中国的惩罚太严厉、不公正。但其实，我们几乎不了解中国的刑法和司法，更不了解中国正在进行"诚信中国"和新的社会信用体系建设，在这种新的政策背景下，中国的刑法和司法是什么样的。我们已经提到，当今中国对于企业经理、公务员、官员和普通人的贪腐、金融犯罪和环境违法行为，运用了多种新颖、灵活而有效的制裁和惩罚方式，比如停止银行贷款、禁止坐飞机、不得乘坐高铁一等座。这样，企业经理花多少钱也不可能迅速而轻松地买到自由。

不过，我在这里也提一个外行的建议：中国对改革开放初期即1978年至2007年间无节制发展时期（西方有时称"野蛮东方期"）带来的畸形后果，迟至在2012年已经进行彻底整治，也就是说，对野草一般蔓延的贪腐犯罪、网络诈骗、信贷诈骗和金融诈骗以及严重破坏环境的行为已经基本遏制，因此，在这方面可以再宽松一些，尽管最近10年来仍然有成千上万腐败分子（包括地方各级党组织的腐败干部）为此锒铛入狱。

另一个建议是：今后可不可以将各地的社会信用积分体系变成以正向激励为主，并逐步减少对损害环境和社会行为的负面处罚（因为处罚的目的也是拯救和保障环境与社会的可持续性）？我看，蚂蚁植树软件在游戏中即可达到目的，不妨作为正向激励措施推广到所有的生态和社会领域。

长期的现代化周期

过去几十年里，世界上没有一个国家像中国那样投资巨大。但是，中国投资建设的基础设施，建筑，公司，整企业整企业的机器设备、技术体系，都正处于产品生命周期的开始。在过去35年的时间里，这些新的直至最新的基础设施和建筑，造就了一个高度现代化的共和国。

美国也曾经如此。20世纪30年代罗斯福新政时期打造的基础设施的核心，现在还是美国的家底。

但是，迄今为止，几乎没有一个国家能够做到从长计议，或者即使有所预见也没有能力做到系统地将其崛起时代打造的建筑、基础设施或核心基础技术更新换代，因为这些产品的生命周期长达数十年，必须把这个周期均匀地分配，才不至于落入初次投资带来的常见的波浪式影响之中。如果产品生命周期的衰退期恰好赶上中短经济景气周期的衰退期，其后果将会十分令人难受，给一个国家带来十分剧烈的危机。

中国体制能够抵御或者避免经济景气周期中出现经济危机，这一点已被历史反复证明。对于外部强加的危机，比如特朗普的贸易战，中国的综合应对能力和抵抗力也越来越强。不过，如何阻止现代化周期的出现，不使本国经济成为"老旧的工业"，迄今还没有一个国家做得到，即使——并且恰恰是——被西方称为"灯塔之国"的美国在过去几十年里也因为投资下降和资金存量"老化"而在艰难度日。[1]

---

[1] 美国加利福尼亚森林火灾因供电系统瘫痪而起，造成数十万个家庭停电，这一事件雄辩地证明投资全面减少会带来严重经济和社会损失，也表明个别瓶颈因素极可能引发体系崩溃，其原理是：一个用积木搭建的楼房，只要抽掉关键的一根积木，就可能使整个楼房坍塌，尽管许多楼层还能苟延残喘一小会儿。澳大利亚的超级火灾也向世人再清楚不过地表明，西方不能对保护生态这种人类关键问题进行未雨绸缪的投资，政府行动能力极度缺失。此类事件不胜枚举。

中国应该及早考虑如何应对投资周期问题。但是，我能对中国的有关研究机构和政府主管部门提出的建议也只能是"老调重弹"：未来三五十年，中国将面临规模庞大的更新换代周期，问题是，中国能否及时地分解投资基础设施和建筑的时间表，做到将几十年的时间更加均匀地分配？但是，倘若世界上有一个国家能够成功地消化长期老化和衰退的进程，做到投资时间均匀化，我还是认为，这个国家非中国莫属。

气候保护与核电[1]

中国的能源转型不仅已经开始，而且令人目不暇接。太阳能正取代煤炭，他们还在开发天然气，尽管只是暂时性的。石油和汽油不久之后将退出交通领域。用核电做替代？短期还是长期？中国似乎仍在扩建核电站，不断发展核电技术，据说在西部村庄正在建设集装箱大小的袖珍核电站，这是为了加速农村地区的发展吗？

核电不会失去其技术特殊性，那就是当技术失灵的时候，其后果无法预测且不可控，对个人和社会来说都是如此。该技术在时间上的影响（辐射的半衰期）比一般的人类历史阶段都要长，甚至超过人类记忆。这意味着，即使从系统和技术上做出再大的努力，核电的风险也不可能降低至零。

---

[1] 中国国家原子能机构副主任刘敬在 2024 年 4 月召开的核电运行安全国际大会上表示：中国已将核安全纳入总体国家安全体系，将确保核安全融入核能开发利用全过程。自 20 世纪 80 年代发展民用核能事业至今，逐步建立了与国际接轨的核安全法规监管体系，保持着良好的核安全记录。——译注

看来，还要继续以集体交通取代个人交通，以网课取代人员流动，以氢能、太阳能、风能、海洋波能、可再生能源取代传统能源，以控制人口取代人口爆炸，才能减少能源消耗，舍此别无他途。

以我们通过本书对中国的了解，可以相信，中国已经意识到了上述问题，而解决办法可能已经在下一个五年规划的草案里。

计划生育之后的人口发展

我们前面提到了独生子女政策及其给中国带来的影响。中国是人类历史上第一个通过大胆尝试努力为解决全球人口爆炸问题做出贡献的国家。历史上每一次人口爆炸都是靠自然法则解决：数百万人在自然灾害和区域人口过剩危机中死亡。从目前全球的局势看，历史可能又将重演，人类可能重回文明前和史前时代。

除了中国，没有一个国家具备落实前瞻性人口政策的相应能力。印度、非洲和拉丁美洲只会给穷人发避孕药。

独生子女政策错了吗？它的确给中国人口结构带来巨大的变化，最主要的问题是人口老化。不过，外界大多惊慌失措，因此曲解了这个问题。要知道，一个人口平均年龄较高的社会及其经济仍然可能充满活力。这样的社会积累了丰富的、可以用到老的知识，当然也可以用到经济领域。我们必须抛弃将工作和退休严格区分的模式。凯恩斯告诉我们，老年人也是强有力的消费者。在信息技术领域，他们甚至可能是积极的"产销者"[1]，当然前提是我们不将他们甩在后面，或推至一边。

如此看来，中国独生子女政策带来的人口问题比西方多数人渲染的要小得多，也与他们所理解的具有本质的不同。中国不应该也完全没有必要放弃继续降低人口的政策目标，即使为此需要进行一系列的经济、社会、技术和基础设施方面的结构调整。但是话说回来，中国什么样的深层"结构革命"没有经历过、真正避免过？

一般来说，随着生产率和收入水平的提高，随着职场升迁方式和生育计划的变化，人口下降的趋势会有所减缓，这是自然规律，更是文化规律。但这对中国来说并非灾难，而是可以用来继续减少人口总量的潜在积极因素。

总之，今后中国将在一孩、二孩和三孩政策，退休年龄及有组织地接收移民这些措施之间精心选择，在确保人口减少的同时不产生较大的经济、社会和文化破坏。在人口政策方面，中国仍将是全世界的榜样，因为其他国家都束手无策、只有惊讶好奇的份儿。相信联合国会一如既往地支持中国，并学习推广中国的经验。

中产阶级陷阱

我们知道，中国不断大幅度提高工资水平，目的是刺激经

---

[1] "产销者"（prosument，英语为 prosumer），是指那些参与生产活动（如参与产品设计、订制）的消费者，因此他们既是消费者（consumer）又是生产者（producer），这样，著名未来学家阿尔文·托夫勒在其《第三次浪潮》中首次发明了 prosumer 一词。——译注

济增长，提振内需，提高生活水平，增加分配公平。为此，中国大力发展科技，促使生产率提高到了很高水平，但是尽管如此，中国不能保证生产率的提高速度永远高于工资的涨幅。

假如工资增长速度在较长一段时间里高于生产率的增长，那么这个崛起的国家就会陷入著名的中产阶级陷阱，也就是"中等收入陷阱"。很多新自由主义和寡头政治体制的国家，如巴西、南非、印尼、菲律宾、土耳其（俄罗斯在一定程度上也是），都落入了这个陷阱，有的甚至在陷阱里一待就是几十年。迄今只有少数国家或地区（像韩国或中国台湾）较长时间避免了落入陷阱。

中国能够跨过中等收入陷阱吗？也就是说，能够避免生产率和创新能力的提升落后于劳动人民的收入增长，避免大幅度提高收入带来的好处功亏一篑从而导致中等收入水平停滞不前吗？

中国已经将年度国内生产总值增长率降到6%纳入"十三五"规划之中。中国也在有意识地调整结构转型的重点，即从高度集约式增长的制造业转向集约程度较低的服务业。因此，耶鲁大学教授斯蒂芬·罗奇（Stephen Roach）等专家认为："中国将避开中等收入陷阱。……这次调整是中国新的战略定位带来的预料中的结果，所以，增长放缓并不那么令人担忧。"[1]

起决定作用的仍将是如何促进集约式增长、推动生产率的提高。罗奇表示，让他对中国感到乐观的原因是，中国的人力

---

[1] 斯蒂芬·罗奇：《中国避开中等收入陷阱》，2019年4月18日发表，见www.fuw.ch。

资本训练有素，物质资本的现代化程度很高而且总是能够得到积极的投资。

但也有些人认为，还不能说中国现在打赢了这场战役："无论对中国的政治家还是发展经济学家来说，如何克服中产阶级陷阱可能都将是最大的课题之一。"[1]

最近有学者分析认为，几个拉美大国落入中产阶级陷阱的主要原因应该是这些国家在被迫接受新自由主义化之后产生的经济依赖、过高的利率以及本国货币的估值过高。[2] 如此看来，中国倒是很有希望避免中产阶级陷阱。

消费主义、中产阶层的世界观、精英主义

这一切不单单是生产率提高的问题，也是一个关于人与经济增长特别是收入和消费增长的关系的社会、文化和社会心理学问题，也是关于消费主义、关于个人如何跻身中产阶层以及政府的相关承诺能否兑现的问题。对于这一切，又不能听之任之，一个重要原因是，如果13亿人口[3]全部按照西方特别是美国方式生活，地球也无法承受。

工资和收入增长的问题迟早会摆到桌面上来，成为中国在国民生产总值粗放式增长与提高生产率、消费增长与储蓄增长、教育投资及固定资产投资之间进行调节的一个变量。

---

[1] 参阅 CAI Peter《中国如何避免中等收入陷阱》，原载《澳大利亚人报》，2015年4月28日，见 www.theaustralian.com.au。

[2] 参阅 Luiz C. Bresser-Pereira 等《中等收入陷阱之外的选择》，原载《结构变革与经济活力》2020年第52期，第294—312页。

[3] 作者使用的是第六次全国人口普查的数据。——译注

伴随中产阶层梦想的是中国人关于孩子上中小学、培训和上大学的精英思想。这种思想使中国的家长们从幼儿园抓起，事事为孩子铺路，直到孩子按美国大学排行榜反复比较、选好留学的大学才算结束。这个话题说来话长，本书暂且不表。

我们前面已经谈到，中国重视老百姓头脑里的这些想法，因为这里寄托着他们的梦想与渴望。可以说，中国是世界上唯一在此领域也不忘辛勤耕耘的国家。中国政府关心的事情包括个人如何逐步放弃使用内燃发动机汽车，如何树立正确的消费观、事业观、人生观，也包括保护环境、维护公正、为民造福以及如何实现国家"富强""美丽"（这两个词也是习近平说的）的梦想；它关心收入再分配（以尽量避免资本主义社会常见的不顾死活的竞争），也倡导为保护生态和社会公共财产树立正确的行为规范。在这里，也可以看到新的儒家道德观在起作用。如果套到中国领导人身上，人们确实可以说："习近平为这个国家确立了新的认同感。"[1]

这句话是歌德学院北京分院前院长说的，他指的是消费主义、中产阶级世界观、价值观转变。如果用习近平本人的话说，就是：我们"反对奢侈浪费"，要"实现全体人民共同富裕"。[2]

中国走的是我们没有走过的路

我们已经看到，中国在很多领域走的是人类从未走过的

---

[1] 歌德学院北京分院前院长 Michael Kahn-Ackermann：《回到一个我认不出来的国家》，原载《法兰克福汇报》，2018 年 12 月 17 日。
[2] 引自罗尔夫·贝特霍尔德《社会主义世界强国——作为和平与进步力量的中国》，2018 年 7 月 17 日发表，见 www.deutsch.rt.com。

路。中国进行了一个规模宏大的体制试验和无数小规模的实验,分析经验,认真学习,一旦需要即着手改革,一旦可能即迅速改革。它为维护全球生态公共财产作出了重大贡献,并因此得到国际上的广泛注目和认可,遗憾的是几乎得不到西方一句赞扬。

对内,它维护国家主权,捍卫领土完整,保持社会稳定,既深思熟虑、布局长远,又注重社会融合、组织动员;对外,它在各领域开展广泛合作。所有这些,对中国,对世界,都是生死攸关的宝贵财富。

因此,我们应当仔细观察、深入理解并认真思考:人类的未来会是怎样?我们的未来该是怎样?显而易见,传统的、以欧洲为中心的傲慢自大是完全要不得的,相反,我们应该抱着谦虚的态度去评论中国,尽可能与中国合作,并努力向中国学习、与中国共同学习。

当今世界,各国面临的棘手问题成堆——改善民生、维护稳定,同时又要民众参与治理、公平分配财富、保护地球生态。要问有哪个国家能够解决这些问题,那么,环顾全球,只有中国手里握有一把好牌,而我们并没有。

不过,以世界人口的20%带动剩余的80%,谈何容易!如果中国单打独斗,必定失败无疑。但是,中国已经认识到这一点,因此带着新的创意大步走向世界并与之联网。如果"一带一路"起步即有50亿人参与其中,那么今天参加"星期五为未来"气候大罢课的孩子们努力争取的目标将有可能部分实现。

不管西方打算走哪条路,不管国际体系对中国的敌意和破坏有多大,中国都将义无反顾地走自己的路,并引领世界。金砖国家新开发银行首席经济学家是知名学府清华大学的一名教授[1]，他称此为中国面临的最大挑战：

> 美国现在一片混乱，对谁都不信任，简直是一种病态，此时此刻，北京必须承担领导角色。这包括不理会某些美国政治家的攻击，同时坚持国内改革，推进气候保护。……不要管那些噪声，做好自己的事！[2]

批评性的支持？完全应该！

在为写此书寻找资料的时候，我偶然在一个德国共产主义小组的网页上读到一篇较长的有关中国的文章，文章内容丰富，最后有这样一段令人耳目一新的话：

> ……社会主义的中国在这场（保卫社会主义的）战斗中，实在应该得到更多，而不是被一些噘着嘴的看客叽里咕噜地冷嘲热讽，说什么中国又在发动"下一次冲锋"了。他们可是在我们的眼皮底下战斗啊，而且是为了我们的利益，我们理当给予他们同情和支持，也就是国际声援。[3]

---

[1] 指清华大学教授李稻葵，他于2019年7月1日被任命为金砖国家新开发银行首席经济学家。——译注

[2] David D. LI:《中华人民共和国的70年：一个举世瞩目的发展政策的实验室》,《世界经济与发展》2019年第9期，第3页。

[3] 参阅《中国为社会主义而战斗：中华人民共和国的阶级与阶级斗争（第二部分）》，原载《共产主义工人报》第364期，见 www.kaz-online.de。

这显然是左派对左派的呼吁。我的呼吁与此类似，可能没有那么激情洋溢，而只是一个上了年纪的务实者发出的呼吁。我在学术研究之余做过 10 年的"经济促进"工作，每天与企业家倾心交谈，所以我自以为了解他们能做什么、不能做什么，了解市场能起什么作用、不能起什么作用，了解金融化的新自由主义资本主义能做什么、特别不能做什么。因此，我向同样务实的技工、技术员、工程师、编程员、中小企业家、服务业创业者，也向大公司经理、科学家同行，向我在中德两国之间的航班上、在中国酒店的电梯和前厅里以及我在返回德国后乘坐的火车里遇到的他们，当然也向德国的大学生、中小学生及其老师，向我的邻居们，呼吁：

中国的确不应当只得到我们的鄙视、造谣、敌意和幸灾乐祸。它理应得到了解和理解——而且这也正符合我们自身的利益——因为它正在试着走一条前人从未走过的道路，并且在这条道路上迎着风险、犯着错误，也修正着错误。如此看来，我们完全应该给予支持，当然也不妨提出批评。

译后记

我在德国生活了 31 年（1988—2019），其间 30 年在德国主流媒体工作。我目睹了德国媒体和公众对中国的兴趣日渐浓厚，其间的几个标志性事件是 2001 年中国加入世贸组织、2008 年北京夏季奥运会、2009 年法兰克福书展（中国是主宾国）、2015 年"中国制造 2025"战略的推出和 2020 年新冠疫情暴发。结果是，不仅中国在德国媒体的曝光率越来越高，德国每年谈论中国的新书也越来越多。仅 2023 年上半年，就有大约 20 本有关中国政治、经济、外交的图书和以中国为背景的小说上市，作者大多是所谓的中国问题专家。但是，其中的几位出版的图书，我只看书名就能猜出大致内容，甚至其对华的基本态度。

一位驻中国的德国记者多年前对我私下透露，给德国发回一篇赞扬中国在某个领域取得进步的报道，第一次编辑部不说什么，第二次就会受到质疑——你是不是被中国洗脑了？或者被中国政府收买了？记者们很快明白，赞扬中国的话没人爱听。同理，赞扬中国的书也没人爱读。这就不难解释，为什么每年有关中国的新书多是以批评甚至抹黑为主要内容了。

在这样的背景下，当我 2020 年读到沃尔弗拉姆·埃尔斯纳先生的《走前人没有走过的路——换个角度看中国》时，真是如沐春风，酣畅淋漓，并毫不犹豫地答应将此书翻译成中文。我敬佩作者的勇气和执着。作者在书中触碰了所有关于中国的敏感话题，非但不人云亦云，还处处挑战德国乃至西方的"主流"舆论。而那些"主流"媒体的反应是：集体不反应。我相信，作者预见到了这样的结果，却仍然以学者的良知和执着将他对中国的认知记录下来。

埃尔斯纳是经济学家，从经济入手，进而论及中国政治、社会、民生、外交诸方面，基本涵盖了中国改革开放40多年来特别是近些年来的巨大变迁。他的信源大约取自两个方面，一是作为经济学家的广泛学术研究，二是与各国人士的广泛交流。他的结论是，中国在迈向世界强国的道路中，正在走以往大国都没有走过的路，而且在中西体制比较中，中国占有显著优势，这在西方"主流"舆论以意识形态划界的今天殊为不易。而对于中国读者来说，亦让人眼前一亮：到底西方也存在深入思考、理性观察的知识分子。不能说，他看中国的每件事都绝对准确，但完全可以说，他既是换了一个与西方"主流"舆论不同的角度看中国，也让中国的读者从另一个角度看到了我们自己。此外，我感到本书不仅学理性强，思辨性足，而且言辞犀利，即使在这个意义上，也值得一读。

我要感谢人民日报出版社社长刘华新先生和中国社会科学院农村发展研究所副研究员张延龙先生拨冗对整个译稿进行审校。

由于译者水平有限，难免有不合信达雅之处，诚恳欢迎读者批评指正。

2024 年夏
于北京

图书在版编目（CIP）数据

走前人没有走过的路：换个角度看中国 /（德）沃尔弗拉姆·埃尔斯纳著；（德）张丹红译. -- 北京：人民日报出版社，2024.11. -- ISBN 978-7-5115-8451-9

I. F124

中国国家版本馆 CIP 数据核字第 2024CZ6942 号

Original title: DAS CHINESISCHE JAHRHUNDERT
Written by Wolfram Elsner
© Westend Verlag GmbH, Frankfurt/Main 2020
All rights reserved.

The simplified Chinese translation rights arranged through Rightol Media（本书中文简体版权经由锐拓传媒取得 Email:copyright@rightol.com）

著作权合同登记　图字 01-2024-4286

书　　　名：	走前人没有走过的路：换个角度看中国
	ZOU QIANREN MEIYOU ZOUGUO DE LU: HUANGE JIAODU KANZHONGGUO
作　　　者：	（德）沃尔弗拉姆·埃尔斯纳
译　　　者：	（德）张丹红
出 版 人：	刘华新
责任编辑：	梁雪云
特约编辑：	林　薇
封面设计：	观止堂_未氓
版式设计：	格律图文
出版发行：	人民日报出版社
社　　　址：	北京金台西路2号
邮政编码：	100733
发行热线：	（010）65369509　65369527　65369846　65363528
邮购热线：	（010）65369530　65363527
编辑热线：	（010）65369526
网　　　址：	www.peopledailypress.com
经　　　销：	新华书店
印　　　刷：	北京盛通印刷股份有限公司
法律顾问：	北京科宇律师事务所（010）83622312
开　　　本：	710mm × 1000mm　1/16
字　　　数：	257千字
印　　　张：	23
版次印次：	2024年12月第1版　2024年12月第1次印刷
书　　　号：	ISBN 978-7-5115-8451-9
定　　　价：	88.00元

如有印装质量问题，请与本社调换，电话（010）65369463